Pages, Keynote

und Numbers

Gabi Brede • Horst-Dieter Radke

Pages, Keynote und Numbers

Die iWork-Apps im Büro und unterwegs nutzen

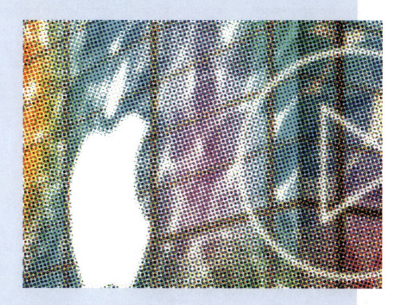

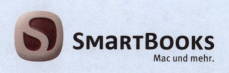

Mac und mehr.

Pages, Keynote und Numbers
Die iWork-Apps im Büro und unterwegs nutzen

Sie haben Anregungen und oder Fragen zum Buch? Wir freuen uns über Ihre Nachricht.
Bei inhaltlichen Fragen und Hinweisen zum Buch: Gabriel Neumann, Lektorat (neumann@smartbooks.de)
Bestellungen richten Sie bitte an: bestellung@dpunkt.de
Oder besuchen Sie unsere Verlags-Homepage **www.SmartBooks.de**

Projektleitung und Lektorat	Gabriel Neumann
Korrektorat	Annette Schwarz
Layout und Satz	Peter Murr
Umschlaggestaltung	Friederike Diefenbacher-Keita
Druck und Bindung	M. P. Media-Print Informationstechnologie GmbH, 33100 Paderborn
Bildnachweis:	
Foto Horst-Dieter Radke, U4	Birgit-Cathrin Duval
Kapiteltrennseiten	iStock 18673956 Seite 13, 23, 31
	iStock 14665591 Seite 37, 47, 61, 81, 89
	iStock 5805911 Seite 107, 119, 141, 167, 183, 195
	iStock 18938778 Seite 211, 221, 231, 253, 267, 283, 309
	iStock 22702238 Seite 319

Bibliografische Information der Deutschen Nationalbibliothek
Die Deutsche Nationalbibliothek verzeichnet diese Publikation in der Deutschen Nationalbibliografie; detaillierte bibliografische Daten sind im Internet über http://dnb.d-nb.de abrufbar.

ISBN: 978-3-944165-10-3

1. Auflage 2014
SmartBooks • Ein Imprint der dpunkt.verlag GmbH
Copyright © 2014 dpunkt.verlag GmbH, Wieblinger Weg 17, 69123 Heidelberg

Die vorliegende Publikation ist urheberrechtlich geschützt. Alle Rechte vorbehalten. Die Verwendung der Texte und Abbildungen, auch auszugsweise, ist ohne die schriftliche Zustimmung des Verlags urheberrechtswidrig und daher strafbar. Dies gilt insbesondere für die Vervielfältigung, Übersetzung oder die Verwendung in elektronischen Systemen.
Es wird darauf hingewiesen, dass die im Buch verwendeten Soft- und Hardware-Bezeichnungen sowie Markennamen und Produktbezeichnungen der jeweiligen Firmen im Allgemeinen warenzeichen-, marken- oder patentrechtlichem Schutz unterliegen.
Alle Angaben und Programme in diesem Buch wurden mit größter Sorgfalt kontrolliert. Weder Autor noch Verlag können jedoch für Schäden haftbar gemacht werden, die in Zusammenhang mit der Verwendung dieses Buches stehen.
5 4 3 2 1 0

Zu diesem Buch – sowie zu vielen weiteren dpunkt.büchern – können Sie auch das entsprechende E-Book im PDF-Format herunterladen. Werden Sie dazu einfach Mitglied bei dpunkt.plus[+]:

www.dpunkt.de/plus

Übersicht

Kapitel	1	Allgemeiner Teil: Starten mit den iWork-Apps	13
Kapitel	2	Allgemeiner Teil: Gemeinsame Werkzeuge	23
Kapitel	3	Allgemeiner Teil: iWork und die iCloud	31

Pages — 37

Kapitel	4	Der Einstieg	37
Kapitel	5	Arbeiten mit Text	47
Kapitel	6	Layouten mit Pages	61
Kapitel	7	Dokumente ausgeben	81
Kapitel	8	Pages für Fortgeschrittene	89

Keynote — 107

Kapitel	9	Einstieg ins Programm	107
Kapitel	10	Text eingeben und gestalten, Kommentare aufnehmen	119
Kapitel	11	Bilder und Objekte	141
Kapitel	12	Tabellen & Diagramme	167
Kapitel	13	Bewegung: Übergänge und Animationen	183
Kapitel	14	Fürs Publikum: Feinschliff, Präsentation, Weitergabe	195

Numbers — 211

Kapitel	15	Numbers	211
Kapitel	16	Mit Numbers arbeiten – Erste Schritte	221
Kapitel	17	Tabellen professionell erstellen	231
Kapitel	18	Tipps und Tricks zur Arbeit mit Tabellen	253
Kapitel	19	Mit Numbers Diagramme erstellen	267
Kapitel	20	Formeln und Funktionen	283
Kapitel	21	Import und Export	309

Index — 319

Inhaltsverzeichnis

Kapitel 1	**Allgemeiner Teil: Starten mit den iWork-Apps**	**13**

Geschichte und Entwicklungen *14*
Installieren und Starten *15*
    Installation *16*
    Starten *17*
Was ist anders? *19*

Kapitel 2	**Allgemeiner Teil: Gemeinsame Werkzeuge**	**23**

Oberfläche *24*
    Die Desktopversionen *24*
        Darstellung *24*
        Konfigurieren *25*
        Bereitstellen *26*
    Die Browserversionen *28*
    Die iOS-Versionen *29*
    Gemeinsame Werkzeuge *30*

Kapitel 3	**Allgemeiner Teil: iWork und die iCloud**	**31**

iCloud und Sicherheit *32*
    Anwendungen und unterschiedliche Geräte *33*
    Arbeiten im Team über die iCloud *34*

Pages   37

Kapitel 4	**Pages: Der Einstieg**	**37**

Anfangen *38*
    Mit leerem Dokument beginnen *38*
    Mit Vorlagen arbeiten *41*
    Dokumente importieren und exportieren *43*
Aufhören *44*

Kapitel 5	**Pages: Arbeiten mit Text**	**47**

Textformatierung *48*
    Mit Direktformatierungen arbeiten *48*
        Zeichen, Wörter, Absätze auszeichnen *48*
        Text formatieren *52*
Textlayout *54*
    Mit Listen arbeiten *54*
    Mit Stilen arbeiten *56*

   Einen Absatzstil anwenden *56*
   Stile bearbeiten *58*
   Einen eigenen Absatzstil erstellen *59*

Kapitel 6 Pages: Layouten mit Pages 61

 Dokumente formatieren *62*
  Zeichen im Layout *62*
   Anführungszeichenstile *62*
   Weitere Zeichen *64*
   Steuerzeichen im Dokument *65*
  Dokumenteinstellungen vornehmen *67*
   Einstellungen über Menüs und Paletten *67*
   Einstellungen über Lineale *69*
  Kopf- und Fußzeilen *70*
 Bilder, Formen und Medien verwenden *72*
  Diagramme einfügen *72*
  Formen *74*
  Medien *75*
   Bilder einfügen und bearbeiten *76*
   Hintergrundbilder *80*

Kapitel 7 Pages: Dokumente ausgeben 81

 Drucken *82*
 PDF *83*
 Weitere Exportvarianten *85*
 E-Books *86*

Kapitel 8 Pages für Fortgeschrittene 89

 Rechtschreibprüfung *90*
 Umbrüche *93*
  Seitenumbruch *93*
  Spaltenumbruch *94*
  Umbruch im Abschnitt *94*
 Tabellen *96*
  Eine Tabelle erstellen *96*
  Inhalt eingeben *98*
 Umfangreiche Dokumente *99*
  Inhaltsverzeichnis *99*
   Das Inhaltsverzeichnis erstellen *100*
   Inhaltsverzeichnis formatieren *101*
   Inhaltsverzeichnis löschen *102*
  Fuß- und Endnoten *102*
   Fußnoten einfügen *102*
   Fußnoten anpassen *103*
  Zusammenarbeit mit EndNote *104*

Keynote   107

Kapitel 9   Keynote: Einstieg ins Programm   107

Ein Thema auswählen, favorisieren oder austauschen 108
Arbeiten mit PowerPoint-Dateien 110
Das Handwerkszeug 112
Frühere Programmversionen 114
Immer up to date mit der integrierten iCloud 114
Keynote immer und überall 115
Präsentationen teilen und gemeinsam bearbeiten 115
iOS 117

Kapitel 10   Keynote: Text eingeben und gestalten, Kommentare aufnehmen   119

Folien erstellen: Ein paar Tipps vorab 120
   Kopierten Text im Design der Zielfolie einsetzen 123
   Text auf mehrere Spalten verteilen 123
Funktional und optisch ansprechend: Textfelder 124
   Textfelder gestalten 125
Texte formatieren 126
   Stile modifizieren 128
      Zeichenstile für Formel- und Größenangaben 129
   Die Aufzählungszeichen modifizieren 131
   Was Sie sonst noch brauchen für Zeichen und Texte 132
      Foliennummern hinzufügen 133
Die Schriftenauswahl 133
Gesprochene Kommentare aufzeichnen 134
   Achtung: Aufnahme 134
Vorlagen bearbeiten 135
   Die Größe von Textplatzhaltern 138
   Selbst gestaltete Vorlagen als Thema sichern 138
iOS 139

Kapitel 11   Keynote: Bilder und Objekte   141

Bilder einsetzen 142
   Ein Bild beschneiden 143
   Bilder bearbeiten 144
      Drehen, kippen, spiegeln 144
   Bildausschnitte freistellen 145
   Rahmen und Bilderstile 146
      Erläuterungen geben 148
      Eigene Rahmen für spezielle Bildausschnitte 148
Aus Formen Grafiken erstellen 149
   Formen miteinander verbinden 152
   Formen bearbeiten 154

Hilfslinien und Lineale für die Arbeit mit Grafiken und Objekten *156*
    Objekte gruppieren *157*
Links erstellen *158*
Audio- und Filmdateien in die Präsentation einbinden *160*
Dateigröße reduzieren *162*
iOS *163*

Kapitel 12 Keynote: Tabellen & Diagramme — 167

Tabellen erstellen *168*
    Import von Tabellen *169*
    Daten eingeben *169*
        Addieren, subtrahieren etc.: Rechnen Sie mit Keynote *170*
        Tabellenzellen automatisch füllen *170*
    Das Format der Zellinhalte *171*
        Den Zellhintergrund anpassen *172*
        Zellen mithilfe von Regeln hervorheben *173*
Daten veranschaulichen: Diagramme *175*
    Ein Diagramm erstellen *176*
        Interaktive Diagramme *177*
        Besonderheiten: Diagrammtitel und Legenden *177*
    Achsen und Datenreihen *178*
    Ihr favorisiertes Diagramm als Stil definieren *179*
iOS *179*

Kapitel 13 Keynote: Bewegung: Übergänge und Animationen — 183

Grandios von einer Folie zur nächsten *184*
    Magische Momente: Ausgewählte Übergänge *185*
        Texteffekte *187*
        Objekteffekte *188*
Text und Objekte animieren *189*
    Animieren mit Aktion *190*
    Die Reihenfolge der Animation *192*
iOS: Übergänge und Animationen *193*
    Objekte animieren *194*

Kapitel 14 Keynote: Fürs Publikum: Feinschliff, Präsentation, Weitergabe — 195

Feintuning in der Darstellung »Gliederung« *196*
Die Folien sortieren: Der Leuchttisch *197*
Moderatornotizen *197*
Dran denken: Kommentare *198*
Die Generalprobe *199*
    Von Folie 23 auf Folie 5: Der Folienwechsler *200*
Die Wiedergabearten *200*
    Beamerpräsentation *201*
        Eigenständige Präsentationen *202*
        Präsentationen nur mit Links *202*

Die Präsentation mit Keynote Remote steuern *203*
Mit Tastenkürzeln durch die Präsentation *205*
Exportschlager: Präsentationen weitergeben *206*
    PDF *207*
    PowerPoint *207*
    QuickTime *208*
    HTML *208*
    Bilder *208*
    Die Präsentation drucken *208*
iOS *209*

Numbers   211

Kapitel 15   Numbers   211

Grundlagen *212*
    Was ist eine Tabellenkalkulation genau? *212*
Was Numbers kann – ein Überblick *214*
    Vorlagen und Layout *214*
    Formeln und Funktionen *218*
    Diagramme *219*
    Was Numbers Neues kann *220*

Kapitel 16   Mit Numbers arbeiten – Erste Schritte   221

Mit Vorlagen arbeiten *222*
    Eine erste Tabelle erstellen *225*

Kapitel 17   Numbers: Tabellen professionell erstellen   231

Ein Kassenbuch *232*
    Numbers-Dokument vorbereiten *232*
    Die Tabellen gestalten *235*
        Texte in Zellen eingeben *235*
        Tabellen formatieren *236*
        Eingaben in die Tabelle *237*
    Die Anwendung fertigstellen *239*
        Formen einfügen und bearbeiten *239*
        Form auswählen und anpassen *239*
        Form füllen und beschriften *239*
        Die Auswertungstabelle fertigstellen *240*
        Formel einfügen *241*
        Die Kassenbuch-Anwendung erweitern *243*
        Foto einfügen *245*
    iOS- und Webversionen von Numbers *246*
        Das Kassenbuch im Browser *246*
        Das Kassenbuch auf dem iPad *246*

Der eBay-Kalkulator 247
    Die Auktionstabelle 247
    Die Auswertungstabelle 250

Kapitel 18 Numbers: Tipps und Tricks zur Arbeit mit Tabellen 253

Tabellen als Ganzes bearbeiten 254
    Tabellen formatieren und einrichten 254
    Tabellen gemeinsam bearbeiten 255
Arbeiten in den Tabellen 255
    Arbeiten mit der Tastatur 255
    Werte mit der Maus anpassen 256
    Listen und Reihen erzeugen 257
    Bereiche verschieben und Bezüge erhalten 258
    Sortieren und Filtern 260
    Zellenbereiche auswerten 263
    Rahmen in Tabellen 264

Kapitel 19 Mit Numbers Diagramme erstellen 267

Diagramme erzeugen 268
    Ein Diagramm schnell erzeugen 268
    Diagramm aus markierten Daten erzeugen 270
    Diagramm bearbeiten 270
    Einzelne Diagrammelemente bearbeiten 272
Diagrammbearbeitung im Detail 274
    Werkzeuge im Formatbereich 274
        Formateinstellungen für das ganze Diagramm 274
        Werkzeuge für Diagrammelemente 275
        Diagrammreferenzen anpassen 276
    Diagrammtypen 276
    Trendlinie und Fehlerbalken 278
    Browser und iOS-Version 279

Kapitel 20 Numbers: Formeln und Funktionen 283

Formeln in Numbers 284
    Formeln erstellen 284
        Arbeiten mit dem Formeleditor 284
    Absolute und relative Bezüge 285
        Mit relativen Bezügen arbeiten 286
        Mit absoluten Bezügen arbeiten 287
Arbeiten mit Funktionen 288
    Funktionen für Datum & Zeit 289
        Funktionen einfügen 289
        Mit Datumsfunktionen rechnen 290
        Vereinfachte Formelerstellung 291
        Weitere Datumsfunktionen 292
        Zeitfunktionen 292
        Mit Zeitfunktionen rechnen 293

Funktionen zur Dauer 294
Finanzmathematische Funktionen 296
Informationsfunktionen 298
Logikfunktionen 299
Numerische Funktionen 301
Referenzfunktionen 302
Statistische Funktionen 302
    Mittelwerte berechnen 303
    Streuungsmaße 304
Technische Funktionen 306
Textfunktionen 306
Trigonometrische Funktionen 307

Kapitel 21   Numbers: Import und Export   309

Import und Export 310
    Import 310
        Datenimport aus Apple-Anwendungen 310
        Datenimport aus Dateien 311
    Datenexport 313
        Excel und Numbers 09 313
        Das CSV-Format 315
        PDF-Dokumente erstellen 315
        Bereitstellen 317

Index   319

Kapitel 1

Allgemeiner Teil
Starten mit den iWork-Apps

Bevor Sie die Arbeit mit den iWork-Applikationen beginnen können, müssen Sie es installieren. Außerdem erfahren Sie in diesem Kapitel etwas zum Programm selbst und seinen Variationen.

Geschichte und Entwicklungen

Von allen Office-Programmen am Markt dürfte Apples iWork das jüngste sein. Es erschien erstmals im Januar des Jahres 2005 und löste das bis dahin gepflegte Programmpaket AppleWorks ab. Neu war allerdings nur die Zusammenstellung. Die Einzelapplikationen existierten schon vorher. Keynote – das Präsentationsprogramm – brachte Steve Jobs von NeXT mit. Die Version Keynote 1.0 erschien als Programm im Jahr 2003. Pages, das Text- und Layoutprogramm, kam 2005 auf den Markt. Es wurde zusammen mit Keynote als erstes iWork-Paket angeboten. Numbers in der ersten Version kam im Jahr 2007 hinzu.

Mit der Version iWork '09 stellte Apple mit iWork.com eine internetbasierte Ergänzung zur Verfügung, mit der sich Dokumente mit anderen Teilnehmern betrachten und kommentieren ließen. Dieser Dienst wurde jedoch im Sommer 2012 im Zuge der Umstellung auf iCloud eingestellt. Im Mai 2011 ergänzte Apple iWork um iOS-Anwendungen, die jedoch nicht als Programmpaket, sondern als einzelne Apps verkauft wurden.

Mit Erscheinen der aktuellen Version Ende 2013 kündigte Apple an, dass alle Besitzer eines neuen iOS-Gerätes die Programme kostenlos bekommen. Wenig später wurde dieses Angebot auch auf Käufer von neuen OS-X-Geräten bezüglich der Desktop-Versionen der Programme ausgeweitet.

Wenn Sie Besitzer eines älteren Mac oder iOS-Gerätes sind, müssen Sie die neuen Applikationen kaufen, und zwar jede einzeln. In der Presse liest man zwar immer noch den Begriff iWork und meint die Gesamtheit der drei Anwendungen, als geschlossenes Paket ist es jedoch nicht mehr zu beziehen. In diesem Buch wird dieser Begriff ebenfalls anwendungsübergreifend genutzt, also wenn es nicht um die einzelne Anwendung geht. Beachten Sie, dass die neuen iWork-Anwendungen als Betriebssystem OS X 10.9 voraussetzen.

Die iWork-Anwendungen müssen über den App Store gekauft werden.

Neu sind die Webapplikationen der iWork-Suite. Allerdings liegen Sie bislang nur als Betaversionen vor, zumindest bis zum Zeitpunkt der Buchfertigstellung (April 2014). Sie lassen sich dafür in unterschiedlichen Browsern einsetzen, sogar auf einem PC.

Allgemeiner Teil: Starten mit den iWork-Apps

iWork-Applikationen können nun sogar im Browser eingesetzt werden.

Installieren und Starten

Die iWork-Applikationen sind also bereits installiert – zumindest bei Neugeräten. Andernfalls muss man sie über den App Store erwerben. Eine andere Bezugsquelle gibt es nicht. Die Anpassung älterer Versionen über ein Update klappt jedoch nicht. Das Tool Softwareaktualisierung, das Sie über das -Menü öffnen können, nimmt dieses Update nicht vor. Und das ist auch gut so, denn die neue Version hat es in sich. Apple hat sie komplett neu programmiert. Dabei sind einige Details aus den vorangegangenen Versionen verloren gegangen. Nach der ersten Freude über die neue Version kam deshalb bald der Aufschrei derjenigen Anwender, die schon intensiv mit den früheren Versionen gearbeitet haben. Apple hat versprochen, Nachbesserungen vorzunehmen. Zum Zeitpunkt der Drucklegung dieses Buches war dieses Versprechen schon in vielen Punkten erfüllt, Unterschiede bleiben trotzdem. Deshalb werden bei einer Installation der neuen Version die alten nicht vom Rechner gelöscht.

Die Update-Funktion erkennt zwar die neue Version nicht, beim Start der älteren Anwendung wird aber auf die neue Version hingewiesen.

Aufgepasst

Beachten Sie aber, dass Dokumente, die mit den neuen iWork-Applikationen erstellt wurden, nicht von den älteren Versionen gelesen werden können. Das Dateiformat hat Apple nämlich gleich mit geändert.

Diesem Buch liegen die OS-X-Versionen Pages 5.2, Keynote 6.2 und Numbers 3.2 zugrunde. Unter iOS ist jeweils Version 2.1 der aktuelle Stand bei Drucklegung. Die Browserversionen befinden sich noch im Betastadium.

Installation

Viel Gedanken um die Installation muss man sich nicht machen. Wurden die Applikationen aus dem App Store geladen, so werden sie auch gleich installiert. Beachten sollten Sie, dass im Dock nach wie vor die alten iWork Anwendungen liegen. Um sie zu entfernen, ziehen Sie die Icons aus dem Dock und lassen sie verpuffen, oder Sie klicken diese mit der rechten Maustaste an und wählen aus dem Kontextmenü *Optionen | Aus dem Dock entfernen*.

Ziehen Sie die neuen Anwendungen bei Bedarf in das Dock. Wenn Sie vorhaben, mit den alten und neuen Versionen parallel zu arbeiten, können Sie natürlich auch beide Versionen im Dock lassen. Verwechseln können Sie die unterschiedlichen Anwendungen nicht, die Icons sind nicht identisch.

Die Icons der Versionen der Applikationen unterscheiden sich.

Bei den iOS-Geräten (iPhone, iPad) findet die Installation über iTunes statt. Große Erklärungen erübrigen sich dazu. Nach dem Kauf der Applikation und der Synchronisation mit dem iOS-Gerät steht die Anwendung auf diesem auch schon zur Verfügung.

Tipp

Wenn Sie in den App Store schauen, finden Sie viele Angebote, die Vorlagen (Templates) für iWork anbieten, teilweise zu Preisen, die weit über den Preisen der Anwendungen liegen. Kaufen Sie diese Pakete nicht. Unter den vielen Vorlagen, die dort zusammengestoppelt sind, finden sich vielleicht ein paar nutzbare, das meiste ist aber eher Füllstoff als tatsächlich brauchbar, oft genug auch für amerikanische oder englische Verhältnisse gemacht und hier ohne Anpassungen selten zu gebrauchen. Hinzu kommt, dass Sie schnell lernen, eigene Vorlagen und Dokumente zu entwickeln, die genauso professionell aussehen, vielleicht sogar noch besser. Wenn Sie sich schon die Mühe einer Selbstentwicklung für bestimmte Fälle nicht machen wollen, dann suchen Sie lieber gezielt im Web. Für deutlich weniger Geld finden Sie dann vermutlich die eine Anwendung, die Sie wirklich benötigen, und müssen nicht allen möglichen Krempel mit dazu erwerben.

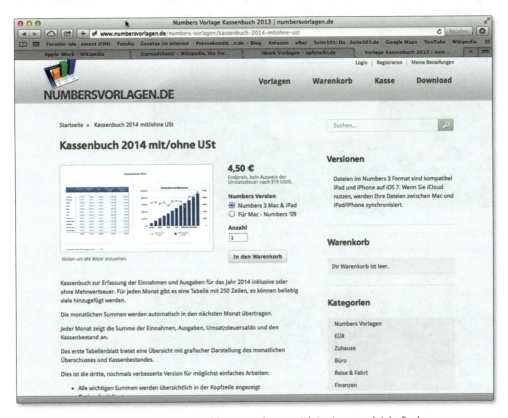

Spezielle Vorlagen für die einzelnen Applikationen lassen sich im Internet leicht finden.

Starten

Wie man die iWork-Anwendungen startet, muss ich sicher nicht groß erklären. Wer mit dem Mac oder dem iOS-Gerät umgehen kann, weiß, wie es geht. Ein Klick auf das Icon im Doc oder Launchpad auf dem Mac, in Fingertippen auf das Icon beim iPad oder iPhone – schon startet die Anwendung und steht zur weiteren Bearbeitung zur Verfügung.

Für die Browservariante sind aber sicher ein paar Erklärungen nicht unangebracht. Wer schon mit iCloud gearbeitet hat, sollte auch mit den iWork-Anwendungen keine Probleme haben. Sie stehen dort nämlich – als Betaversionen – zur Verfügung. Sobald man sich bei iCloud mit seiner Apple-ID und dem Kennwort angemeldet hat, öffnet sich das Fenster und zeigt die Apps an, mit der in der Apple-Cloud gearbeitet werden kann.

Kapitel 1

Aktivieren Sie das Häkchen bei Angemeldet bleiben, wenn Sie nicht wollen, dass das iCloud-Fenster im Browser noch einer gewissen Zeit der Untätigkeit sich automatisch wieder schließt.

Die Betaversionen der Browservarianten stehen in iCloud bereits zur Verfügung.

Ob Apple auch nach Beendung der Betaphase die iCloud-Anwendungen im Browser als kostenlose Anwendungen abgibt oder einen Obolus verlangen wird, ist derzeit noch nicht vorauszusagen.

Was ist anders?

Auf den ersten Blick zeigt sich die Veränderung schon an der Benutzeroberfläche der Anwendungen. Gab es bei Version 09 noch die Leiste an der linken Seite, in der Seiten (Pages), Folien (Keynote) oder Blätter und Tabellen (Numbers) angezeigt wurden, so gibt es in den neuen Versionen der Anwendungen am rechten Rand einen Bereich, in dem abhängig vom Bearbeitungsstand Formateinstellungen und andere Werkzeuge aufgeführt werden. Die Miniaturen am linken Rand lassen sich allerdings über *Darstellung | Miniaturen einblenden* nach wie vor hinzuschalten.

Pages 4 (iWork '09) und Pages 5 (iWork-Version 2014) unterscheiden sich bereits auf den ersten Blick.

Auch die Symbolleiste sieht nun aufgeräumter aus, und die Formatleiste fehlt, ebenso die Fußleiste, in der Informationen über Zoom, Wort- und Seitenanzahl zu finden waren. Das Zahnrädchen zur Konfiguration ist nun in die Symbolleiste gewandert.

Schaut man dann genauer hin, entdeckt man noch mehr Details, die anders sind oder gar fehlen. So sind bei den Stilvorlagen die Zeichenstile weggefallen. Es ist nun nicht mehr möglich, für Hervorhebungen auf Zeichenebene eine Stilvorlage zu definieren. Absatzstile gibt es zwar noch, die aber sind nicht mehr so flexibel. Zuweisungen von Tastenkürzeln sind nicht mehr möglich und auch nicht die Übernahme von Stilen aus anderen Dokumenten. Andererseits gibt es nun auch Stilvorlagen für Keynote und Numbers. Beim Kopieren von Text über die Zwischenablage bleiben Stile erhalten, was ein ganz angenehmer Effekt ist.

Am meisten Federn lassen musste Pages. Die Aufteilung der Dokumente in Textverarbeitung und Layout (Pages 4) ist nun entfallen. Bei Textverarbeitungsdokumenten stand der Text als fortlaufende Zeichenfolge im Mittelpunkt des Dokuments. In Layoutdokumenten musste der Text in Rahmen eingegeben werden, wie es in Layoutprogrammen üblich ist.

Kapitel 1

Pages kennt in der neuen Form nur noch eine Art von Dokumenten.

Pages 5 kennt nur noch Dokumente der letzten Art. Dabei wurde dieser Modus aber erheblich kastriert. War es in der letzten Version noch möglich, Text von einem Textrahmen in einen anderen fließen zu lassen, so fehlt diese Funktion vollständig. Das ist aber eine wichtige Funktion, wenn man mit festen Layouts und wechselnden Inhalten arbeiten möchte.

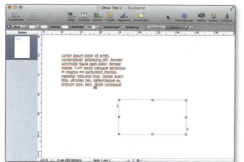 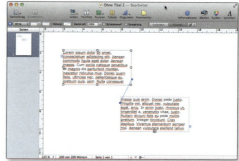

Konnten zwei Textrahmen in Pages 4 noch mit zwei Mausklicks verknüpft werden …

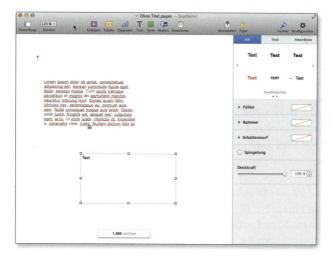

… so fehlt diese Funktionalität in Pages 5 vollständig.

Allgemeiner Teil: Starten mit den iWork-Apps

Auch die Serienbrieffunktion wurde gestrichen, was diejenigen schmerzen wird, die gelegentlich Rundbriefe, Einladungen und Ähnliches mit Pages erstellt haben. Suchen & Ersetzen ist nur noch mit reinem Text möglich. Gab es in Pages 4 noch den Modus »Erweitert«, in dem auch nach Seiten-, Absatz- und Zeilenumbrüchen sowie Tabulatoren und auch Stilvorlagen gesucht werden konnte, so fehlt diese Möglichkeit in Pages 5 völlig.

Die erweiterten Möglichkeiten zum Suchen & Ersetzen von Pages 4 stehen in Pages 5 nicht mehr zur Verfügung.

In Keynote und Numbers fallen die Einschränkungen in den neuen Versionen nicht so drastisch aus. Bei Numbers ist es vor allem die Automatisch-ausfüllen-Funktion, deren Funktionalität schmerzlich vermisst wird. Das, was in der neuen Version davon verblieben ist, reicht nicht an die Funktionalität von Numbers 2 heran. In Keynote können nun nicht mehr mehrere Objekte ausgewählt und gemeinsam geändert werden.

Aufgepasst

Apple hat sehr schnell auf die Kritik der Anwender reagiert und bald nach Veröffentlichung eine Roadmap präsentiert, in der Änderungen und Ergänzungen für die iWork-Programme aufgelistet werden. Zum Zeitpunkt der Drucklegung dieses Buches waren viele dieser Punkte bereits abgearbeitet. Deshalb führe ich die anfänglich fehlenden Funktionen nicht mehr auf – sie werden in diesem Buch vorgestellt. Die noch fehlenden Punkte (etwa Tastenkürzel für Stile) werden von Apple sicher noch nachgeliefert, können in diesem Buch aber noch nicht beschrieben werden.

Ob Apple die in den vorangegangenen Abschnitten beschriebenen fehlenden Funktionalitäten noch irgendwann nachrüsten wird, ist unklar, weil das Unternehmen sich dazu nicht geäußert hat. Meine persönliche Vermutung ist, dass erst bei einer nächsten Version mit einer Aufwertung um bereits früher vorhandene Funktionalität (Serienbriefe, Textrahmenverkettung etc.) zu rechnen ist.

> **Tipp**
>
> Bei der Neuinstallation der iWork-Version 2014 werden die alten Programme nicht gelöscht. Entfernen Sie den Ordner iWork '09 nicht von Ihrem Mac, wenn Sie die alten Dokumente auch weiterhin noch einsetzen möchten. Bei der Übernahme durch die neuen Programme wird das Dateiformat geändert, nicht unterstützte Funktionalität wird entfernt. Ein weiteres Bearbeiten mit den alten Programmen ist dann auch nicht mehr möglich.

Allgemeiner Teil
Gemeinsame Werkzeuge

Kapitel 2

Die drei Anwendungen Pages, Keynote und Numbers sind eigenständige Programme. Man muss noch nicht einmal alle drei kaufen. Trotzdem haben diese Anwendungen einiges gemeinsam: Dienste, Tools und Paletten sind in jeder der drei Anwendungen auf die gleiche Art und Weise zu bedienen. Die drei Anwendungen erhalten ihr eigenes Kapitel, in diesem jedoch geht es um Gemeinsamkeiten.

Oberfläche

Dass die Benutzeroberflächen der drei Anwendungen bis auf wenige Details gleich aussehen, sieht man auf den ersten Blick. Die Desktop- und die Browserversion ähneln sich ebenfalls. Nur die iOS-Version fällt ein wenig aus dem Rahmen. Man erkennt bei näherem Hinsehen aber ebenfalls Gemeinsamkeiten, sodass das Arbeiten mit allen Versionen keine Schwierigkeiten bringt.

Die Desktopversionen

Genau genommen gibt es nur vier Elemente in der Symbolleiste, durch die sich die einzelnen Programme unterscheiden:

- Pages enthält den Schalter *Einfügen*.
- Keynote hat die Schalter *Vorführen* und *Animieren*.
- Numbers hat den Schalter *Funktion* und es fehlt ein Schalter für *Konfigurieren*.

Wer eine kennt, kennt alle: die Symbolleisten der Desktopversionen.

Was mit den einzelnen Werkzeugen gemacht werden kann, wird in den Programmkapiteln noch ausführlich gezeigt. Vieles ergibt sich schon aus der Beschreibung. Dass mit dem *Text*-Werkzeug in ein Dokument Texte eingefügt werden, ist sicherlich nicht erklärungsbedürftig. Gleiches gilt für *Diagramm*, *Form*, *Tabelle*, *Medien*, *Bereitstellen*, *Format*. Im Detail sieht es manchmal doch etwas unterschiedlich aus. Dazu im Folgenden ein paar Anmerkungen.

Darstellung

Über die Schaltfläche *Darstellungen* lassen sich ein paar Optionen zur Anzeige der Dokumente auswählen. Allen gemeinsam sind die Optionen *Suchen & Ersetzen einblenden*, *Lineal einblenden*, *Kommentare ausblenden*.

Die gemeinsamen Optionen von Pages, Keynote und Numbers

Bei Keynote lassen sich außerdem noch der *Navigator* am linken Rand sowie andere Gesamtansichten (*Nur Folie*, *Leuchttisch* und *Gliederung*) auswählen. Bei Pages lassen sich am linken Rand Miniaturen aller Seiten des Dokuments anzeigen.

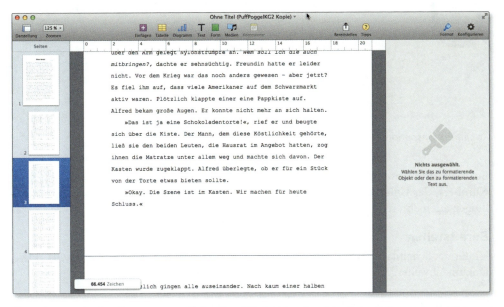

Über die Ansicht der Miniaturen am linken Rand lässt sich schnell in einem Dokument navigieren.

Über das Menü *Darstellung* lassen sich noch weitreichendere Anpassungen vornehmen. Darauf wird in den einzelnen Kapiteln zu den Programmen speziell eingegangen.

> **Grundlagen**
>
> Diese Art der Darstellungsanpassung gibt es weder in der Browser- noch in der iOS-Version.

Direkt neben der Schaltfläche *Darstellung* können Einstellungen zum *Zoomen* vorgenommen werden. In allen drei Anwendungen wird damit das jeweilige Dokument gezoomt, nicht die ganze Anwendung.

Konfigurieren

Über das Zahnrädchen bei Keynote und Pages werden Konfigurationseinstellungen hervorgerufen. Ein Klick darauf blendet diese im rechten Teil des Fensters ein und mit einem weiteren Klick werden sie wieder ausgeblendet. Bei Keynote sind Konfigurationseinstellungen für *Präsentation* und *Audio* möglich, bei Pages für das *Dokument* und den jeweils aktiven *Abschnitt*.

Kapitel 2

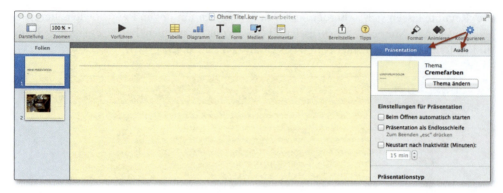

Konfigurationsoptionen lassen sich am rechten Rand bei Pages und Keynote einblenden.

Bei allen drei Anwendungen erreichen Sie über das Programm-Menü (Pages, Keynote, Numbers) das Untermenü *Einstellungen*. Darin können anwendungsindividuelle Einstellungen auf mehreren Registern vorgenommen werden.

Bereitstellen

Hinter der Schaltfläche *Bereitstellen* verbergen sich Optionen, mit denen das jeweils aktive Dokument weitergegeben oder freigestellt werden kann:

- *Link via iCloud bereitstellen* ermöglicht die Weitergabe eines Links über E-Mail, Nachrichten, Twitter und Facebook sowie das Kopieren des Links in die Zwischenablage.
- *Freigabe-Einstellungen anzeigen…* gibt ein Dokument erstmalig frei.
- *Kopie senden* schickt ohne Umweg über die iCloud ein Dokument per Mail, Nachrichten oder AirDrop (also von Computer zu Computer).

Über die iCloud lassen sich Dokumente auf vielen Wegen bereitstellen.

Über die zweite Option wird ein Dokument erstmalig freigegeben. Der Link wird angezeigt und ein Kennwort kann ebenfalls festgelegt werden. Ein Klick auf die Schaltfläche *Dokument/Präsentation/Tabelle bereitstellen* richtet die Freistellung für das Dokument ein. Jeder, der den Link hat und gegebenenfalls das Kennwort kennt, kann ab sofort über die iCloud auf das Dokument zugreifen.

Allgemeiner Teil: Gemeinsame Werkzeuge

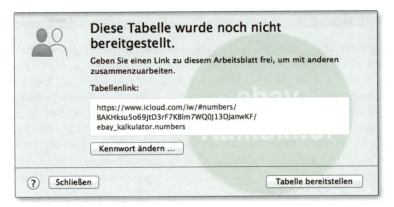

Wer den Link hat und das Kennwort kennt, hat Zugriff auf das freigegebene Dokument.

Aufgepasst

Eine Freigabe sollten Sie nicht leichtfertig einstellen. Jeder kann dann auf das Dokument, die Präsentation oder die Tabelle zugreifen, der den Link kennt. Geben Sie lieber ein Kennwort ein und dieses auch nur mündlich weiter.

Freigaben sollte man nicht leichtfertig vergeben.

Wurde ein Dokument bereitgestellt, so verändert sich das Icon in der Symbolleiste. Sind mehrere Anwender an einem Dokument aktiv, so erscheint eine Zahl neben dem Icon.

Die Browserversionen

Die Browserversionen unterscheiden sich von den Desktopversionen vordergründig nur durch ein etwas anderes Design. Die Funktionalität ist weitgehend identisch. Das Startfenster sieht deutlich anders aus als die Oberfläche der geöffneten Anwendung. Es gibt eine Symbolleiste, die einige Funktionen enthält. Zunächst ist links neben dem Schriftzug iCloud die geöffnete Anwendung zu sehen (Keynote, Pages oder Numbers). Von dort kann man über ein Popup-Menü zurück zur Startoberfläche von iCloud oder direkt zu einer anderen iWork-Anwendung wechseln. Über das Icon mit der Uhr kann man zu bereitgestellten Dokumenten wechseln. Das Zahnrad entspricht in etwa dem Ablagemenü der Desktopversion. Das Icon mit dem Stift erlaubt es, ein Feedback an Apple zu senden. Dies ist der Betaversion geschuldet. Es ist fraglich, ob diese Funktion in dieser Form in der endgültigen Version noch vorhanden ist. Über die kleine Schaltfläche neben dem Benutzernamen können die Account-Einstellungen erreicht werden. Das Abmelden des Benutzers ist ebenfalls möglich. Hinter dem Fragezeichen verbirgt sich die Hilfe.

> **Power User**
>
> Klicken Sie das Fragezeichen-Icon einmal an, so erscheinen die Coaching Tipps, kleine Hinweise zu bestimmten Funktionen der Oberfläche.

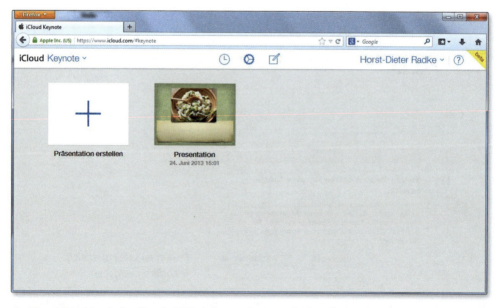

Der Startbildschirm ist in allen drei iWork-Anwendungen gleich aufgebaut.

Die Arbeitsfenster der Browserversionen ähneln dann vom Aufbau den Desktopversionen weitgehend. Die Icons sehen ein wenig anders aus, enthalten aber die gleichen Funktionen.

Weil eine Menüleiste im Browser fehlt, sind einige Funktionen zusätzlich hinzugefügt worden, etwa die Rückgängig-Funktionen (Undo/Redo). Auch unter den Tools finden sich einige Menüfunktionen und -werkzeuge der Desktopversion. Sie werden sich schnell zurechtfinden.

Die Symbolleisten der Browserversionen sind denen der Desktopversionen nicht unähnlich.

> **Aufgepasst**
>
> Beachten Sie, dass die Browserversionen noch im Betastadium sind. Das kann auch heißen, dass morgen plötzlich Funktionen dazugekommen oder entfernt worden sind. Erst wenn der »beta«-Schriftzug rechts nicht mehr erscheint, können Sie sicher sein, dass für eine Weile alles gleich bleiben wird.
>
> Unter iOS lassen sich die Browserversionen nicht nutzen.

Die iOS-Versionen

Die iOS-Versionen unterscheiden sich deutlich von den Desktop- und Browserversionen. Über die Symbolleiste werden nur wenige Funktionen erreicht, auch bei geöffneter Anwendung. Erst wenn man Elemente in den Dokumenten (Texte, Bilder, Objekte, Tabellen) direkt durch Antippen auswählt, erscheinen kontextsensitiv die Bearbeitungswerkzeuge. Im Detail wird darauf dann in den jeweiligen Kapiteln eingegangen.

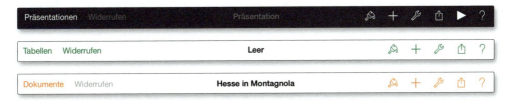

Auf den ersten Blick sind die iOS-Versionen karg mit Funktionen ausgestattet.

Gemeinsame Werkzeuge

In allen drei Versionen stehen teilweise identische Werkzeuge zur Verfügung, zum Beispiel Schriften, Paletten, Formen, Stile. Um Ihnen als Leser nicht das ständige zurückblättern zuzumuten, werden diese Werkzeuge innerhalb der Abschnitte für die Anwendungen erklärt, was Redundanzen mit sich bringt. Manches ist bei einer Anwendung umfangreicher erläutert als in den anderen. Tabellen etwa bei Numbers ausführlicher als zu Pages und Stile umfangreicher bei Keynote und Numbers. Das ist dem Zweck der jeweiligen Anwendung geschuldet.

> **Grundlagen**
>
> Ein Stil ist nichts anderes als eine Sammlung von typografischen Entscheidungen bezüglich Schrift, Schriftgröße, Laufweite, Ausrichtung, Zeilenabstand, Farbe und Aufzählungszeichen. Wenn Sie mit MS Office vertraut sind, kennen Sie als Äquivalent für *Stil* den Begriff *Formatvorlage*.

Allgemeiner Teil
iWork und die iCloud

Kapitel 3

»iCloud bringt deine Inhalte auf all deine Geräte«, sagt Apple und verspricht nicht nur den Zugriff auf Medien und Dokumente, sondern auch gleichzeitig die Synchronisierung aller Änderungen, sodass nichts mehr verloren geht. Und das mit größtmöglicher Sicherheit. Was dies für die Arbeit mit iWork bedeutet, wird im folgenden Kapitel erläutert.

iCloud und Sicherheit

Cloud-Speicher ist das große Thema. Daten und Programme sollen nicht mehr lokal, sondern in der Cloud – der digitalen Wolke – im Internet abgelegt werden. Versprochen wird der Zugriff von überall. Leider hat das Ganze einen kleinen Beigeschmack, denn zugreifen könnten ja auch andere. Manche werden von solchen Überlegungen davon abgehalten, mit einer Cloud zu arbeiten. Apple verspricht aber, dass Datensicherheit und Schutz der persönlichen Informationen sehr ernst genommen werden.

Ernst nehmen kann man alle Probleme, aber sind sie damit auch schon behoben? Apple verspricht jedenfalls, dass

- in der iCloud Kalender, Kontakte, Lesezeichen, Erinnerungen, Fotos, Dokumente, Backup, die Optionen »Mein iPhone suchen«, »Freunde suchen« sowohl bei der Übertragung als auch auf dem Server verschlüsselt werden, und zwar mindestens mit dem Standard 128-Bit AES,
- der iCloud-Schlüsselbund sogar eine 256-Bit-AES-Verschlüsselung erfährt und
- iTunes in der Cloud, Mail, Notizen, Sitzungen der iCloud und »Zugang zu meinem Mac« bei der Übertragung ebenfalls eine Verschlüsselung bekommen – auf dem Server liegen die Daten dazu allerdings unverschlüsselt.

> **Grundlagen**
>
> **AES** (*Advanced Encryption Standard*) ist ein Blockverschlüsselungsverfahren, das vom *National Institute of Standards and Technology* (NIST) standardisiert wurde und in mehreren Varianten unterschiedlicher Block- und Schlüssellängen (128, 192, 256 Bit) eingesetzt wird.

Damit ist deutlich, dass die Kommunikation über iCloud mittels iWork relativ sicher ist. Relativ bedeutet aber auch, dass es eben nicht ganz sicher ist. Auch die AES-Verschlüsselung kann geknackt werden, wenn auch nicht von jedem Hacker. Ich sehe darin allerdings nicht die größte Gefahr für Anwender, die über die iCloud arbeiten. Kritischer ist die Weitergabe von Links auf Dokumente, Tabellen und Präsentationen. Wenn allzu freigiebig damit umgegangen und zu einfache Kennwerter gewählt oder zu sorglos mit den Kennwörtern hantiert wird, dann kann es leicht passieren, dass Unberechtigte Zugang zur iCloud bekommen und zumindest die freigegebenen Dokumente lesen können. Der Schritt bis zum Auslesen der kompletten iCloud ist dann jedoch nicht mehr allzu groß, und da Mails dort nicht verschlüsselt liegen, sind diese dann eben auch nicht sicher.

Solange Sie also nur alleine mit Ihren Geräten über die iCloud arbeiten, besteht kein Grund zu großer Sorge. Arbeiten Sie aber mit anderen zusammen, zum Beispiel an Dokumenten, dann achten Sie besonders streng auf sichere Passwörter und geben Sie Links nur gezielt an ausgewählte Personen frei, denen Sie vertrauen können.

Anwendungen und unterschiedliche Geräte

Haben Sie die iWork-Anwendungen auf mehreren Geräten installiert und sind diese Geräte mit der iCloud verbunden, dann kann jede erstellte Präsentation und jedes Dokument von jedem Gerät aus geöffnet und bearbeitet werden. Haben Sie eine Ergänzung auf Ihrem iPad vorgenommen, so werden diese mit etwas zeitlicher Distanz auch auf dem Desktop, dem PC im Browser und auf dem iPhone zur Verfügung stehen.

Auch für das iPhone gibt es die iWork-Anwendungen.

Arbeiten Sie an einem lokal gespeicherten Dokument, dann findet diese Synchronisierung allerdings nicht statt. Sie können bei Start einer iWork-Anwendung festlegen, ob Sie mit der iCloud oder lokal arbeiten möchten. Wählen Sie links oben in der Kopfzeile des Startfensters aus, wie Sie arbeiten möchten. Bei Dokumenten, die möglichst niemand anderem in die Hände fallen sollen, ist es sicher angeraten, nicht über die iCloud zu arbeiten.

iWork lässt Ihnen die Wahl, ob Sie über die iCloud oder lokal arbeiten möchten.

Arbeiten im Team über die iCloud

Der große Vorteil, den iWork bieten kann, ist die gemeinsame Arbeit an Dokumenten mit mehreren Anwendern. Dabei ist immer folgendermaßen vorzugehen:

1. Ein Anwender erstellt eine Präsentation, ein Dokument oder ein Tabellendokument.
2. Es wird allen, die mitarbeiten sollen, eine Freigabe geschickt.
3. Jeder kann nun die Dokumente bearbeiten.

Wie eine Freigabe erteilt wird, ist im vorangegangenen Kapitel beschrieben. Punkt eins und zwei sind leicht zu realisieren. Die Zusammenarbeit ist aber etwas zu koordinieren, sonst kommt keine große Freude auf. Voraussetzung ist, dass jeder Mitarbeiter im Team eine Apple-ID besitzt.

Grundlagen

Die **Apple-ID** ist kostenlos. Jeder kann sich über https://appleid.apple.com eine erstellen. Wer bereits iTunes installiert hat (egal ob auf einem Mac oder PC) und im iTunes-Store eingekauft hat, besitzt solch eine Apple-ID bereits. Eine Apple-ID ist immer eine E-Mail-Adresse. Sie können eine bereits vorhandene eingeben, auch wenn sie von einem anderen Provider stammt, oder sich eine von Apple geben lassen (@icloud.com).

Nimmt jemand eine Änderung an einem bestehenden und freigegebenen iCloud-Dokument vor, so erscheint nach einer kleinen Frist bei allen anderen, die über den Browser arbeiten, eine Nachricht, dass das Dokument ein Update erhalten hat. In der Desktopversion und der iOS-Version sind die Änderungen plötzlich und ohne Vorwarnung sichtbar.

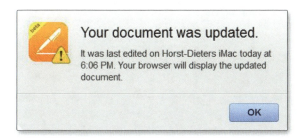

Änderungen werden im Browser angemeldet.

Es ist deshalb anzuraten, dass die Arbeit im Team abgesprochen wird, damit möglichst kein Durcheinander entsteht. iWork merkt zwar, wenn an unterschiedlichen Stellen das gleiche Dokument bearbeitet wird, aber wenn an mehreren Stellen jeweils andere Dokumente zum Behalten ausgewählt werden, ist das Chaos irgendwann perfekt. Eine kurze Mail, Nachricht oder ein Anruf, wenn man mit der Bearbeitung fertig ist und der Nächste sich an die Arbeit machen kann, sind da das kleinere Übel.

iWork merkt es, wenn am gleichen Dokument in der Cloud an unterschiedlichen Stellen gearbeitet wurde.

Kapitel 4

Pages
Der Einstieg

Ob Sie als Existenzgründer einen Flyer benötigen oder einen Lebenslauf für die nächste Bewerbung, einen einfachen Brief oder ein ganzes Buchmanuskript schreiben wollen – bei all diesen Aufgaben kann Pages Ihnen helfen. Das Programm beherrscht Text und Layout gleichermaßen.

Kapitel 4

Anfangen

Nach dem Start präsentiert Pages in einem Fenster Dokumente, die bereits angelegt wurden. Es genügt, ein Dokument auszuwählen, um es zu öffnen. Außerdem kann über die Menüleiste festgelegt werden, ob über iCloud oder Lokal gearbeitet werden soll. Unten links befindet sich ein Schalter, mit dem ein *Neues Dokument* angelegt werden kann. Die Darstellung kann über einen Schalter als Liste oder als Icon-Übersicht eingestellt werden.

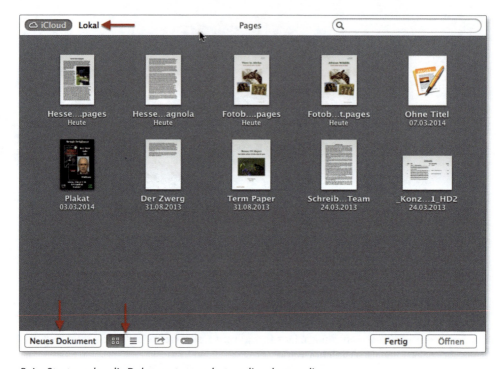

Beim Start werden die Dokumente angeboten, die schon vorliegen.

Mit leerem Dokument beginnen

Haben Sie sich für ein *Neues Dokument* entschieden, präsentiert ein Fenster vorhandene Vorlagen. Zwei dieser Vorlagen sind leer, die anderen beinhalten bereits Platzhalter für Texte und Objekte. Da es viele sind, lohnt es sich, eine der Kategorien am linken Rand auszuwählen. Möchten Sie einen Brief schreiben, dabei aber auf eine vorhandene Vorlage zurückgreifen, dann markieren Sie *Briefpapier*, um alle anderen Vorlagen auszublenden.

Vorlagen bieten die Grundlage für ein neues Dokument.

Um ganz von vorne zu beginnen, wählen Sie ein leeres Dokument aus. Sie erhalten das berühmte leere Blatt, mit dem sich so leicht Schreibblockaden erzeugen lassen. Angeblich. Tatsächlich muss man ja nur schnell etwas eintippen, um das leere Blatt nicht mehr leer sein zu lassen. Eine Freundin, die erfolgreiche Romane schreibt, beginnt jeden neuen Roman mit den gleichen Worten. Eine Folge von Sätzen, die eine Szene beschreiben, die in keinem ihrer Romane vorkommt. Wenn aber schon mal was in dem leeren Dokument steht, dann ist es auch kein Problem, gleich weiterzuschreiben. Später wird der Anfang dann wieder gelöscht.

Im Rahmen dieser Erläuterungen soll kein Roman geschrieben werden (wobei nichts Sie davon abhält, das doch zu tun). Aber irgendeinen Text können Sie jetzt in das leere Dokument tippen. Was Ihnen einfällt, ein paar Sätze aus der Zeitung, was Ihnen jemand diktiert … egal was. Meinetwegen auch einen Blindtext, der keine Bedeutung hat.

Das Wichtigste ist: Sie müssen nichts anderes tun. Wenn Sie Pages gestartet und das neue Dokument ausgewählt haben, können Sie gleich drauflosschreiben, ohne noch irgendeine Einstellung vornehmen zu müssen.

Kapitel 4

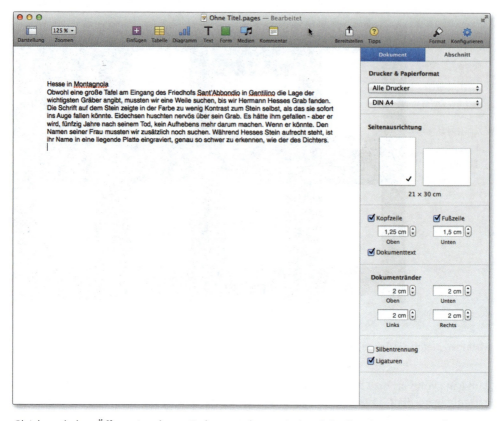

Gleich nach dem Öffnen eines leeren Dokuments kann mit dem Schreiben begonnen werden.

Bevor Sie weiterschreiben: Speichern Sie Ihr Dokument. Ist es einmal unter einem eigenen Dokumentnamen abgespeichert, müssen Sie sich um das weitere Speichern nicht mehr sorgen. Pages speichert im Hintergrund automatisch – wie die anderen iWork-Anwendungen auch.

1. Wählen Sie *Ablage | Sichern*.
2. Überschreiben Sie die markierten Zeichen mit einer eigenen Zeichenfolge.
3. Stellen Sie gegebenenfalls bei *Ort:* den Speicherort ein.
4. Klicken Sie auf *Sichern*.

Neue Dokumente sollten so früh wie möglich unter einem eigenen Namen gespeichert werden.

Der Dateiname erscheint im Kopf des Fensters. Als Extension ist .pages vorgegeben, das Standardformat der iWork-Anwendung. Rechts neben dem Dateinamen sehen Sie ein kleines Dreieck. Klicken Sie darauf, öffnet sich ein Dialog, in dem Sie den Dateinamen anpassen, Tags (das sind Schlagworte) vergeben und auch einen anderen Speicherort einstellen können. Setzen Sie ein Häkchen vor *Geschützt*, so kann das Dokument nicht mehr bearbeitet werden, bevor der Schutz wieder aufgehoben wird.

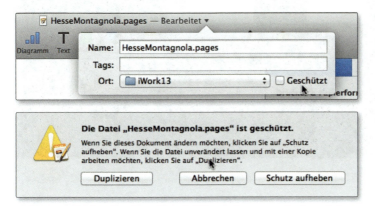

Es reichen zwei Mausklicks, um ein Dokument vor unbedachtem Überschreiben oder Löschen zu schützen.

Um den Schutz wieder aufzuheben, reicht es, in das Dokument zu klicken und im sich öffnenden Hinweisfenster auf *Schutz aufheben* zu klicken. Wenn Sie das allerdings nicht möchten, dann können Sie auch den Schalter *Duplizieren* wählen. Es wird dann ein zweites, exakt gleiches Dokument erstellt, das Sie bearbeiten können.

Mit Vorlagen arbeiten

Haben Sie sich für die Arbeit mit einer Vorlage entschieden, so wählen Sie die passende Vorlage aus. Markieren Sie am linken Rand die passende Kategorie und klicken Sie die gewünschte Vorlage rechts daneben an. Der Schalter *Wählen* öffnet die Vorlage und gibt sie in Pages zur Bearbeitung frei.

Grundlagen

Unter *Meine Vorlagen* sammeln sich alle Vorlagen, die Sie selbst erstellt haben.

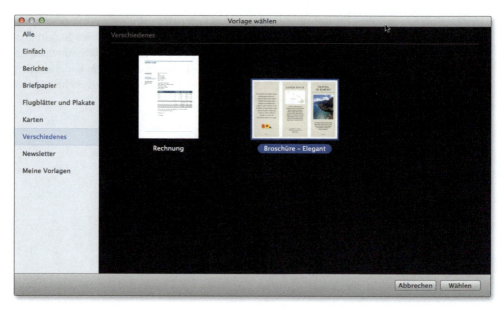

Vorlagen lassen sich gut nach Kategorien suchen.

In der Vorlage klicken Sie nun die einzelnen Objekte an und bearbeiten sie. Text können Sie überschreiben, Bilder durch andere ersetzen. Sie müssen ein eigenes Bild nur auf ein vorhandenes Bild in der Vorlage ziehen. Vergessen Sie auch bei einer Vorlage nicht, möglichst früh das Dokument unter eigenem Namen zu speichern.

> **Power User**
>
> Haben Sie eine Vorlage erstellt, mit der Sie als Grundlage immer starten möchten, dann können Sie das leicht einstellen: Öffnen Sie *Pages | Einstellungen*. Bei *Neue Dokumente:* wählen Sie *Vorlage verwenden:* Über den Schalter *Vorlage ändern …* wählen Sie die passende Vorlage aus.

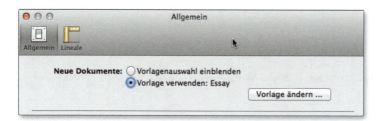

Lassen Sie Pages mit der Vorlage starten, mit der Sie hauptsächlich arbeiten möchten.

Möchten Sie eine eigene Vorlage erstellen, so nehmen Sie an einem Dokument alle Einstellungen vor, die Ihnen wichtig sind. Setzen Sie Platzhalter, Textrahmen, Tabellen und Formen in das Dokument ein, bis die Vorlage nach Ihren Vorstellungen fertig ist. Dann wählen Sie *Ablage | Als Vorlage sichern …* und klicken anschließend auf den Schalter *Zur Vorlagenauswahl hinzufügen*. Danach finden Sie diese Vorlage unter *Meine Vorlagen* wieder.

Eigene Vorlagen lassen sich abspeichern und als Grundlage für neue Dokumente einsetzen.

Dokumente importieren und exportieren

Pages versteht nicht nur die eigene Sprache. Der Import von Dokumenten mit anderen Dateiformaten ist möglich. Wählen Sie *Ablage | Öffnen* oder drücken Sie die Tastenkombination ⌘ – O und wählen Sie das Dokument aus. Allerdings erkennt Pages nur eine sehr begrenzte Anzahl fremder Formate:

- Dateien aus Pages 4 (iWork 09). Beim Importieren wird das Dokument in das neue Dateiformat umgewandelt und kann dann nicht mehr mit der älteren Version von Pages geöffnet werden.
- Word-Dokumente. Sowohl .doc als auch .docx-Dateien können importiert werden. Auch dabei wandelt Pages das importierte Dokument in das aktuelle Dateiformat um.
- einfaches Textformat (.txt)

Aufgepasst

Pages kann nicht einmal das standardisierte rtf-Dateiformat lesen. ePub-Dateien kann es zwar erzeugen, aber nicht importieren.

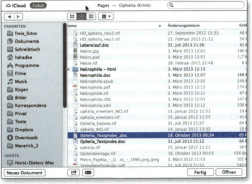

Beim Öffnen anderer Dateiformate konvertiert Pages gleich in das eigene.

Haben Sie beispielsweise ein Word-Dokument importiert und damit gearbeitet, so dürfen Sie nicht einfach sichern, wenn Sie das Word-Dokument erhalten möchten. Pages speichert nur im eigenen Dateiformat ab. Sie müssen die Option *Ablage | Exportieren zu | Word* auswählen. Wenn Sie die erweiterten Optionen auswählen, können Sie bei Format noch bestimmen, ob im neuen (.docx – voreingestellt) oder alten Word-Format (.doc) gespeichert werden soll.

Zumindest versteht Pages beide Word-Formate.

Immerhin lassen sich beim Exportieren auch PDF-Dateien und E-Books im ePub-Format erstellen.

Um in der Browserversion von Pages Dokumente zu importieren, klicken Sie auf *Tools | Download a Copy*. Sie können dann entscheiden, ob Sie Pages, PDF- oder Word-Dokumente laden wollen. Um zu exportieren, wählen Sie *Send a copy*.

> **Aufgepasst**
>
> Damit Pages-Dokumente via E-Mail verschickt werden können, muss iCloud mit einer E-Mail-Adresse eingerichtet werden, die auf icloud.com, me.com oder mac.com endet.

Über die iOS-Versionen ist ein Import und Export fremder Dateiformate derzeit nicht möglich.

Aufhören

Aufhören geht ganz einfach. Wollen Sie mit Pages nicht weiterarbeiten, wählen Sie *Pages | Beenden* oder die Tastenkombination ⌘ – Q. Keine Sorge, es geht nichts verloren.

Pages speichert alles ab. Wollen Sie trotzdem noch vorher sichern, wählen Sie *Ablage | Sichern* oder die Tastenkombination ⌘ – S.

So einfach das aussieht – und auch durchzuführen ist – so komplex ist das, was sich im Hintergrund abspielt. Und von dieser Komplexität profitieren Sie. Bereits vor dem Start der Arbeit mit dem Dokument mussten Sie sich entscheiden, ob Sie lokal oder in der iCloud arbeiten möchten. Entscheiden Sie sich für letzteres, so stehen die Dokumente auch sofort in der Browser-Version und der iOS-Version von Pages zur Verfügung und können dort weiter bearbeitet werden. Nähere Details dazu finden Sie im Kapitel »iWork und die iCloud«.

Noch etwas Wichtiges findet statt, was auf den ersten Blick nicht zu sehen ist: Pages speichert Versionen. Vielleicht kennen Sie das schon von der Arbeit mit TextEdit oder anderen Programmen, die diese Fähigkeit von OS X unterstützen. Fällt Ihnen später ein, dass die Änderungen an einem Dokument doch vielleicht nicht die richtigen waren, so können Sie einfach auf die vorangegangene Version zurücksetzen, indem Sie *Ablage | Zurücksetzen auf | Zuletzt geöffnet* wählen.

Zurück zur letzten Version ist nur zwei Mausklicks entfernt.

Soll es nicht die letzte Fassung sondern noch eine ältere sein, so wählen Sie *Ablage | Zurücksetzen auf | Alle Versionen durchsuchen*. Es öffnet sich dann eine Oberfläche, die ähnlich der von Time Machine ist. Sie bekommen links das aktuelle Dokument gezeigt, in dem Sie auch scrollen können. Rechts daneben steht die vorletzte Fassung. Sie können in dem Zeitstrahl am rechten Rand weiter zurückgehen und noch ältere Versionen suchen. Haben Sie eine passende Version gefunden, klicken Sie auf *Fertig*.

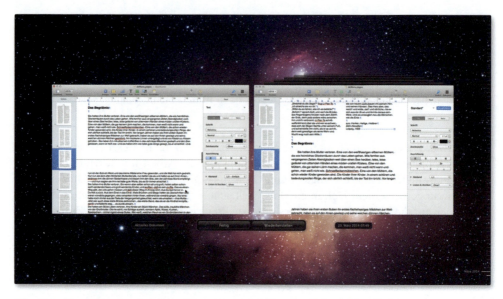

Sämtliche Versionen von der ersten Fassung an sind über den Zeitstrahl zu finden.

Pages
Arbeiten mit Text

Kapitel 5

Der Name Pages drückt schon aus, dass diese Anwendung nicht nur einfach Text darstellen kann, sondern auch Layoutaufgaben erfüllt. Selbstverständlich sind Texte in einem guten Layout nicht zu übersehen. Welche vielfältigen Möglichkeiten der Textbearbeitung und des Textlayouts Pages bietet, zeigt dieses Kapitel.

Textformatierung

Nehmen Sie den Text, den Sie im vorangegangenen Kapitel erzeugt haben, um die folgenden Hinweise auszuprobieren. Steht Ihnen der Text nicht mehr zur Verfügung, so erzeugen Sie neuen oder laden Sie irgendein Textdokument. Es sollte möglichst wenige Formatierungen enthalten, am besten gar keine.

Falls die Formatierungspalette am rechten Rand nicht zu sehen ist, klicken Sie einmal auf das Format-Icon in der Symbolleiste. Für die weitere Arbeit muss das Register *Stil* aktiviert sein.

Text in vielen Zeilen und Absätzen sieht ziemlich dröge aus. Man kennt das aus Büchern. Wenn diese aber gut gestaltet sind und eine ansprechende Typografie haben, ist das halb so schlimm. Tatsächlich steigt die Lesequalität dadurch. Auszeichnen wie fett oder kursiv treten selten auf, und allenfalls sind die Kapitel- und/oder Abschnittsüberschriften durch größere und fettere Schrift hervorgehoben. Wie nimmt man aber solche Formatierungen in Pages vor? Grundsätzlich gibt es zwei Varianten:
- durch Direktformatierungen oder
- mit Absatzstilen.

Beide Varianten werden in eigenen Abschnitten vorgestellt

Mit Direktformatierungen arbeiten

Mit Direktformatierungen sind solche Auszeichnungen gemeint, die direkt im Dokument vorgenommen werden. Ein bestimmtes Zeichen oder eine Zeichenfolge wird so ausgezeichnet, dass sie sich von anderen hervorhebt.

Zeichen, Wörter, Absätze auszeichnen

Grundsätzlich gilt: Ausgezeichnet wird nur, was ausgewählt ist. Steht der Cursor in einem Wort, werden die eingestellten Formatierungsoptionen nur auf dieses Wort wirken. Es reicht nicht, dass der Cursor direkt vor oder hinter dem Wort steht – Pages erkennt dies nicht als Auswahl an –, der Cursor muss mitten im Wort stehen. Wird dann rechts in der Formatpalette beispielsweise auf B (für bold = fett) oder I (für inverse = kursiv) geklickt, wird das Wort, in dem der Cursor steht, entsprechend ausgezeichnet.

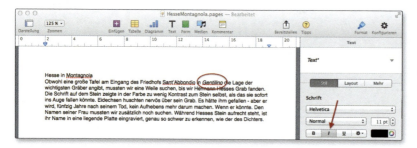

Pages zeichnet das Wort aus, in dem der Cursor steht.

Sollen mehrere zusammenhängende Wörter ausgezeichnet werden, so müssen diese vollständig markiert werden, zum Beispiel mit der Maus. Pages zeichnet dann diese markierte Textstelle aus. Ist ein ganzer Absatz auszuzeichnen, so muss dieser Absatz komplett markiert sein. Das kann man durch Ziehen mit der Maus erreichen oder indem man einen dreifachen Klick irgendwo in diesen Absatz setzt. Ein weiterer Klick löst die Markierung wieder auf. Um das komplette Dokument zu markieren, wählen Sie *Bearbeiten | Alles auswählen* oder die Tastenkombination ⌘ – A.

Bei der Browserversion gibt es kaum Unterschiede, abgesehen davon, dass es die Funktion *Alles Auswählen* nicht gibt beziehungsweise sich die Funktion im Menü *Bearbeiten* des Browsers nicht auf das Pages-Dokument anwenden lässt. Zumindest noch nicht in der Betaversion.

Bei der iOS-Version jedoch muss man ganz anders vorgehen. Markiert wird ein Zeichen, Wort oder Absatz wie in iOS üblich, indem durch Fingertippen eine Zeichenfolge markiert wird:

- Einmal mit dem Finger tippen setzt den Cursor an diese Stelle.
- Zweimal mit dem Finger tippen markiert das Wort, auf das getippt wurde.
- Dreimal mit dem Finger tippen markiert den Absatz, in den getippt wurde.

Ziehen Sie dann den Bereich an den beiden runden Anfasspunkten so groß oder klein auf, wie Sie es benötigen. Über dem markierten Text erscheint ein schwarzer Balken, der verschiedene Funktionen anbietet. Sie können den Text:

- **Ausschneiden** – der markierte Text wird entfernt, verbleibt aber in der Zwischenablage und kann beispielsweise an anderer Stelle eingefügt werden.
- **Kopieren** – der markierte Text bleibt, wo er ist. Zusätzlich wird er in die Zwischenablage kopiert.
- **Einsetzen** – der Inhalt der Zwischenablage wird an der Stelle, an der der Cursor steht, eingefügt. Ist Text markiert, so ersetzt die Zwischenablage den markierten Text.
- **Löschen** – entfernt den markierten Text. Er steht danach nicht mehr zur Verfügung.
- **Ersetzen …** – das markierte Wort wird durch einen Vorschlag der Rechtschreibprüfung ersetzt. Ist mehr als ein Wort markiert, so steht dieser Befehl nicht zur Verfügung.
- **Markierung** – markiert den Text, der bereits ausgewählt ist, dauerhaft sichtbar durch Hinterlegung einer Farbe.
- **Kommentar** – ermöglicht die Eingabe eines Kommentars. Dass einem Wort oder Textabschnitt ein Kommentar hinterlegt ist, sieht man an der gelben Markierung im Text. Außerdem ist am linken Rand ebenfalls eine gelbe Markierung zu sehen. Es reicht, das Wort oder die Markierung am Rand anzutippen, um den Kommentar hervorzuholen.
- **Stil …** – kopiert den Stil des Wortes oder Textabschnitts. Wurde ein Stil kopiert, so erscheint beim nächsten Mal die zusätzliche Option *Stil einsetzen*. Auf diese Weise kann man Textformatierungen von einer auf eine andere Stelle übertragen.

Kapitel 5

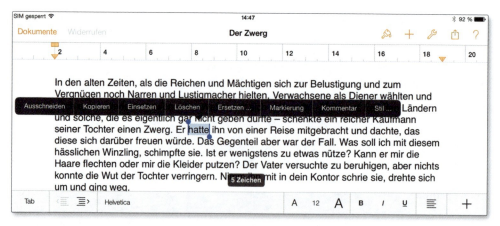

Markiertes kann sofort bearbeitet werden.

Über das Pinsel-Icon wird die Formatierungspalette aufgerufen. Sie können im Register *Stile* die nötigen Auszeichnungen (fett, kursiv, unterstrichen, durchgestrichen) auswählen.

Auf den iOS-Geräten funktioniert das Markieren etwas anders.

Weitere Auszeichnungen wie z. B. *Durchgestrichen* oder *Rot* finden Sie, wenn Sie bei *Zeichenstile* die Popup-Liste öffnen. Über das kleine Zahnrädchen erreichen Sie Einstellungen zum *Zeichenabstand*, *Schriftlinienversatz*, *Schriftlinie*, *Groß-/Kleinschreibung* und *Ligaturen*. Außerdem können Sie festlegen, dass ausgewählte Zeichen mit *Kontur* und *Schatten* dargestellt werden. Bei *Groß-/Kleinschreibung* legen Sie fest, ob alle Zeichen eines Wortes klein- oder großgeschrieben werden. Wird *Groß-/Kleinschreibung* aus der Liste gewählt, so wird das erste Zeichen eines Wortes großgeschrieben, alle anderen klein. Diese Funktion eignet sich aber nicht für ganze Texte, weil sie nicht erkennen kann, wann ein Wort klein- oder großgeschrieben wird, und dies rücksichtslos auf alle Wörter anwendet.

Pages: Arbeiten mit Text

Zeichenformatierung ist bei Pages auf hohem Level möglich.

Grundlagen

Unter *Schriftlinie* können Sie festlegen, ob Zeichen hoch- oder tiefgestellt werden, das heißt über oder unter dem Standardschriftlinie angeordnet werden. Bei *Groß-/Kleinschreibung* können sie auch *Kapitälchen* wählen – Großbuchstaben, deren Normalhöhe denen der Kleinbuchstaben entspricht. *Ligaturen* sind Buchstabenverbindungen. Zwei Buchstaben (manchmal auch mehrere) werden so zusammengezogen, dass sie miteinander verschmelzen, vorausgesetzt, der verwendete Schriftsatz enthält entsprechende Glyphen.

Insbesondere die letzten Auszeichnungen sind in der Browserversion von Pages nicht zu finden. Zeilen- und Absatzabstand lassen sich einstellen, Textstile auch – aber Kapitälchen und Ligaturen bleiben außen vor. Noch mehr abgespeckt ist die iOS-Version. Immerhin lässt sich der Zeilenabstand noch auswählen, wenn man das Register *Layout* auswählt.

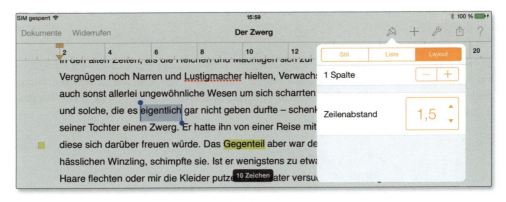

Der Zeilenabstand lässt sich auch in der iOS-Version anpassen.

Text formatieren

Unterhalb der Schrift- und Zeichenstile finden sich die Optionen zur globalen Textformatierung. Über Ausrichtung wird festgelegt, ob der Text linksbündig (am linken Rand gerade), zentriert, rechtsbündig (am rechten Rand gerade) oder als Blocksatz (der Text wird so verteilt, dass links und rechts gerade Ränder entstehen) ausgerichtet wird.

Darunter finden sich zwei Schalter für Einzüge. Klicken Sie einmal auf den rechten Schalter, wird vom linken Rand aus der gesamte Absatz nach rechts versetzt. Jeder weitere Klick schiebt den Text weiter nach rechts. Mit dem linken Schalter können Sie den Text wieder zurückversetzen. Allerdings nur bis zum linken Rand. Dann ist der Schalter ausgegraut und lässt sich nicht einsetzen. Nach links über den Rand hinaus – das geht nicht.

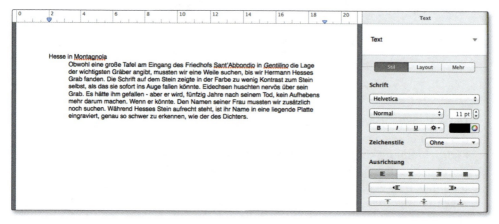

Text lässt sich leicht einrücken.

> **Tipp**
>
> Ein Erstzeileneinzug, wie man ihn beispielsweise von Word kennt, ist über Einstellungen nicht möglich. Man kann ihn aber mit dem Tabulator realisieren, indem man den Cursor vor das erste Wort des Absatzes setzt und einmal die ➜|-Taste drückt.

In der Browserversion finden Sie die Schalter für die Einzüge ganz unten im Formatbereich. Bei der iOS-Version erreichen Sie die Einzüge über das Register *Liste* direkt unterhalb der *Register* oder über die Formatzeile. Dort findet sich auch eine Schaltfläche für den Tabulator: *Tab*.

Pages: Arbeiten mit Text

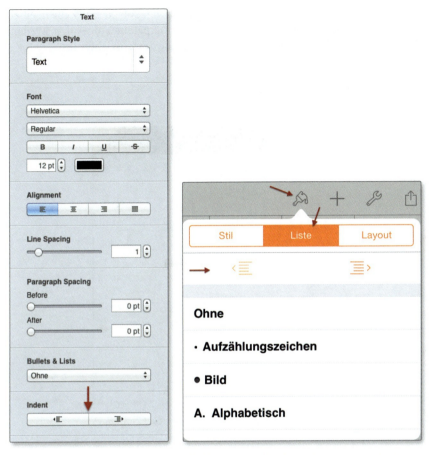

Die Schalter zum Einrücken von Textblöcken sind in allen Pages-Versionen zu finden – man muss nur wissen wo.

Für das Ausrichten von Text an den Rändern in Tabellen(zellen), Textfeldern und Formen gibt es ebenfalls Schalter. Diese liegen unter den Einzugsschaltflächen und sind so lange inaktiv (ausgegraut), wie keines dieser Objekte markiert ist. Steht der Cursor beispielsweise in einer Tabellenzelle, werden diese Schaltflächen sofort aktiv und können benutzt werden. Soll in einer Zelle ein Textumbruch erfolgen, damit der Text nicht aus der Zelle läuft, muss die Option *Textumbruch in der Zelle* aktiviert sein.

Auch in Zellen lässt sich Text an den Rändern ausrichten.

Kapitel 5

Für die iOS-Version liegen diese Funktionen ebenfalls schon vor. Sobald eine Zelle in einer Tabelle ausgewählt ist, kann über das Pinsel-Icon die Formatpalette aufgerufen werden. Unter dem Register *Zelle* finden sich die Einstellungen für die Textausrichtungen.

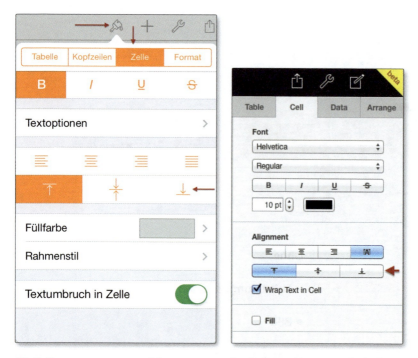

Die Zellenanpassungen erreicht man, wenn eine Zelle markiert ist. Sie befinden sich dann unter dem Register Zelle.

Textlayout

Einfacher Text lässt sich durch direkte Formatierung schon in eine gute Form bringen. Durch den Einsatz bestimmter Textelemente – zum Beispiel Listen – und Absatzstilen kann man Textdokumente noch besser gestalten.

Mit Listen arbeiten

In vielen Fällen werden Listen benötigt, für Aufzählungen, für Ablaufbeschreibungen, für Workflows und als Arbeitshilfen (Checklisten). Solche Listen lassen sich mit Pages schnell erstellen und verwalten. Um eine solche Liste zu erstellen, gehen Sie folgendermaßen vor:

1. Schreiben Sie die Texte für die Liste in einzelne Zeilen.
2. Markieren Sie den Textbereich, der in eine Liste umgewandelt werden soll.
3. Wählen Sie im Formatbereich unter *Listen & Zeichen* Nummeriert aus.

Pages: Arbeiten mit Text

Mehr müssen Sie nicht tun. Sie sehen, dass die einzelnen Zeilen sofort durchnummeriert wurden. Wenn Sie nicht mit 1 beginnen möchten, stellen Sie bei *Beginnen bei* die Nummer ein, mit der die Liste beginnen soll. Möchten Sie keine nummerierte Liste, sondern lediglich Aufzählungspunkte, so wählen Sie bei *Listen & Zeichen* den passenden Punkt aus.

> **Tipp**
>
> Sie können auch so vorgehen, dass Sie zunächst nur eine Zeile der Liste erstellen und dieser anschließend ein Listenformat zuweisen. Wenn Sie mit der ←-Taste die Eingabe beenden, wird automatisch in der nächsten Zeile ein weiterer Listenpunkt erstellt. Bei Nummerierungen wird fortgezählt, bei grafischen Elementen wird das vorherige übernommen. Drücken Sie die ←-Taste ein zweites Mal, verschwindet der leere Listenpunkt.

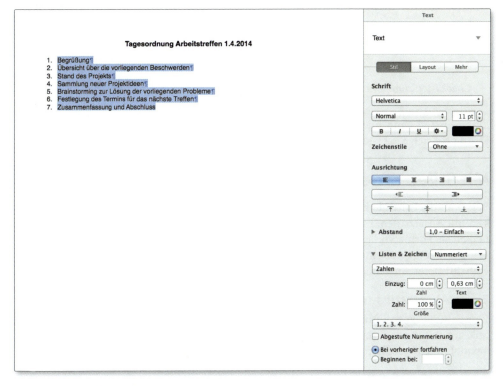

Listen sind schnell erstellt.

Um eine Checkliste zu erstellen, in der man einzelne Punkte abhaken kann, gehen Sie folgendermaßen vor:

1. Markieren Sie die Listenpunkte.
2. Stellen Sie bei *Listen & Zeichen* die Option *Ohne* ein.

3. Wählen Sie aus der Liste darunter die Option *Bild*.
4. Aus der Palette bei *Aktuelles Bild* wählen Sie sich eine passende Grafik, die zum Abhaken geeignet ist.
5. Passen Sie bei *Größe* das ausgewählte Bild an.

Checklisten zum Abhaken sind ebenfalls schnell erstellt.

Einen Einzug kann man festlegen, wenn aus der Liste noch anderer Text vorhanden ist. Dann hebt sich die Liste noch deutlicher vom Gesamttext ab.

Mit Stilen arbeiten

Besser als die laufende Direktformatierung von Text ist das Arbeiten mit Stilen, genauer gesagt mit Absatzstilen. In anderen Textverarbeitungsprogrammen – zum Beispiel in Word – heißen sie Formatvorlagen. Mit diesen Stilen lässt sich eine ganze Reihe von Formatierungen gleichzeitig auf einen Text anwenden. Das spart Zeit und gibt den Dokumenten ein einheitlicheres Aussehen.

Einen Absatzstil anwenden

Eine Sammlung von Absatzstilen ist bereits in einem leeren Layout vorhanden. Wie solche Stile genutzt werden, zeigen Ihnen die nächsten Abschnitte. Voraussetzung ist, dass Sie ein Textdokument geöffnet haben, um die Vorgehensweise daran auszuprobieren.

Um einen vorhandenen Absatzstil anzuwenden, gehen Sie folgendermaßen vor:

1. Markieren Sie den Absatz, dem Sie einen Stil zuweisen möchten, beispielsweise der Überschrift.
2. Öffnen Sie in der Formatierungspalette über den Registern die Liste der Absatzstile.
3. Wählen Sie aus der Liste den passenden Stil – beispielsweise *Überschrift* – aus.

Sofort passt sich der markierte Text im Dokument an.

Absatzstile lassen sich aus einer Liste schnell zuweisen.

Der jeweils zugewiesene Absatzstil ist oben in der Formatierungspalette immer zu sehen, wenn der Cursor im Text steht oder Text markiert ist. Haben Sie einen Absatzstil nachträglich verändert, so erscheint neben dem Namen des Absatzstils ein Stern (»*«). Außerdem erscheint die Schaltfläche *Aktualisieren*. Damit können Sie im gesamten Dokument die Änderungen auf die Absätze übertragen, denen dieser Stil zugeordnet wurde.

Geänderte Absatzstile lassen sich per Mausklick auf alle Absätze mit dem gleichen Stil anwenden.

Stile lassen sich auch kopieren und übertragen. Über das Menü *Format | Stil kopieren* oder die Tastenkombination alt – ⌘ – C wird der Stil kopiert und anschließend über *Format | Stil übertragen* oder alt – ⌘ – V auf den neuen Absatz übertragen.

Die Browser- und die iOS-Version besitzen ebenfalls Absatzstile. Leider funktioniert die Aktualisierung in beiden Versionen nicht. Das Übertragen von Stilen funktioniert derzeit nur in der iOS-Version. Dazu wird aus dem Menü, das sich über dem markierten Text zeigt, *Stile … | Stil kopieren* und an anderer Stelle *Stile … | Stile einsetzen* gewählt.

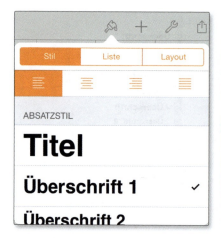 

Absatzstile lassen sich in allen Versionen einsetzen.

Stile bearbeiten

Wurde ein Stil angepasst, so erscheint neben dem Namen der Stern, wenn ein Absatz mit diesem Stil ausgewählt ist. Neben dem Stern ist ein kleines Dreieck zu sehen. Ein Klick darauf, und es öffnet sich die Liste der Absatzstile. Wird mit dem Cursor auf den ausgewählten Absatzstil, der an einem kleinen Haken vor dem Stilnamen erkennbar ist, gezeigt, so erscheint links ein kleiner Pfeil. Über diesen Pfeil öffnet sich ein Kontextmenü, das fünf Befehle enthält:

- **Stil aktualisieren** – damit werden alle Absätze mit diesem Stil aktualisiert, also dem geänderten Stil angepasst.
- **Stiländerung entfernen** – beseitigt die Änderungen an dem Stil.
- **Stil umbenennen** – erlaubt es, dem Stil einen anderen Namen zu geben.
- **Stil löschen …** – entfernt einen Stil.
- **Kurzbefehl** – erlaubt es, einem Absatzstil einen Kurzbefehl zuzuweisen.

Stiländerungen lassen sich entfernen.

> **Tipp**
>
> Absatzstilen, die Sie häufig nutzen, sollten Sie einen Kurzbefehl zuweisen. Dann können Sie durch einen Tastendruck den Stil auf den Absatz übertragen, in dem der Cursor steht. Der Kurzbefehl ist nach Zuweisung in der Liste der Absatzstile zu sehen.

Einen eigenen Absatzstil erstellen

Reichen Ihnen die vorgegebenen Stile nicht, so können Sie selber welche anlegen. Dazu formatieren Sie einen Absatz so, wie Sie sich das für den neuen Stil vorstellen: Schriftart, Schriftgröße, Ausrichtung, Auszeichnung, Absatzabstände und so weiter. Dann gehen Sie folgendermaßen vor:

1. Markieren Sie den Absatz mit den neuen Stileinstellungen.
2. Öffnen Sie die Liste mit den Absatzstilen, indem Sie auf das kleine Dreieck klicken.
3. Klicken Sie auf das Pluszeichen neben Absatzstile.
4. Tragen Sie einen Namen für den neuen Stil ein.

Ab sofort steht Ihnen dieser Stil im gesamten Dokument zur Verfügung.

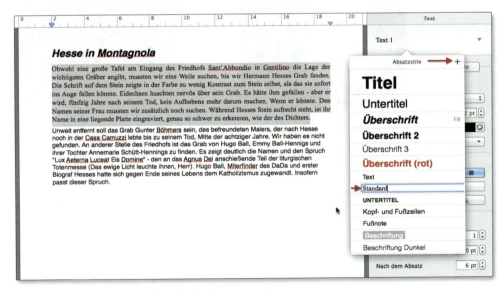

Eigene Absatzstile lassen sich in eine Vorlage integrieren.

In der Browser- und iOS-Version lassen sich derzeit noch keine Stile anlegen. Allerdings werden beim Synchronisieren über iCloud Absatzstile, die in der Desktopversion erstellt werden, übertragen und können genutzt werden.

Aufgepasst

Neue Absatzstile gelten leider nur im aktuellen Dokument. In anderen stehen Sie nicht zur Verfügung. Sie können aber eine eigene Vorlage erstellen. Duplizieren Sie Ihr Dokument und löschen Sie in der Kopie den kompletten Text. Die neu erstellten Absatzstile werden dabei nicht gelöscht. Über *Ablage | Als Vorlage sichern …* speichern Sie dieses leere Dokument ab. Vergessen Sie nicht, der Vorlage einen aussagekräftigen Namen zu geben. Wenn Sie dann ein neues Dokument aus dieser Vorlage erstellen, stehen Ihnen die selbst angelegten Stile zur Verfügung.

Selbst erstellte Stile lassen sich in leere Vorlagen transportieren und so für künftige Dokumente aufbewahren.

Kapitel 6

Pages
Layouten mit Pages

Pages kann nicht nur einfach Text anordnen, es lassen sich Texte, Bilder, Formen zu einem komplexen Layout zusammenstellen. Dieses Kapitel wird sich damit ausführlich beschäftigen.

Kapitel 6

Dokumente formatieren

Ein gestaltetes Dokument ist ein Layout. Auf diese einfache sprachliche Regelung lege ich mich in diesem Buch fest, um in den folgenden Abschnitten möglichst klar zu zeigen, um was es geht: um das Anordnen von Objekten und Elementen – nicht nur Texte – auf einer Seite. Wurden im vorangegangenen Kapitel noch Texte bearbeitet und formatiert, geht es nun um das ganze Dokument, auch wenn immer wieder Teile des Dokuments angeschaut und bearbeitet werden.

Zeichen im Layout

Doch auch im Layout darf das einzelne Zeichen nicht außer Acht gelassen werden. Es gibt zahlreiche Zeichen, die für die korrekte typografische Darstellung eines Dokuments wichtig sind. Dazu gehören die Anführungszeichen und die Bindestriche.

Anführungszeichenstile

Setzen Sie in einem Pages-Dokument Anführungsstriche, so werden diese vorne und hinten bei der wörtlichen Rede oben angeordnet. Das war so bei der Schreibmaschine und das ist auf dem Computer heute noch so, wenn keine Maßnahmen getroffen werden. Typografisch ist es aber nicht korrekt, wenn vorne und hinten die gleichen Anführungszeichen stehen.

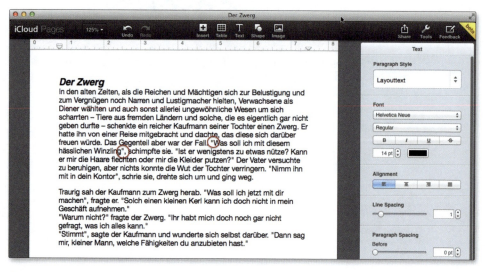

Dass Anführungszeichen vorne und hinten gleich sind, ist keine gute Typografie.

Wählen Sie aus dem Menü *Bearbeiten | Ersetzungen*. Sie sehen Untermenüs, vor denen vermutlich schon Häkchen gesetzt sind. Voreingestellt sind beispielsweise auch Intelligente Anführungszeichen. Trotzdem erscheinen nach wie vor Anführungszeichen, die vorne wie hinten gleich sind, wenn man solche im Text einsetzt. Öffnen Sie den Dialog *Ersetzungen einblenden*, Sie erkennen dann schnell, was der Grund für dieses Verhalten ist. Es sind die oben stehenden Anführungszeichen eingestellt. Wählen Sie aus den Listen für doppelte und einfache Anführungszeichen typografische Anführungszeichen aus, so setzt Pages diese »intelligent« (das heißt, es erkennt wo vorne und hinten ist) in den Text ein. Vorhandener Text ist davon allerdings noch nicht betroffen. Um die alten gegen die neuen Anführungszeichen auszutauschen, müssen Sie auf die Schalter *Alles ersetzen* (für das ganze Dokument) oder *In Auswahl ersetzen* (für einen ausgewählten, markierten Textabschnitt) klicken.

Die Anführungszeichenstile müssen ausgewählt werden, bevor sie intelligent im Text eingesetzt werden können.

Aufgepasst

Zum Zeitpunkt der Arbeit an diesem Buch funktionieren die Schalter *Alles ersetzen* und *In Auswahl ersetzen* noch nicht. Sie bleiben wirkungslos und ersetzen die vorhandenen Anführungszeichen im Text nicht, wenn andere ausgewählt werden. Stellen Sie deshalb möglichst vor der Arbeit an einem Dokument die richtigen Anführungszeichen ein.

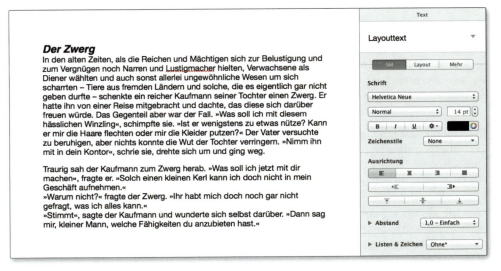

Typografische Anführungszeichen sehen einfach besser aus.

Die Browser- und iOS-Versionen unterstützen keine intelligenten Anführungszeichen. Sie müssen manuell gesetzt werden.

Weitere Zeichen

Im Dialog *Ersetzungen* werden noch weitere Zeichen als »Intelligent« ausgegeben. *Intelligente Links* sorgen dafür, dass eine Zeichenfolge, die wie eine Web- oder E-Mail-Adresse aussieht, als Link gekennzeichnet wird, sodass man über einen Mausklick zur Website gelangt oder der E-Mail-Client mit bereits eingetragener Adresse erscheint. Das ist nicht immer gewünscht. Wenn ein Dokument gedruckt werden soll, stören solche Links, zumal sie anders formatiert werden als der übliche Text. Ich empfehle, diese Option auszuschalten und nur dann zu aktivieren, wenn es tatsächlich um Dokumente geht, die digital weitergegeben werden.

Mit dem Bindestrich ist es etwas verzwickter. Die Option *Intelligente Bindestriche* sorgt nicht etwa dafür, dass automatisch der richtige Bindestrich gesetzt wird, sondern dass Pages zwei aufeinanderfolgende Kopplungs- oder Trennstriche in einen Geviertstrich verwandelt.

Kopplungs-/Trennstrich	-	Über die Tastatur eingeben
Gedankenstrich oder Halbgeviertstrich	–	alt + -
Geviertstrich	—	zweimal - eingeben

Bindestrich ist nicht gleich Bindestrich.

Grundlagen

Trenn- bzw. Koppelungsstriche werden nur genutzt, um Wörter zu trennen (am Zeilenende) oder mehrere Wörter zu koppeln. Der Halbgeviertstrich wird meistens als Gedankenstrich eingesetzt. Der Geviertstrich ist hauptsächlich in Amerika als Gedankenstrich üblich und wird bei uns selten genutzt.

Die Option *Text ersetzen* sorgt dafür, dass über Kürzel andere Texte oder Zeichen in den Text übernommen werden. Es gibt für solche Ersetzungen einige Vorgaben, Sie können aber weitere anlegen. Klicken Sie dazu auf die Schaltfläche *Texteinstellungen…* Es öffnet sich ein Dialogfenster, in dem eine kleine Liste bereits vorhanden ist. Um weitere hinzuzufügen, klicken Sie auf die Plus-Schaltfläche am unteren Rand der Liste. Tragen Sie dann bei *Ersetzen* eine Abkürzung ein, zum Beispiel die Anfangsbuchstaben Ihres Namens. Drücken Sie die ⇥-Taste und tragen Sie Ihren vollständigen Namen ein. Künftig müssen Sie nur noch die Anfangsbuchstaben Ihres Namens tippen, um anschließend den vollständigen im Dokument zu haben.

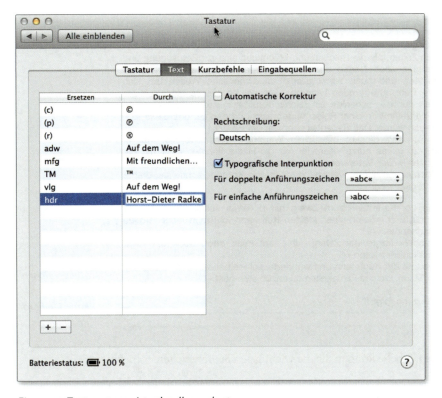

Eine neue Textersetzung ist schnell angelegt.

> **Tipp**
>
> Rechts neben der Liste für die Textersetzungen sehen Sie übrigens die Einstellungen für die typografische Interpunktion von Anführungszeichen.

Steuerzeichen im Dokument

Es sind nicht alle Zeichen zu sehen, die im Dokument vorhanden sind. Leerzeichen etwa glänzen durch Leere. Das mag auf den ersten Blick unwichtig erscheinen, ist es aber durchaus nicht. Wurde beispielsweise Blocksatz eingestellt, kann man nicht mehr erkennen, wo ein Leerzeichen zu viel eingegeben wurde. Auch Absatzendezeichen sind nicht zu sehen. Die zu erkennen kann aber nützlich sein, wenn der Text dicht gedrängt steht und die letzte Zeile bis ganz an den rechten Rand reicht.

Um alle Steuerzeichen anzuzeigen, wählen Sie aus dem Menü *Darstellung | Steuerzeichen einblenden*.

Nun erkennen Sie schnell, wo doppelte Leerzeichen sind, was ein Absatzende ¶ und ein Zeilenumbruch ist ↵.

Kapitel 6

Steuerzeichen zu erkennen kann eine große Hilfe sein.

Der folgenden Tabelle können Sie die wichtigsten Steuerzeichen entnehmen:

Steuerzeichen	Bedeutet
·	Leerzeichen
	Geschütztes Leerzeichen (Optionstaste – Leertaste)
→	Tabulator
↵	Zeilenumbruch (⇧ – ↵)
¶	Absatzumbruch (↵)
	Seitenumbruch
	Spaltenumbruch
	Layoutumbruch
	Abschnittsumbruch
↑	Ankerpunkt für eingebundene Objekte mit Textumbruch

Einige dieser Steuerzeichen werden im Verlaufe des Buches noch erläutert.
In den Browser- und iOS-Versionen lassen sich Steuerzeichen nicht einblenden.

Dokumenteinstellungen vornehmen

Dokumenteinstellungen lassen sich auf unterschiedliche Weise vornehmen: über Paletten, Menüs und Lineale.

Einstellungen über Menüs und Paletten

Die Werkzeuge für das Einrichten des gesamten Dokuments erreichen Sie, wenn Sie auf die Schaltfläche *Konfigurieren* klicken. Die Formatpalette am rechten Rand verschwindet und wird durch eine andere Palette mit den Registern *Dokument* und *Abschnitt* ersetzt. Drucker, Papierformat, Seitenausrichtung, Kopf- und Fußzeilen und Ränder können eingestellt werden. Bei der iOS-Version wählen Sie den Schraubenschlüssel (Werkzeuge) und aus der Liste die *Dokumentkonfiguration*. Das Dokumentlayout wird angezeigt und kann verändert werden, indem mit den Fingern der Rand größer oder kleiner gezogen wird. Um die Kopf- und Fußzeilen zu bearbeiten, wird der Bereich angetippt. Anschließend kann man Text eingeben, Platzhalter für Seitenzahlen eingeben und Zeilenumbrüche festlegen.

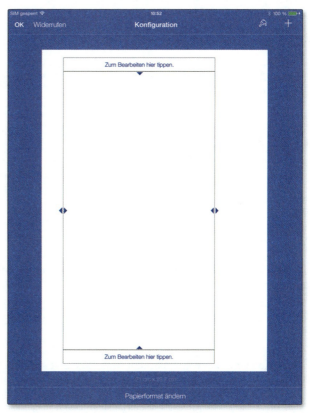

Dokumentkonfigurationen sind in der Desktop- und iOS-Version möglich.

Während die iOS-Version nur zwei Papierformate vorhält, sind die Formate der Desktopversion vielfältiger. Um ein eigenes Format anzulegen, wählen Sie über *Ablage | Papierformat* bei *Papierformat:* die Option *Eigene Papierformate …* aus.

> **Aufgepasst**
>
> Aber Achtung: Bevor Sie an den Einstellungen etwas ändern, klicken Sie auf den Plus-Schalter (+) oder *Duplizieren*, sonst ändern Sie eine vorhandene Einstellung.

Um die *Seitenausrichtung* zu ändern, klicken Sie in eines der beiden Formate – hoch oder quer.

Kopf- und Fußzeile passen Sie über die Regler am rechten Rand des Eingabefeldes an. Sie können aber die Werte auch über Direkteingaben regeln. Die Kopf- und Fußzeilenbereiche werden bis zu den Dokumenträndern gerechnet. Diese werden darunter eingestellt und beschreiben den nicht bedruckbaren Bereich der Seite bis zum äußeren Rand des Dokuments.

Wenn Sie das Häkchen vor *Dokumenttext* entfernen, bekommen Sie eine Warnung. Klicken Sie auf Konvertieren, wird der Text entfernt und nur noch das Seitenlayoutdokument bleibt erhalten. Das ist sinnvoll, wenn man ein leeres, aber sonst fertiges Layout aus einem vorhandenen für eine Vorlage erstellen möchte.

Text kann aus dem Layout entfernt werden.

Das Häkchen vor *Silbentrennung* ist standardmäßig entfernt. Wenn Sie mit Flattersatz arbeiten, das heißt ohne Angleichung zum linken oder rechten Rand, ist dies auch die bessere Einstellung. Bei Blocksatz können aber ohne Silbentrennung große Lücken im Text entstehen. Silbentrennung hilft dann meist für einen ausgeglicheneren Blocksatz.

Auf dem Register *Abschnitt* sind wenige Einstellungen zu finden. Kopf- und Fußzeileneinstellungen sind hier untergebracht, was zunächst überrascht, so unlogisch aber nicht ist. Es kann festgelegt werden, dass Fußzeilen auf der ersten Seite ausgeblendet werden. Das ist etwa bei einer Titelseite sinnvoll. *Wie im vorherigen Abschnitt* bedeutet, dass die Kopf- und Fußzeilen übernommen werden. Wird die Option deaktiviert, müssen für jeden Abschnitt eigene Kopf- und Fußzeilen festgelegt werden. So können zum Beispiel Abschnitte für jedes Kapitel erstellt und dann die Kapitelüberschriften in die Kopfzeile übernommen werden. Die Darstellung der *Seitennummerierung* wird aus einer Liste ausgewählt.

Ein neuer Abschnitt wird ebenfalls über diese Palette erstellt.

Die Einstellungsmöglichkeiten im Bereich Abschnitt sind beschränkt, dafür aber wirkungsvoll.

Einstellungen über Lineale

Um die Lineale einzublenden, wählen Sie im Menü *Darstellung | Lineale einblenden*, die Tastenkombination ⌘ – R oder die Schaltfläche *Darstellung* in der Symbolleiste. Kleine blaue Marker sorgen für die Randeinstellungen im Dokument. Übersehen wird leicht der kleine rechteckige Marker über dem Randmarker. Damit kann ein Erstzeileneinzug für einen Absatz festgelegt werden. Ziehen Sie diesen Marker nach rechts, so wandert die erste Zeile des Absatzes, in dem der Cursor steht, mit.

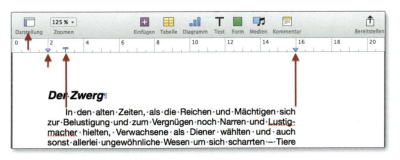

Über das Lineal lassen sich Ränder und Einzüge festlegen.

Für die iOS-Versionen gilt dies ebenso, auch wenn die Marker nicht blau sind, sondern orange. Die farblosen Marker in der Browserversion lassen sich noch nicht bewegen. Sie zeigen aber an, dass Apple an dieser Funktion arbeitet und sicher bald zur Verfügung stellt.

> **Power User**
>
> Möchten Sie in einem Dokument unterschiedliche Ränder nutzen, dann arbeiten Sie mit Abschnitten. Für jeden Abschnitt können Sie eigene Randeinstellungen vornehmen.

Auch in der iOS-Version kann das Lineal zu Randeinstellungen genutzt werden.

Kopf- und Fußzeilen

Das Einfügen von Kopf- und Fußzeilen ist einfach. Im Prinzip sind diese Bereiche schon vorhanden – es steht nur noch nichts drin. Bewegen Sie den Cursor an den Anfang oder das Ende der Seite. Es werden dann die Bereiche für Kopf- und Fußzeilen eingeblendet. Diese Bereiche sind dreigeteilt, sodass links, mittig oder rechts Informationen eingegeben werden können.

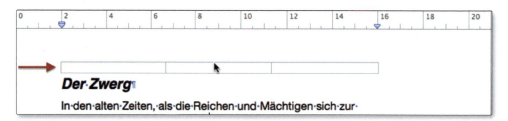

Kopf- und Fußzeilenbereiche sind bereits vorhanden.

> **Hilfe**
>
> Wenn die Bereiche für Kopf- und Fußzeilen nicht auftauchen, so sind diese vermutlich auf der Dokumentpalette (über *Konfigurieren* einblenden) nicht aktiv. Deaktivieren Sie hier die Kopf- und Fußzeilen, wird darin enthaltener Text nicht einfach ausgeblendet, sondern vollständig gelöscht.

Um Seitenzahl und Seitenanzahl einzugeben, gehen Sie folgendermaßen vor:

1. Setzen Sie den Cursor in den rechten Bereich der Kopf- oder Fußzeile.
2. Wählen Sie *Einfügen | Seitenzahl*.
3. Schreiben Sie »von«.
4. Wählen Sie *Einfügen | Seitenanzahl*.

Nun wird auf jeder Seite angezeigt, auf der wievielten Seite von wie vielen man sich befindet.

Die Kopfzeilen müssen übrigens nicht auf jeder Seite eingegeben werden. Es reicht, dies einmal auf einer Seite zu machen. Sie gelten dann für das ganze Dokument, oder, wenn das Dokument in Abschnitten aufgeteilt ist, für die Seiten des jeweiligen Abschnitts.

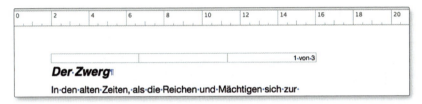

Informationen in Kopf- und Fußzeilen erscheinen auf jeder Seite.

Wählen Sie *Einfügen | Datum und Uhrzeit,* wird beides an der Stelle in der Kopf- oder Fußzeile angezeigt. Sie müssen sich damit aber nicht zufrieden geben. Klicken Sie in das Datum, so öffnet sich ein Dialog, der Ihnen erlaubt, aus unterschiedlichen Datumsformaten zu wählen – auch ohne Uhrzeit, wenn Ihnen das besser gefällt.

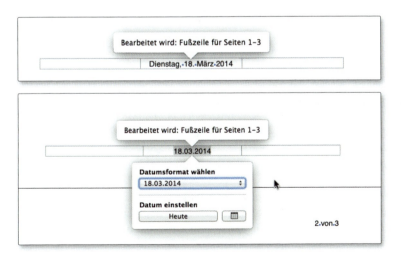

Datumsformate können angepasst werden.

In der iOS-Version werden die Kopf- und Fußzeilen über das Dokumentlayout eingefügt und bearbeitet (siehe ein paar Abschnitte zuvor). Die Browservariante verhält sich ähnlich wie die Desktopvariante: mit dem Cursor in den oberen oder unteren Randbereich fahren und dort die Bereiche anwählen, in die man etwas einfügen möchte.

Bilder, Formen und Medien verwenden

Pages kann nicht nur mit Texten umgehen, sondern auch mit Tabellen, Diagrammen, Formen und Medien. Alle Objekte lassen sich mit Texten kombinieren und aufeinander abstimmen.

Diagramme einfügen

Um ein Diagramm einzufügen, wählen Sie das Icon Diagramm in der Symbolleiste und wählen einen Diagrammtyp aus der Liste aus. Pages setzt sofort ein Diagramm in das Dokument – das Sie aber in dieser vorliegenden Form nicht brauchen können, denn die Daten wurden willkürlich gewählt.

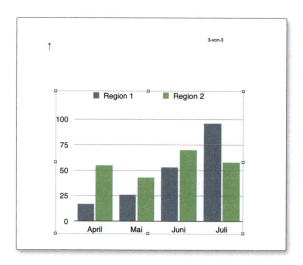

Ein Blinddiagramm wird schnell eingefügt.

Um das Diagramm nach eigenen Werten zu gestalten, gehen Sie folgendermaßen vor:

1. Klicken Sie auf den Schalter *Diagrammdaten* unterhalb des Diagramms.
2. Passen Sie die Diagrammdaten an. Sie können die Werte überschreiben, die Spalten- und Zeilenüberschriften – überhaupt die ganze Datentabelle – neu gestalten. Die Ergebnisse werden live im Diagramm umgesetzt.
3. Klicken Sie oben rechts abwechselnd auf die beiden Schalter, um festzustellen, welche Darstellung (nach Zeilen oder Spalten) für das geplante Diagramm am besten passt.
4. Sind Sie zufrieden, schließen Sie die Tabelle.

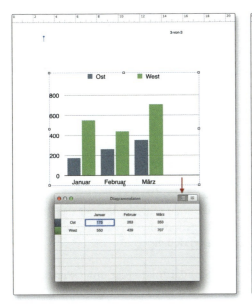 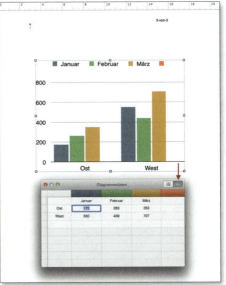

Das Diagramm kann nach Zeilen oder Spalten dargestellt werden.

Die weitere Bearbeitung wird über die Formatpalette vorgenommen. Sobald das Diagramm markiert ist, erscheint diese am rechten Rand. Ist dies nicht der Fall, klicken Sie einmal auf das Icon Format. Sie können anschließend *Diagrammstile* wechseln, *Diagrammoptionen* (Titel, Rahmen, Legende) ein- oder ausblenden, die *Diagrammschriftart* ändern, die Farben anpassen, die *Abstände* zwischen den Säulen und Datensätzen definieren und auch *Hintergrund* und *Schattenwurf* festlegen.

Diagramme lassen sich mit wenigen Mausklicks professionell ausgestalten.

> **Tipp**
> Die Beschreibungen der Diagrammeinstellungen im Kapitel zu Numbers können Sie auch für die Diagramme in Pages nutzen.

Formen

Die Formenpalette bietet unterschiedliche Arten von Formen in einer Palette an, von der Linie über das Rechteck bis zum Dreieck, Stern und Pfeil. Alle Objekte können hinsichtlich Farbe, Rahmen, Schattenwurf etc. geändert werden. Die Formatpalette bietet die jeweils gültigen Werkzeuge an, wenn das Objekt ausgewählt ist. Jedes Objekt kann beschriftet werden. Es genügt, einmal in ein Objekt zu klicken und dann zu schreiben. Über das Register *Text* können Anpassungen an Schriftart und -größe vorgenommen werden.
So lassen sich beispielsweise schnell Ablaufdiagramme erstellen.

Das Register *Anordnen* enthält wichtige Optionen. Standardmäßig ist unter Platzierung des Objekts die Option *Mit Text bewegen* markiert. Wird der Text im Dokument verändert – verlängert oder verkürzt –, so wandert das aus Formen zusammengestellte Diagramm mit. Wird *Auf Seite bleiben* gewählt, so bleibt das Objekt an der Stelle, an der es erstellt wurde.

Der *Textfluss* um das Objekt herum kann ebenfalls angepasst werden. Dazu gibt es im Zusammenhang mit Medien noch eine genauere Beschreibung. Liegen Objekte übereinander, kann über die Schalter *Zurück*, *Vorne*, *Rückwärts* und *Vorwärts* geregelt werden, welche Objekte vorne und welche hinten liegen. Wichtig ist, dass die Einstellungen nur immer auf das oder die markierten Objekte wirken.

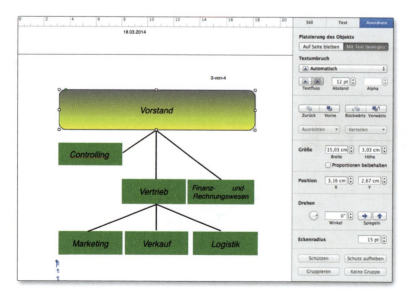

Ein Ablaufdiagramm ist aus Formen schnell zusammengesetzt.

Die Browservariante von Pages bietet Formen mit der gleichen Funktionalität wie die Desktopvariante. Bei der iOS-Version muss man auf das große Plus (+) in der Symbolleiste klicken und das letzte der fünf Register wählen, um die Formen zu erreichen.

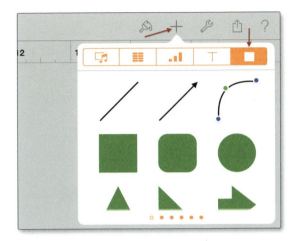

Formen in der iOS-Version von Pages

Medien

Über die Medienpalette können Fotos, Musik und Videos in den Text geladen werden. Wird Musik ausgewählt – aus der iTunes Mediathek zum Beispiel –, so wird ein kleiner Medienabspieler in das Dokument integriert. Das ist natürlich nur sinnvoll bei einem Dokument, das digital weitergegeben wird, denn ausdrucken kann man die Musik nicht. Gleiches gilt für Filme.

Medien lassen sich in Dokumente platzieren und dort abspielen.

Man kann aber Medien auch direkt in das Dokument ziehen und platzieren. Vorhandener Text passt sich bereits dem Objekt an. An sechs Anfasspunkten kann die Objektgröße geändert werden. Über die Formatpalette lassen sich Rahmen, Schattenwurf, Spiegelung und Deckkraft einstellen, wie Sie es bei den Formen bereits kennengelernt haben.

Bilder einfügen und bearbeiten

Interessant ist das Register *Bild*. Über den Schalter *Ersetzen* lassen sich andere Bilder auswählen. Die vorher vorgenommenen Einstellungen für das alte Bild werden auch auf das neue übernommen. Auf diese Weise lassen sich Platzhalter in Vorlagen schaffen. *Maske bearbeiten* öffnet einen Dialog, in dem Sie das Bild beschneiden können. Es gibt zwei Grundeinstellungen:

- Das Bild wird innerhalb der Maske angepasst.
- Die Maske wird angepasst.

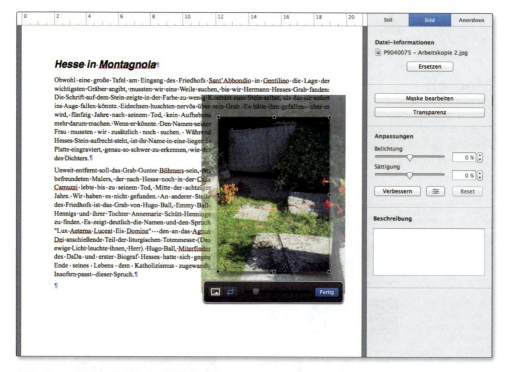

Bilder lassen sich in Dokumente integrieren und sogar maskieren.

Über den Schalter *Transparenz* lassen sich Teile des Hintergrunds transparent machen und so scheinbar aus dem Bild entfernen. Man klickt auf die Farbe, die man entfernen möchte, und bewegt den Zeiger bei gedrückter Maustaste langsam über die Farbe. Es eignet sich nicht jedes Bild dafür. Je einheitlicher die farbige Fläche ist, umso besser.

Belichtung und *Sättigung* lassen sich ebenfalls anpassen. Über den Schalter *Verbessern* wird versucht, eine automatische Korrektur vorzunehmen. Wenn die Einstellungen nicht zu einem zufriedenstellenden Ergebnis führen, reicht ein Klick auf *Reset*, um alles wieder »auf Anfang« zu stellen. Interessant ist die kleine Schaltfläche mit den Reglern zwischen *Verbessern* und *Reset*. Ein Klick darauf öffnet einen Dialog, der umfangreichere Bildanpassungen ermöglicht.

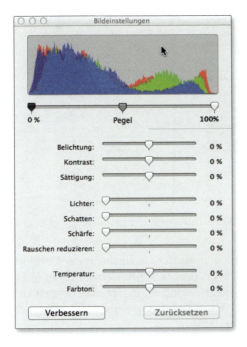

Bildbearbeitung innerhalb eines Pages-Dokuments ist überhaupt kein Problem.

Über das Register *Anordnen* erreichen Sie Einstellungen, mit der Sie das Objekt an die Seite binden oder beweglich halten. Sie legen den *Textumbruch* fest, der standardmäßig um das Objekt fließt. Das können Sie allerdings ausschalten, zum Beispiel wenn das Bild fast die ganze Breite einnimmt und der Text an den Rändern zu schmal wäre. Alternativ rücken Sie das Objekt in den Hintergrund. Sie können die *Größe* weiter anpassen oder auf die *Originalgröße* zurücksetzen. Auch die *Position* lässt sich exakt und millimetergenau festlegen, wenn Sie das beispielsweise für ein Layout, das in die Druckerei soll, so benötigen. Über die Option *Drehen* können Sie dafür sorgen, dass ein Bild in jedem möglichen Winkel im Dokument platziert ist. Mit der Schaltfläche *Schützen* sorgen Sie dafür, dass Einstellungen nicht mehr verändert werden können, zumindest so lange nicht, wie der Schutz nicht aufgehoben wird.

Kapitel 6

Wer sagt denn, dass Bilder immer nur rechtwinklig in einem Dokument stehen müssen?

Die Browserversion entspricht weitgehend der Desktopversion. Die Funktion zur Maskierung erreicht man nicht über die Formatpalette, sondern indem man doppelt auf das Bild klickt. Weitergehende Optionen zur Bildbearbeitung sind nicht zu finden.

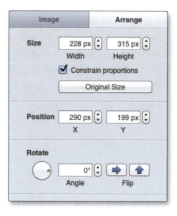

Die Bearbeitungsoptionen für Bilder in Dokumenten sind in der Browserversion etwas eingeschränkt.

In der iOS-Version muss man sich etwas an die andere Erreichbarkeit der Werkzeuge gewöhnen, dann findet man in etwa den Funktionsumfang der Browserversion. Die Möglichkeit das Bild zu drehen gibt es jedoch nicht.

Die iOS-Version bietet viel zur Bildbearbeitung – aber nicht alles.

Hintergrundbilder

Etwas, was derzeit nur mit der Desktopversion funktioniert, ist das Einfügen eines Bildes als Hintergrundbild. Gehen Sie folgendermaßen vor:

1. Markieren Sie das eingefügte Objekt, das Sie bereits eingefügt und an der richtigen Stelle positioniert haben.
2. Passen Sie gegebenenfalls noch die Transparenz an. Ein zu dunkles Bild im Hintergrund könnte das Lesen des Dokumentes erschweren.
3. Wählen Sie *Anordnen | Abschnittsvorlagen | Objekte in die Abschnittsvorlage* bewegen.

Das Bild steht nun im Hintergrund jeder Seite des Abschnitts. Es ist standardmäßig geschützt und kann nicht mehr ausgewählt werden. Um das Objekt wieder zu erreichen, gehen Sie folgendermaßen vor:

1. Wählen Sie *Anordnen | Abschnittsvorlagen | Vorlagenobjekte auswählbar machen*. Sie können das Objekt nun auswählen und bearbeiten. Möchten Sie es aus dem Hintergrund herausholen …
2. … wählen Sie *Anordnen | Abschnittsvorlagen | Objekt in Seite bewegen*.

Pages
Dokumente ausgeben

Kapitel
7

Dokumente, die mit Pages erstellt und gestaltet wurden, können auf vielfältige Weise ausgegeben werden. Man kann sie auf Papier und digital drucken, aber auch E-Books erstellen. Dieses Kapitel beschäftigt sich mit den Ausgabemöglichkeiten von Pages.

Drucken

Gedruckt wird über die ganz normale Druckfunktion von OS X. Sie wählen *Ablage | Drucken* oder die Tastenkombination ⌘ – P und schon öffnet sich der Drucken-Dialog. Als Erstes prüfen Sie, ob der richtige Drucker eingestellt ist. Können Sie nur auf einen Drucker zugreifen, so erübrigt sich das. Haben Sie aber Zugriff auf mehrere Drucker, so sollten Sie kurz überlegen, über welchen die Ausgabe des speziellen Dokuments, das Sie drucken wollen, sinnvoll ist. Einen als Farbausdruck gedachten Druckauftrag auf einem monochromen Laserdrucker auszugeben ist sicher nicht sinnvoll.

> **Tipp**
>
> Haben Sie Einstellungen vorgenommen – Kopien, Seiten pro Blatt, Seitenfolge, Rahmen u. a. –, die Sie öfter verwenden wollen, so wählen Sie bei *Voreinstellungen:* aus der Liste *Aktuelle Einstellungen als Voreinstellung sichern*, vergeben einen Namen für diese Einstellungen und klicken auf *OK*. Sie können später diese gesicherten Einstellungen aus dieser Liste abrufen.

Haben Sie alle nötigen Einstellungen vorgenommen, so genügt ein Klick auf *Drucken*, um das Dokument auf das Papier zu bringen. Sicherheitshalber können Sie die Vorschau im Dialog aber vorher einmal durchblättern. Papier und Tinte sind nicht billig.

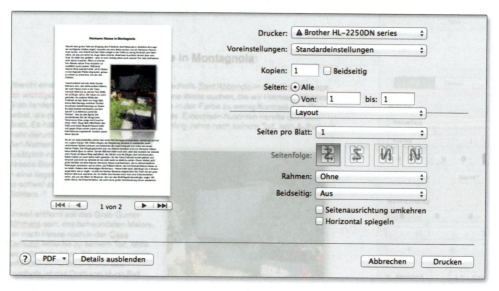

Im übersichtlichen Drucken-Dialog von OS X lassen sich alle Einstellungen bequem vornehmen.

Der Dialog sieht übrigens nicht für jeden Drucker gleich aus. Manche Drucker ermöglichen beidseitigen Druck, bei anderen kann das Fach, aus dem das Papier kommt, festgelegt werden. Lassen Sie sich deshalb nicht irritieren, wenn es bei Ihnen nicht exakt so aussieht wie in der Abbildung.

Beachten Sie, dass sich hinter dem Schalter auf der Linie eine Liste für unterschiedliche Einstellungen verbirgt. Wählen Sie beispielsweise *Druckeinstellungen*, so können Sie das *Druckmedium* (Papiersorte), die *Auflösung* und die *Papierquelle* (das Fach im Drucker, in dem das Papier liegt) bestimmen.

Die Druckqualität sollte vor dem Ausdruck festgelegt werden.

Unter *Papierhandhabung* können Sie festlegen, ob *Alle Seiten*, *Nur ungerade* oder *Nur gerade* ausgedruckt werden. Sie können auch die *Seitenfolge* umkehren, also dass die letzte Seite zuerst und die erste zuletzt gedruckt werden. Über *Füllstände* werden die Tonerkassette oder Tintenpatronen geprüft. Es wäre ärgerlich, wenn mitten im Druck eines umfangreichen Dokuments plötzlich Toner oder Tinte ausgeht. Allerdings funktioniert dies nicht immer ausreichend gut. Es kann schon mal die Meldung erscheinen, dass die Druckersoftware nicht korrekt installiert wurde, die angezeigten Füllstände deshalb nur Näherungswerte sind. Oft ist dann nicht eine Fehlinstallation der Druckersoftware das Problem, sondern eine kompatible Tonerkassette oder Tintenpatrone.

Wählen Sie in der Browserversion aus den Tools *Print*, wird derzeit nur ein PDF-Dokument erstellt. Bei der iOS-Version kommen Sie über die Werkzeuge zu den Druckeroptionen. Sie können Drucker auswählen, Bereiche und Kopien festlegen. Dies funktioniert allerdings nur, wenn Ihr iOS-Gerät zum Drucken eingerichtet ist und auf einen Drucker zugreifen kann.

PDF

Um ein PDF – eine elektronische Ausgabe Ihres Dokuments – zu erstellen, können Sie auch den Druckdialog aufrufen. Unter der Schaltfläche *PDF* verbirgt sich eine Reihe von Befehlen, die je nach Gesamtkonfiguration ihres Systems etwas anders aussehen kann. Die wichtigsten sind:

- **PDF in Vorschau öffnen**: Die PDF-Datei wird erstellt und gleich in der Vorschau geöffnet. Dort können Sie diese weiterverarbeiten, etwa indem sie Kommentare einfügen. Speichern nicht vergessen.
- **Als PDF sichern …**: Die PDF-Datei wird erstellt und gespeichert.

- **Als PostScript sichern …**: Eine interessante Option, wenn der Ausdruck über eine Druckerei geplant ist.
- **PDF zu iBooks hinzufügen**: Sie finden Ihr Dokument als PDF im Regal von iBooks vor.
- **PDF-Kontaktbogen**: Erzeugt eine Übersicht aller Seiten des PDF.

Ein PDF kann direkt aus dem Drucken-Dialog erstellt werden.

Sie können es sich aber auch einfacher machen und *Ablage | Export | PDF wählen*. Sie haben über die Einstellung *Bildqualität* die Wahl, ob ein PDF in guter, besserer oder optimaler Qualität erstellt werden kann. Bei einer Datei mit optimaler Qualität wird die Auflösung der eingefügten Bilder nicht reduziert. Wenn Sie planen, die PDF-Datei mit professionellen Farblaserdruckern oder im Offset-Verfahren auszudrucken, sollten die Bilder eine Auflösung von mindestens 300 dpi aufweisen. Bei den Optionen *Besser* und *Gut* wird die Auflösung auf 150 dpi bzw. 72 dpi reduziert. 150 dpi reicht noch für den Ausdruck auf Standarddruckern, 72 dpi aber allenfalls noch für den Bildschirm.

Das PDF-Dokument kann in unterschiedlicher Bildqualität ausgegeben werden.

Klicken Sie auf *Weiter …*, können Sie einen Namen für das Dokument vergeben und den Speicherort bestimmen.

Weitere Exportvarianten

Über den Dialog *Dokument exportieren* können Sie ein Pages-Dokument auch als Word-Datei ausgeben. Klicken Sie auf das kleine Häkchen bei *Erweiterte Optionen*, können Sie bei *Format*: aus einer Liste eines von zwei Word-Dateiformaten festlegen. Der Standard der neueren Word-Versionen ist das Format .docx. Da aber auch ältere Wordversionen noch im Einsatz sind, kann auch das ältere .doc-Format noch als Ausgabeformat bestimmt werden.

Pages exportiert auch im Word-Format.

Dieser Export klappt gut bei Dokumenten, die eher schlicht gestaltet sind. Bei Dokumenten mit wenigen Layoutumbrüchen und ohne grafische Raffinessen wie der Reflexion, dem Erweiterten Verlauf, Schatten und Transparenzen ist der Export ganz brauchbar. Doch je aufwendiger das Layout ist, desto dürftiger und nachbearbeitungsintensiver ist das Ergebnis. Auch in der Typografie kann es zu erheblichen Abweichungen kommen. Textfelder, die einen definierten Umbruch bewirken, lösen in Word einen anderen Textfluss aus. Spaltenumbrüche und Abschnittwechsel weichen in der Word-Datei von den Umbrüchen in der Originaldatei ab, da die Layoutränder, die Sie in Pages festgelegt haben, von Word anders interpretiert werden. Maskierte Objekte lassen sich in Word nicht weiter bearbeiten. Audio- und Filmdateien werden von Word unterstützt und können abgespielt werden.

Das Ausgabeformat *Reiner Text*. Damit wird der Text aus dem Dokument ohne Formatierungen und auch ohne Objekte wie Bilder, Formen etc. ausgegeben.

Das Ausgabeformat *Pages '09* sorgt für Kompatibilität zu der vorangegangenen Version von Pages. Wenn Sie selbst noch zusätzlich mit der alten Version arbeiten oder an Kolleginnen und Kollegen, die diese Version noch einsetzen, Dokumente weitergeben wollen, dann speichern Sie in diesem Format ab.

Das bislang übergangene Format ePub verdient gesonderte Betrachtung.

Kapitel 7

E-Books

E-Books gehören die Zukunft. Manch einer sieht schon in wenigen Jahren die Welt ganz ohne neue Papierbücher. Vermutlich entspricht das nicht der Realität, zu übersehen ist aber nicht, dass das Interesse an digitaler Lektüre zunimmt. Insbesondere das sogenannte Self-Publishing, das Selbstveröffentlichen von Büchern ohne Verlag, nimmt zu.

Damit ein E-Book auf einem E-Book-Reader gelesen werden kann, muss es in einem bestimmten, standardisierten Format vorliegen. Das gängigste ist der ePub-Standard (ePub = Akronym für electronic publication). Pages kann Dokumente in E-Books umwandeln, die diesen Vorgaben entsprechen.

Das Vorgehen ist einfach:

1. Wählen Sie *Ablage | Exportieren zu | epub*.
2. Geben Sie *Titel* und *Autor* ein.
3. Wählen Sie aus der Liste eine *Primäre Kategorie*.
4. Öffnen Sie dann *Erweiterte Optionen*.
5. Passen Sie gegebenenfalls die *Sprache* an.
6. Falls Sie die erste Seite des E-Books auch als Cover verwenden wollen, aktivieren Sie die Option *Erste Seite als Bild für den Einband verwenden*.
7. Klicken Sie auf *Weiter* und anschließend auf *Exportieren*.

Ein ePub wird über die Exportfunktion von Pages erzeugt.

Das war's auch schon. Das E-Book kann nun auf einen Reader geladen oder mit einem Anzeigeprogramm am Computer – zum Beispiel Calibre – gelesen werden. Pages hat alles getan, was nötig ist, damit das E-Book den Konventionen entspricht. So hat das Programm ein Inhaltsverzeichnis erstellt und, wenn die Option aktiviert ist, auch das E-Book-Cover.

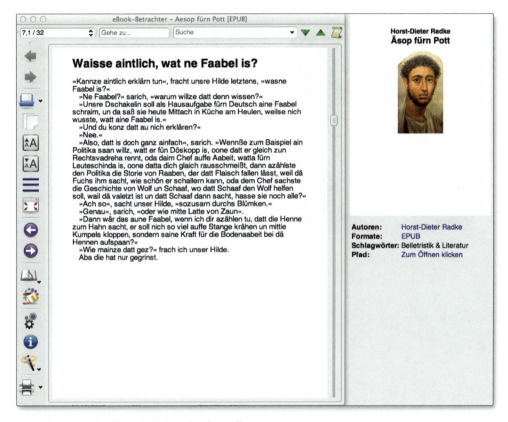

Pages hat ein E-Book im ePub-Standard erstellt.

Das funktioniert allerdings nur reibungslos, wenn vorher einige Punkte beachtet wurden. Es ist wichtig, mit Absatzstilen zu arbeiten, insbesondere bei den Überschriften, sonst kann kein Inhaltsverzeichnis erstellt werden. Wie eine Pages-Datei im Idealfall aussieht, zeigt Apple selbst. Sie können unter

http://images.apple.com/support/pages/docs/ePub_Best_Practices_EN.zip

eine Musterdatei laden, die zeigt, wie eine Pages-Datei vor der Konvertierung in ein ePub-E-Book aussehen muss.

> **Tipp**
>
>
>
> Horst-Dieter Radke behandelt die E-Book-Erstellung ausführlich in seinem Buch: »E-Book-Publishing für Autoren« (ISBN 978-3-908498-16-2).
>
> Das zweite Kapitel in diesem Buch beschäftigt sich ausschließlich mit Pages als E-Book-Tool.

Pages
Pages für Fortgeschrittene

Kapitel
8

Die wesentlichsten Funktionen wurden in den vorangegangenen Kapiteln bereits beschrieben. Pages aber kann noch mehr. Was bislang ausgeklammert wurde, um die Übersicht nicht zu erschweren, wird nun nachgereicht.

Rechtschreibprüfung

Rechtschreibung und Grammatik kann man nicht ganz aus der Hand geben, aber man kann sich helfen lassen. Die OS-X-Rechtschreibprüfung ist standardmäßig in den iWork-Programmen Pages, Numbers und Keynote aktiviert. Sie finden diese Hilfsfunktion auch in Programmen wie TextEdit und Mail. Da diese Funktion in einer Textverarbeitung wie Pages die größte Bedeutung hat, wird diese Funktion im Buchabschnitt zu Pages ausführlich erläutert, Funktionalität und Tastenkombinationen gelten jedoch auch für Numbers und Keynote.

Bereits während der Texteingabe wird der Text von den Programmen auf mögliche Fehler überprüft, und beanstandete Wörter werden mit einer gestrichelten roten Linie hervorgehoben.

> **Hilfe**
>
> Sollte die Rechtschreibprüfung bei Ihnen nicht eingeschaltet sein, wählen Sie im Menü *Bearbeiten | Rechtschreibung und Grammatik | Während der Texteingabe prüfen*.

Um das fragliche Wort zu korrigieren, markieren Sie es und öffnen das Kontextmenü per ctrl-Klick oder indem Sie die rechte Maustaste drücken. Im Kontextmenü werden Ihnen, sofern vorhanden, alternative Schreibweisen zu dem Wort angeboten. Klicken Sie auf das richtige Wort, damit es gegen das falsch geschriebene ausgetauscht wird.

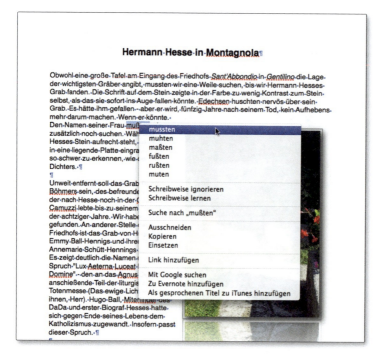

Es werden Varianten für das vermutlich falsch geschriebene Wort angeboten.

Nicht immer bietet das Kontextmenü Vorschläge zur Schreibweise an. Das ist vor allem bei Namen, Fremdwörtern, ungewöhnlichen Schreibweisen oder selten benutzten Begriffen der Fall. Diese Wörter werden dann immer wieder gekennzeichnet, was natürlich überhaupt keine Lösung des Problems ist. Deshalb haben Sie im Kontextmenü die Wahl aus zwei Vorgehensweisen für den Umgang mit den markierten Wörtern:

Schreibweise lernen: Damit fügen Sie das Wort dem Rechtschreibwörterbuch von OS X hinzu.

Schreibweise ignorieren: Wählen Sie diese Option, wenn das markierte Wort nicht länger als falsch markiert werden soll, Sie es jedoch nicht dem Rechtschreibwörterbuch hinzufügen wollen. Falls Sie also in einem Dokument zum Beispiel ein Substantiv durchgängig kleinschreiben, weil es Teil eines Firmen- oder Produktnamens ist, wählen Sie diesen Eintrag, damit in anderen Dokumenten nicht die falsche Schreibweise als richtige akzeptiert wird. Ignoriert wird jedoch nur für die laufende Sitzung.

Sobald Sie das Wort berichtigt haben und es mit dem Cursor verlassen, verschwindet die Linie.

Wenn man gerade vor Ideen sprudelt und im Schreibfluss ist, mag man ein markiertes Wort möglicherweise nicht sofort korrigieren. Sie haben zwei Möglichkeiten, um die Rechtschreibung und Grammatik in Ihrem Dokument prüfen zu lassen:

- Mit der Tastenkombination ⌘ – ⇧ – ; durchkämmen Sie das Dokument ausgehend von der Stelle, an der der Cursor platziert ist. Die fraglichen Wörter werden nacheinander farbig hervorgehoben. Führen Sie die Korrektur mithilfe des Kontextmenüs durch oder korrigieren Sie das Wort manuell.
- Sie öffnen mit der Tastenkombination ⌘ – ⇧ – : das Fenster Rechtschreibung, in dem eine Liste mit Rechtschreibvorschlägen angezeigt wird. Wählen Sie einen Vorschlag aus und klicken Sie auf Ändern. Falls Sie die als falsch markierte Schreibung beibehalten wollen, entscheiden Sie sich für Ignorieren oder Lernen. Per Klick auf den Button Lernen wird das Wort dem Wörterbuch hinzugefügt. Falls keine Vorschläge angezeigt werden, Sie jedoch das Wort korrigieren wollen, klicken Sie in das Eingabefeld, überschreiben das Wort und bestätigen mit Ändern. Mit einem Klick auf Weitersuchen wird die Suche fortgesetzt.

Das Fenster Rechtschreibprüfung

Kapitel 8

Man kann das Häkchen bei *Grammatik prüfen* aktivieren, große Auswirkungen wird das aber nicht haben. Während der Arbeit an diesem Buch und im Umgang mit Pages konnte ich nicht feststellen, dass irgendein Grammatikfehler gefunden wurde. Selbst grobe, absichtlich gesetzte Fehler erkannte die Prüfung nicht. Vermutlich ist diese Option erst eine Art von Versprechen, künftig in dieser Hinsicht etwas nachzubessern.

Interessant ist noch die Option *Nachschlagen*. Wählt man diese an, schaut Pages im Lexikon – einer OS-X-Anwendung – nach, ob es den Begriff dort aufspüren kann. Dabei wird in allen im Lexikon integrierten Büchern nachgeschlagen. Den gleichen Effekt hat der Befehl *Suche nach …* aus dem Kontextmenü.

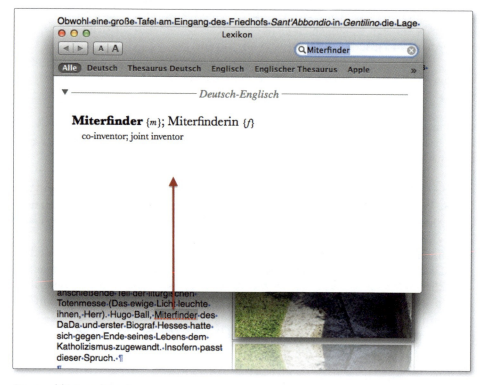

Pages schlägt auch nach.

In der Browserversion finden Sie die Rechtschreibprüfung über *Tools | Settings | Check Spelling*. Sie ist nur nutzlos, wenn Sie deutsche Texte verfassen, denn die Betaversionen sind noch nicht lokalisiert. Die iOS-Version erlaubt wenig individuellen Spielraum. Unbekannte Wörter werden erkannt. Liegen ähnliche Begriffe vor, so werden die angeboten, sobald man ein rot unterstrichenes Wort antippt. Konnte Pages nichts finden, so gibt es die Meldung »Kein Ersatz gefunden« aus.

Pages für Fortgeschrittene

 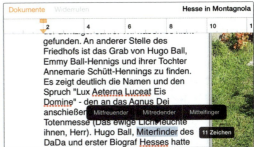

Browser- und iOS-Version bieten ebenfalls eine Rechtschreibhilfe an.

Umbrüche

Pages unterscheidet in den Vorlagen Textverarbeitung zwischen drei unterschiedlichen Umbruchvarianten: Abschnittsumbruch, Seitenumbruch und Spaltenumbruch. Mit dem Abschnitts- und Seitenumbruch lassen sich die Seiten unterschiedlich gestalten. Ein Seitenumbruch kann erzwungen werden, um beispielsweise das Inhaltsverzeichnis separat auf einer Seite zu platzieren oder um die Kapitel eines Textes per Seitenumbruch stärker voneinander zu trennen. Jeder Umbruch wird durch ein eigenes Sonderzeichen im Dokument angezeigt. Die Befehle für das Erstellen eines Umbruchs sind im Menü Einfügen versammelt. Zum Löschen eines Umbruchs klicken Sie in den Anfang der Zeile, die dem Umbruch folgt, und drücken die Rückschritttaste.

Die Befehle für die Umbrüche finden Sie im Menü Einfügen.

Seitenumbruch

Ein Seitenumbruch kann an jeder beliebigen Stelle erfolgen, also auch direkt nach einer Überschrift. Der Text, der nach dem Umbruch folgt, läuft automatisch auf die neue Seite. Falls Sie weiteren Text oberhalb des Seitenumbruchs eingeben, hat dies keinen Einfluss auf den Umbruch. Denn das Symbol rückt mit zunehmendem Text automatisch weiter nach unten.

Spaltenumbruch

Bei einem Spaltenumbruch wird der Textfluss in der aktuellen Spalte unterbrochen und in der nächsten Spalte fortgesetzt. Platzieren Sie dafür den Cursor hinter das Wort, an dem der Umbruch erfolgen soll, und wählen Sie im Menü *Einfügen | Spaltenumbruch*. In der Abbildung sehen Sie zwei Spalten mit einer gemeinsamen Überschrift. Die Überschrift wurde mit einem Abschnittsumbruch beendet, anschließend wurden die zwei Spalten definiert und der Text eingefügt.

Die Spalten werden in der Formatpalette im Register *Layout* angelegt. Über den Regler rechts neben Spalten wird die Spaltenanzahl definiert. Wenn Sie die Option Gleiche Spaltenbreite entfernen, so können Sie über die Marker im Lineal die Spaltenbreite manuell festlegen.

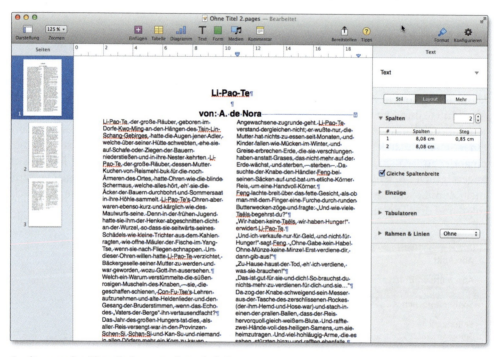

Spalten werden über die Formatpalette definiert.

Umbruch im Abschnitt

Je umfangreicher das Dokument, desto stärker ist es meistens strukturiert. So sind wissenschaftliche Arbeiten, Dokumentationen oder umfassende Berichte häufig in unterschiedliche Abschnitte mit separaten Auftaktseiten, unterschiedlichen Informationen in den Kopf- und Fußzeilen und unter Umständen sogar mit mehreren Inhaltsverzeichnissen gegliedert.

Für die Leser ist es ausgesprochen angenehm, möglichst genau zu wissen, in welchem Kapitel sie sich gerade befinden und worum es in dem Kapitel geht. In diesem Buch zum Beispiel sehen Sie in der Kopfzeile auf der linken Seite den Titel des Buches und auf der rechten Seite stets die Überschrift des Großkapitels. Für solche Glanzstücke der Textstrukturierung benötigen Sie nichts anderes als einen Umbruch im Abschnitt. Und für diesen Umbruch wiederum brauchen Sie nichts weiter als einen einzigen Klick.

Setzen Sie den Cursor an die Stelle, an der der Umbruch erfolgen soll. Klicken Sie danach im Menü *Einfügen* auf den Eintrag *Abschnittsumbruch*. Der neue Abschnitt beginnt stets auf einer neuen Seite. In jedem Abschnitt Ihres Dokuments lassen sich eigene Kopf- und Fußzeilen, Hintergründe oder Seitennummerierungen festlegen.

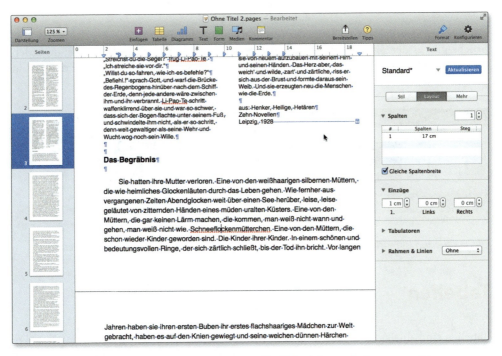

Mit Abschnitten lassen sich in Dokumenten unterschiedliche Seitenaufteilungen realisieren.

Alles, was Sie für die Formatierung des neuen Abschnitts benötigen, finden Sie in der Formatpalette. Spezielle Einstellungen finden Sie im Register *Mehr*. Im Bereich *Paginierung & Umbrüche* können Sie festlegen, ob bestimmte Zeilen auf der gleichen Seite bleiben müssen, ob der Absatz grundsätzlich auf einer neuen Seite beginnt und anderes.

Kapitel 8

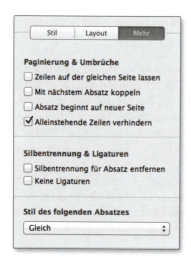

Absatz und Abschnittseinstellungen finden sich auch im Register »Mehr«.

Einen Seitenumbruch setzen Sie in der Browserversion über *Insert | Page Break*. Andere Umbrüche gibt es derzeit noch nicht. In der iOS-Version gibt es neben dem Seitenumbruch auch den Zeilen- und den Spaltenumbruch. Sie erreichen diese Umbrüche über das Plus in der Formatleiste.

Die iOS-Version ist hinsichtlich der Umbrüche besser ausgestattet als die Browserversion.

Tabellen

Tabellen sind eine ganz besondere und multifunktionale Spezies. Man kann sie ganz klassisch für die Unterbringung von Zahlenkolonnen oder für eine sehr strukturierte Textanordnung verwenden. Man kann mit ihnen aber auch Berechnungen anstellen, Projekte kalkulieren oder in einem Geschäftsbrief die zu zahlende Summe errechnen. Und schließlich lässt sich eine Tabelle hervorragend als grafisches Gestaltungsmittel einsetzen.

Eine Tabelle erstellen

Das Erstellen einer Tabelle ist in allen Versionen einfach: Das Tabellensymbol in der Symbolleiste anklicken, ein Tabellendesign auswählen – und schon steht das Grundgerüst einer

Pages für Fortgeschrittene

Tabelle im Dokument. Die Browserversion hat derzeit noch wenige Designs anzubieten. Nach Abschluss der Betaphase wird das sicher anders sein.

Tabellen erzeugen in der Desktop-, iOS- und Browserversion

Sie können die Tabelle frei platzieren, wenn sie diese links oben im Kreis mit dem Mauszeiger fassen. Sehen Sie den Kreis nicht, so ist die Tabelle nicht ausgewählt. Einmal in die Tabelle klicken, und schon ist der Kreis zu sehen.

Rechts in der Formatpalette sind Werkzeuge für die Tabellenbearbeitung zu sehen. Sie können den Tabellenstil jederzeit ändern, *Titel- & Abschlusszeile* anpassen, hinzufügen oder ausschalten, Schriften und Farben nach eigenem Gutdünken festlegen und auch die *Gitternetzlinien* einstellen.

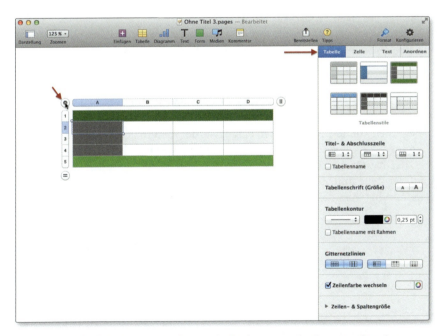

Die ausgewählte Tabelle ruft gleichzeitig die Werkzeuge in der Formatpalette hervor.

97

Die Tabellen in Pages ähneln denen in Numbers sehr. Das geht so weit, dass sie mit den Zellen rechnen können. Geben Sie ein Gleichheitszeichen in einer Zelle ein, öffnet sich der Formeleditor. Deshalb gehe ich an dieser Stelle nicht weiter ins Detail. Alles, was Sie zur Tabellengestaltung wissen müssen, können Sie im Kapitel zu Numbers nachlesen.

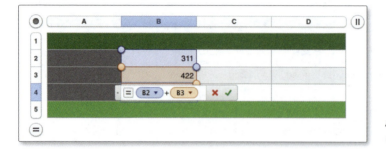

Auch rechnen kann eine Tabelle in Pages.

Inhalt eingeben

Klicken Sie in die Zelle, in die Sie etwas schreiben möchten, und legen Sie mit der Eingabe der Zahlen oder des Textes los. Sie springen mit der Tabulatortaste ➜ in die nächste Zelle und mit der Umschalttaste ⇧ und der Tabulatortaste zurück in die vorherige Zelle. Wenn Sie mit der Tabulatortaste die letzte Zelle erreichen und noch einmal auf die Taste drücken, fügt Pages automatisch eine neue Tabellenzeile ein.

> **Aufgepasst**
>
> Denken Sie bei dieser Art der Fortbewegung daran, dass Sie den Text mit einer weiteren Eingabe überschreiben. Sollte das mal passieren, machen Sie das Malheur mit der Tastenkombination ⌘ – Z einfach wieder rückgängig.

Zellinhalte lassen sich bei gedrückter Maustaste verschieben oder austauschen. Sie müssen allerdings die Maustaste für einen kleinen Augenblick gedrückt halten, bevor sie mit dem Verschieben beginnen können. Sie erkennen daran, wie der Zellinhalt sich verändert, wann Sie loslegen können. Um einen Inhalt zu kopieren, halten Sie beim Bewegen die Optionstaste gedrückt. Bei der iOS-Version machen Sie das mit dem Finger. Sie halten ihn für einen Augenblick auf der Zelle und verschieben oder kopieren diese dann, nachdem sie sich im Aussehen verändert hat. Blenden Sie die Tastatur aus, wenn es nicht klappen sollte.

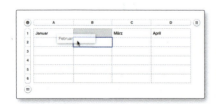 

Zellinhalte lassen sich mit der Maus oder dem Finger verschieben.

Pages nimmt Ihnen durch das automatische Vervollständigen von Wörtern eine Menge Tipparbeit ab, denn das Programm erkennt gleiche Anfangsbuchstaben von Wörtern in gleichen Spalten. Sobald Sie in einer neuen Zeile ein Wort mit einem Anfangsbuchstaben von bereits eingefügten Begriffen eingeben, stehen diese Wörter zur Verfügung. Ist es bislang nur ein Wort mit gleichem Buchstaben, wird das Wort automatisch ergänzt. Sie brauchen dann nur noch in die nächste Zelle zu springen – sofern es das Wort ist, mit dem Sie die Zelle füllen wollen. Ansonsten tippen Sie einfach das gewünschte Wort ein. Der automatisch eingetragene Begriff verschwindet damit.

Oder stehen in nebeneinander liegenden Zellen möglicherweise die gleichen Inhalte? Dann ist es noch bequemer: Geben Sie den Begriff ein, setzen Sie den Mauszeiger auf den kleinen Kreis, der am Zellenrand erscheint, wenn Sie etwa in der Mitte darauf zeigen, und ziehen Sie den Begriff anschließend mit gedrückter Maustaste auf die benachbarten Zellen. Übrigens können Sie mit diesem Trick auch die Inhalte einer Zeile oder Spalte löschen. Ziehen Sie einfach eine leere Zelle auf die benachbarten vertikalen oder horizontalen Zellen.

Sehr praktisch ist die automatische Vervollständigung bei der Eingabe von Wochentagen oder Monaten. Sobald Sie einen Monatsnamen wie zum Beispiel »Juni« eingeben, geht das Programm davon aus, dass Sie in die benachbarten Zellen die nachfolgenden Monate eingeben wollen. Deshalb brauchen Sie auch hier nur den Mauszeiger auf den kleinen Kreis zu setzen und das nun eingeblendete Kreuz auf die benachbarten Zellen zu ziehen.

Das automatische Ausfüllen von Zellen klappt ganz gut.

Umfangreiche Dokumente

Sind umfangreiche Dokumente zu erstellen – Seminararbeiten, Fachartikel, Abschlussarbeiten (Bachelor, Magister), Dissertationen, Buchmanuskripte usw. –, kommen Anforderungen hinzu, die bislang nicht angesprochen wurden, die Pages aber durchaus erfüllen kann.

Inhaltsverzeichnis

Unerlässlich für viele umfangreiche Dokumente ist ein Inhaltsverzeichnis. Damit Pages eines erstellen kann, müssen Sie Absatz- und Überschriftenstile benutzen.

Das Inhaltsverzeichnis erstellen

Ein Inhaltsverzeichnis erstellen Sie folgendermaßen:

1. Wählen Sie die Stelle aus, an der das Inhaltsverzeichnis stehen soll, üblicherweise nach der Titelseite und vor Beginn des Textes.
2. Schreiben Sie das Wort »Inhaltsverzeichnis« und weisen Sie einen Überschriftenstil zu, der nicht mit den Textüberschriften übereinstimmt, denn schließlich soll das Inhaltsverzeichnis nicht auf sich selbst verweisen.
3. Wählen Sie *Einfügen | Inhaltsverzeichnis*.

Pages arbeitet ein wenig und lässt Sie das durch einen Hinweis auch wissen. Dann erscheint das Verzeichnis, das Pages aus dem Dokument aufgrund vorhandener Vorlagen erstellen konnte.

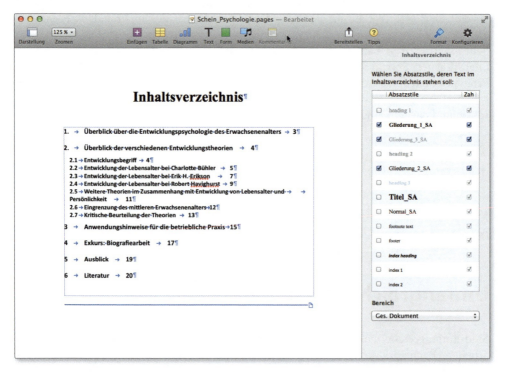

Das Inhaltsverzeichnis erstellt Pages automatisch, wenn Überschriftenstile zugewiesen wurden.

Nicht immer läuft alles optimal. Möglicherweise fehlen Gliederungsüberschriften. Prüfen Sie, ob Pages alle Absatzstile für die Überschriften erkannt hat. Gerade bei importierten Dokumenten kann es da zu Problemen kommen. Das ist aber kein Problem. Aktivieren Sie das Kontrollkästchen vor dem übersehenen Absatzstil, und wie von Zauberhand erscheinen diese im Inhaltsverzeichnis.

Pages für Fortgeschrittene

> **Aufgepasst**
>
> Haben Sie ein Dokument importiert, bei dem die Überschriften automatisch nummeriert wurden (zum Beispiel von Word), so erkennt Pages diese Nummern nicht. Es übernimmt zwar die Überschrift ins Inhaltsverzeichnis, wenn der Absatzstil erkannt wird, aber die Gliederungsnummer fehlt. Hier hilft nur, diese Gliederungsnummer zu entfernen und manuell neu zu vergeben.

Die Seitenzahlen sind übrigens verlinkt. Sie erkennen das am Cursor, der sich in eine Hand verwandelt, wenn Sie auf eine Seitenzahl verweisen. Ein Klick – und schon sind Sie auf der gewünschten Seite im Dokument.

Inhaltsverzeichnisse können Sie für das gesamte Dokument erstellen, für einen Abschnitt oder bis zum Auftreten eines weiteren Inhaltsverzeichnisses. Sie stellen dies in der Formatpalette bei *Bereich* ein.

Inhaltsverzeichnis formatieren

Ist das Inhaltsverzeichnis oder ein Teil des Inhaltsverzeichnisses ausgewählt, steht in der Formatpalette ein weiteres Register zur Verfügung: *Text*. Sie können die Schrift des Inhaltsverzeichnisses anpassen, die Abstände der einzelnen Zeilen, Einzüge festlegen oder entfernen, Tabulatoren und Trennzeichen bestimmen. Aus dem oft nur lieblos hingeklatschten, eng zusammengepressten Verzeichnis wird so schnell eine überschaubare, gut strukturierte Übersicht.

Das Inhaltsverzeichnis lässt sich gut formatieren.

Inhaltsverzeichnis löschen

Um ein Inhaltsverzeichnis zu löschen, markieren Sie dies durch einfaches Anklicken. Wenn sich der blaue Rahmen um das Verzeichnis zeigt, müssen Sie nur noch die Löschtaste drücken. Haben Sie das Inhaltsverzeichnis versehentlich gelöscht, so wählen Sie *Bearbeiten | Widerrufen* oder ⌘ – Z.

Fuß- und Endnoten

In Facharbeiten und wissenschaftlichen Arbeiten ist es unerlässlich, manches in Fuß- oder Endnoten anzugeben, etwa woher die Informationen stammen oder zusätzliche Informationen, die im Text selbst nicht unbedingt nötig sind. Fußnoten stehen jeweils am Ende einer Seite; Endnoten werden am Ende des Dokuments oder Abschnitts angezeigt. Beide können nicht gemeinsam innerhalb eines Dokuments verwendet werden. Sie haben aber die Möglichkeit, Fußnoten in Endnoten umzuwandeln oder umgekehrt.

Fußnoten einfügen

Um eine Fußnote einzufügen, gehen Sie folgendermaßen vor:

1. Setzen Sie den Cursor hinter das Wort, zu dem die Fußnote eingefügt werden soll.
2. Wählen Sie *Einfügen | Fußnote*.
3. Schreiben Sie den Text für die Fußnote oder fügen Sie ihn aus der Zwischenablage ein.

Die Fußnote wird am Seitenende eingefügt und fortlaufend durchnummeriert. Pages fügt automatisch den Absatzstil »footnote text« ein. Die vorgegebenen Einstellungen können Sie jedoch auf dem Register *Text* anpassen.

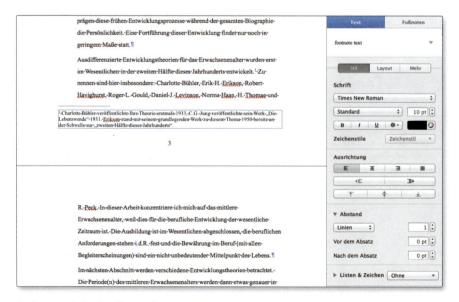

Fußnoten sind schnell eingefügt.

Fußnoten anpassen

Ist eine Fußnote in der Fußzeile ausgewählt – erkennbar an dem blauen Rahmen –, so erscheint in der Formatpalette das Register *Fußnoten*. Damit sind noch weitere Einstellungen und Anpassungen möglich.

> **Aufgepasst**
>
> Sämtliche Einstellungen auf dem Register *Fußnoten* sind global, das heißt, sie gelten für sämtliche Fußnoten im Dokument oder Abschnitt.

Bei *Typ* können aus Fußnoten Endnoten gemacht werden. Pages unterscheidet dabei zwischen *Dokumentendnoten* und *Abschnittsendnoten*. Besteht das Dokument allerdings nur aus einem Abschnitt – weil keine weiteren definiert wurden –, so ist das Ergebnis identisch. Wählen Sie eine Endnotenvariante aus, verschwinden die Fußnoten ganz plötzlich. Blättern Sie dann ans Ende des Dokuments oder Abschnitts, finden Sie die Fußnoten als Endnoten wieder.

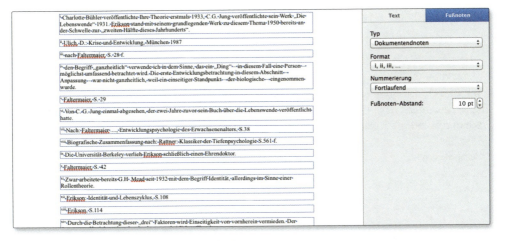

Aus Fußnoten werden im Handumdrehen Endnoten.

Bei *Format* legen Sie fest, ob Sie eine Nummerierung durch Zahlen (1,2,3,…), Buchstaben (i,ii,iii, …) oder Zeichen möchten.

Die *Nummerierung* können Sie fortlaufend wählen, auf jeder Seite oder für jeden Abschnitt neu beginnen lassen.

Den *Fußnoten-Abstand* können Sie ebenfalls individuell anpassen.

Die Browserversion zeigt Fußnoten an und lässt auch das Erstellen neuer Fußnoten zu, die weitere Bearbeitung ist aber momentan noch nicht möglich. Auch das Ändern in Endnoten ist noch nicht vorgesehen. Die iOS-Version kann jedoch mit Fußnoten umgehen.

Sie übernimmt sie nicht nur anstandslos aus einem Dokument, das mit der Desktopversion erstellt wurde, sondern stellt auch selbst die Werkzeuge bereit, um Fußnoten zu erstellen und zu bearbeiten.

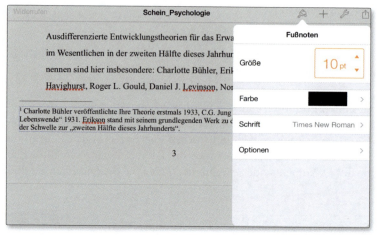

Fußnotenbearbeitung auf dem iPad ist möglich.

Zusammenarbeit mit EndNote

EndNote ist ein kommerzielles Literaturverwaltungsprogramm, dass die Onlinesuche in Datenbanken ermöglicht und das Anlegen und Verwalten eigener Literaturdatenbanken erlaubt. Aus solchen Informationen lassen sich dann leicht Literaturverzeichnisse erstellen, die wissenschaftlichen Anforderungen genügen.

Pages ist in der Lage, mit EndNote zusammenzuarbeiten. Das erkennen Sie, wenn Sie das Menü *Bearbeiten* öffnen. Sie finden dort das Untermenü *EndNote-Anführungen*. Damit die Zusammenarbeit aber möglich ist, benötigen Sie:

- das Programm EndNote und
- das EndNote-Plug-in.

Ersteres müssen Sie erwerben, zum Beispiel beim Hersteller (www.endnote.com). Das Plug-in bekommen Sie kostenlos bei Apple (http://support.apple.com/kb/DL1692?viewlocale=de_DE).

Keynote
Einstieg ins Programm

Kapitel 9

Wenn man eine Präsentation schon auf iPads oder iPhones erstellen kann, so sollte die Handhabung möglichst genauso funktionieren wie unter OS X. Musste man sich bislang immer ein bisschen umgewöhnen, je nachdem, ob man unter OS X oder iOS mit Keynote arbeitete, hat das Programm für die unterschiedlichen Plattformen nun eine einheitliche Oberfläche und identische Funktionen. Und sogar wenn Sie im Browser eine Keynote-Präsentation erstellen, finden Sie die vertraute Oberfläche vor. Anwender, die noch mit den Vorgängerversionen von Keynote vertraut sind, werden die aktuelle Version des Programms allerdings kaum wiedererkennen. Und nicht nur das: Sie werden sicherlich auch einige Funktionen schmerzlich vermissen wie beispielsweise die intelligenten Animationen von Bildern.

In den folgenden Abschnitten geht es um Grundsätzliches: Um die Arbeitsoberfläche, um die Keynote-spezifischen Funktionen und Begriffe sowie um die Exportmöglichkeiten.

Kapitel 9

Ein Thema auswählen, favorisieren oder austauschen

- Sobald Sie Keynote starten, wird die Themenauswahl eingeblendet. Ein **Thema** ist ein Bündel an aufeinander abgestimmten Designvorschlägen für den Hintergrund, die verwendete Schriftart, die Aufzählungszeichen, das Farbschema sowie Größe und Position von Platzhaltern und Bilderrahmen. Die mitgelieferten Themen decken ein Spektrum von originell über apart bis konservativ ab. So ist gewährleistet, dass Sie für unterschiedliche Präsentationsanlässe den jeweils passenden optischen Rahmen finden.

Die Namen deuten das Design an: ein Ausschnitt aus dem Themenkatalog.

- Die Auflösung Standard (1024 x 768) wird von den meisten Bildschirmen und Projektoren (Beamern) unterstützt. Die Auflösung Weit (1920 x 1080) ist für das Breitbildformat 16 x 9 geeignet.

> **Tipp**
>
> Soll das Programm gleich mit dem von Ihnen favorisierten Thema starten? Dann schalten Sie in den Einstellungen (im Menü *Keynote*) die Option *Dieses Thema verwenden* ein und entscheiden Sie sich für Ihr bevorzugtes Design.

Starten Sie das Programm mit Ihrem favorisierten Thema.

- Sich für ein Thema zu entscheiden, heißt selbstverständlich nicht, die Entscheidung nicht noch einmal revidieren zu können. Um das ursprünglich gewählte Thema gegen ein anderes auszutauschen, wählen Sie Menü *Ablage | Thema ändern …* . Nun erscheint das bereits bekannte Auswahlfenster, in dem Sie mit einem Doppelklick auf das gewünschte Thema den Wechsel einleiten. Das neue Design wird mit all seinen typischen Kennzeichen (Aufzählungszeichen, Schriftsatz, Bildrahmen) automatisch auf bereits erstellte Folien übertragen. Unter iOS wird diese Funktion leider nicht angeboten.
- Sollten Sie Modifikationen an den Textlayouts als Stilvorlage definiert haben, achten Sie darauf, dass im Auswahlfenster *Stiländerungen beibehalten* aktiviert ist. Ist das Feld nicht aktiviert, ändern Sie zwar das Thema, aber Ihre neuen Stile sind futsch. Für den Fall, dass dieses Malheur passiert, widerrufen Sie den Befehl mit der geschätzten Tastenkombination ⌘ – Z.

Die aktivierte Option ist die Garantie dafür, dass Ihre Änderungen an den Stilen übernommen werden.

Aufgepasst

Für alle, die bereits mit einer früheren Fassung des Programms gearbeitet haben: Die Möglichkeit, nur ausgewählte Folien mit einem anderen Thema zu versehen, existiert nicht mehr. Momentan funktioniert der Themenwechsel nur nach dem Motto: entweder alle Folien oder keine.

- Jedes Thema umfasst eine Fülle an vorgefertigten **Vorlagen,** auf denen Text und/oder Grafikelemente an festen Stellen vorgesehen sind. Vorlagen sind so etwas wie Stilvorlagen für Ihre Folien. Änderungen, die Sie auf einer Vorlage vornehmen, werden auf alle Folien, die dem Layout der Vorlage entsprechen, übertragen – was Ihnen die mühsame Bearbeitung jeder einzelnen Folie erspart. Wollen Sie beispielsweise den Hintergrund austauschen, so nehmen Sie diese Änderung auf der Vorlage vor. Eine Folienvorlage

Kapitel 9

lässt sich in gleicher Weise bearbeiten wie eine normale Folie. Für Anwender, die vertraut mit PowerPoint sind: Die Vorlagen sind das Äquivalent zur Masterfolie.

*Das sind die Vorlagen des Themas »**Improvisation**«.*

- Falls Ihr Corporate Design ein gänzlich anderes Layout erfordert, so definieren Sie einen eigenen Entwurf als Thema (mehr dazu finden Sie im Abschnitt »Vorlagen bearbeiten« im Kapitel *Folien und Vorlagen bearbeiten, Kommentare aufnehmen*).

Arbeiten mit PowerPoint-Dateien

Der Import von Präsentationen, die mit PowerPoint erstellt wurden, klappt nahezu einwandfrei. Öffnen Sie das PowerPoint-Dokument im Menü *Ablage | Öffnen* oder ziehen Sie das Dateisymbol auf das Keynote-Programmsymbol im Dock.

Keynote: Einstieg ins Programm

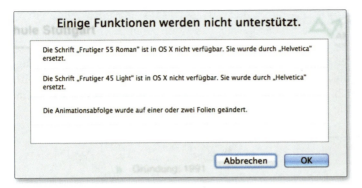

Funktionen, die Keynote eventuell nicht unterstützt oder anders interpretiert, werden nach dem Import aufgelistet.

Im Infofenster sehen Sie nach einem Klick auf das Dreieck neben dem aktuellen Folienlayout, dass Keynote aus den PowerPoint-Folien automatisch Vorlagen generiert, auf deren Basis Sie weitere Folien erstellen können. Sollte es also bereits eine Präsentation im Corporate Design Ihres Unternehmens als PowerPoint-Datei geben, so lässt sich diese mit nur geringfügigem Aufwand in ein Keynote-Dokument umwandeln.

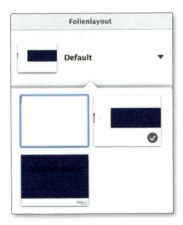

*Aus Masterfolien werden in Keynote **Vorlagen**.*

Alle Objekte können Sie in Keynote mit den entsprechenden Funktionen und Werkzeugen weiterbearbeiten. Diagramme werden deckungsgleich und mit allen Inhalten importiert und lassen sich anschließend ergänzen oder in einen anderen Diagrammtyp umwandeln.

Ob eine importierte PowerPoint-Präsentation über Animationen und Folienübergänge verfügt, sehen Sie in den Miniaturen im *Navigator*. Drei kleine hellgraue Kreise am unteren linken Folienrand zeigen an, dass die Folie Animationseffekte enthält. Ein blaues Dreieck am unteren rechten Rand weist auf einen Übergang hin.

Das Handwerkszeug

Für die Arbeit sowohl an den Folien und Vorlagen als auch an allen individuell eingefügten Texten, Bildern und Grafiken dient das Infofenster rechts neben der Folie. Dieses Fenster zeigt kontextsensitiv Befehle und Optionen an, das heißt, es verändert sich, je nachdem, was auf der Folie markiert ist.

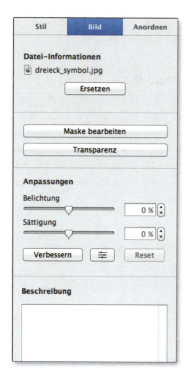

Das Arbeitsfenster für Fotos mit Funktionen fürs Optimieren, Maskieren und Freistellen von Objekten (Transparenz)

- Die in der **Symbolleiste** enthaltenen Schaltflächen sind der kurze Weg zu Befehlen, die Sie sonst erst in den Menüs aufspüren müssten. Um Ihnen die Sucherei zu ersparen oder um Ihre favorisierten Befehle auch im Vollbildmodus stets griffbereit zu haben, gibt es eine Fülle an weiteren Funktionen, mit denen Sie die Leiste gänzlich nach Ihren Vorstellungen bestücken können. Die Kollektion an Icons finden Sie unter Menü *Darstellung | Symbolleiste anpassen*. Solange Sie das Symbolfenster geöffnet haben, können Sie ein Symbol sowohl umplatzieren als auch wieder entfernen. Für die Umpositionierung schnappen Sie es sich und bewegen es einfach an die gewünschte Stelle. Wenn Sie es wieder loswerden wollen, ziehen Sie es aus der Symbolleiste heraus, worauf es sich mit einem Zischlaut verabschiedet.

Keynote: Einstieg ins Programm

Ziehen Sie das gewünschte Symbol mit gedrückter Maustaste in die Leiste.

> **Tipp**
>
> Alternativ lässt sich die Darstellung der Symbole über das Kontextmenü anpassen. Klicken Sie hierfür mit Ctrl-Klick (rechte Maustaste) auf einen freien Bereich in der Leiste und wählen Sie die Option aus. Möchten Sie die Position eines Icons verändern, halten Sie die ⌘-Taste gedrückt, klicken auf das Icon und verschieben es.

- Links neben der Folie sehen Sie den sogenannten Foliennavigator. In den Miniaturansichten werden alle Elemente, die Sie einer Folie hinzugefügt haben, dargestellt. Dies ist ein wesentlicher Unterschied zur Darstellung **Gliederung,** in der Sie nur Texte sehen, die Sie in die vordefinierten Platzhalter eingegeben haben. Die Ansicht *Gliederung* ist hervorragend geeignet, um Texte zu strukturieren, zu ordnen oder zu korrigieren.
- Jede der drei Darstellungen Navigator, Gliederung und Leuchttisch erlaubt es, Folien zu verschieben, zu kopieren und zu löschen.
- Die standardmäßig eingestellte Darstellungsgröße eines Folienfensters beträgt 100 Prozent. Diese Größe lässt sich mit der Zoomfunktion variieren. Damit sich die Größe der Folie automatisch an die des Fensters anpasst, hat sich die Einstellung *An Fenstergröße anpassen* bewährt. Diese flexible Lösung finden Sie entweder im Menü *Darstellung | Zoomen* oder im Aufklappmenü am unteren linken Folienrand.

So stellen Sie die Fenstergröße bequem ein.

- Eine erhebliche Erleichterung beim Arbeiten mit Objekten auf einer Folie ist das Lineal. Sie blenden es entweder über das Auswahlmenü Darstellung ein oder mit der Tastenkombination ⌘ – R. In den Einstellungen (Menü Keynote) finden Sie eine eigene Rubrik zum Lineal.

Frühere Programmversionen

Präsentationen, die Sie mit Keynote '09 erstellt haben, lassen sich mit der aktuellen Version öffnen und weiterbearbeiten. Funktionen, die Keynote 6 nicht unterstützt – wie zum Beispiel die intelligenten Animationen – bleiben dabei allerdings auf der Strecke. Alle noch älteren Dateien müssen Sie zunächst in Keynote '09 öffnen und sichern, bevor es mit der Arbeit im aktuellen Programmdesign weitergehen kann.

> **Aufgepasst**
>
> Beachten Sie bitte: Haben Sie eine Datei erst einmal mit Keynote 6 geöffnet oder gänzlich neu erstellt, kann sie nicht mehr mit Keynote '09 geöffnet werden. Es sei denn, Sie sichern die Präsentation unter *Ablage | Exportieren* im Keynote '09-Format.

Aufgrund der teilweise abgespeckten Funktionen hat Keynote 6 viel Kritik einstecken müssen. Wer noch Keynote '09 auf dem Rechner hat, kann das Programm getrost beibehalten und je nach Anspruch und Bedarf entscheiden, mit welcher Version er arbeiten möchte. Die Programme kommen sich auch dann nicht ins Gehege, wenn sie beide geöffnet sind.

Immer up to date mit der integrierten iCloud

Sie erstellen und bearbeiten Ihre Präsentationen sowohl mit einem Mac als auch mit iOS Geräten? Dann bietet es sich an, die Präsentationen mithilfe der integrierten iCloud up to date zu halten. Schalten Sie dazu in den Einstellungen Ihres iOS-Geräts unter *iCloud* die Option *Dokumente & Daten | Keynote* ein. Ihre Präsentationen werden fortan automatisch in der iCloud gesichert.

> **Aufgepasst**
>
> Machen Sie sich keine Sorgen wegen der Schriften. Zwar wird auf iOS-Geräten Ihre ausgewählte Schrift möglicherweise gegen eine andere ausgetauscht. Auf dem Mac werden aber alle Texte, die Sie unter iOS eingeben oder aktualisieren, in der definierten Schrift angezeigt.

Keynote: Einstieg ins Programm

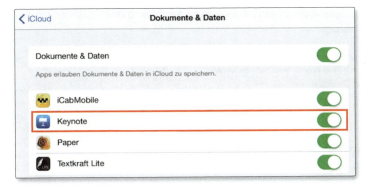

Die iCloud stellt sicher, dass Sie immer an der aktuellen Version Ihrer Datei arbeiten.

Keynote immer und überall

Egal, wo Sie gerade sind und mit welchem Gerät Sie arbeiten: Theoretisch können Sie eine Keynote-Präsentation immer und überall und sogar unabhängig vom Betriebssystem erstellen. Für diesen Service sorgt die iCloud. Vorausgesetzt Sie haben einen iCloud-Account, haben Sie an einem Mac und auch an einem Windows-PC Gelegenheit, in der Web-App *Keynote für iCloud Beta* eine Präsentation zu erstellen und zu bearbeiten. Wer keinen iCloud-Account hat, kann eine Keynote-Datei mit *Keynote für iCloud Beta* zumindest ansehen und bearbeiten. Die Programmversion ist momentan nur in Englisch verfügbar.

Beachten Sie bitte, dass nur folgende Browser *Keynote für iCloud Beta* unterstützen:

- Safari 6.0.3 oder neuer
- Google Chrome 27.0.1 oder neuer
- Internet Explorer 9.0.8 oder neuer

Präsentationen teilen und gemeinsam bearbeiten

Vielleicht wollen Sie mit Kollegen oder Geschäftsfreunden gemeinsam an ein und derselben Präsentation arbeiten? Dann muss gewährleistet sein, dass es sich auf allen Geräten um eine identische Datei handelt. Ansonsten bricht das Chaos der verschiedenen Dateivarianten aus, und zum Schluss weiß niemand mehr, welche Version die momentan gültige ist.

Mit der Option *Bereitstellen* können Sie Ihre Präsentation mit anderen teilen und gemeinsam bearbeiten. Alle Benutzer sind damit stets auf dem aktuellen Stand, da die Datei in nahezu

Echtzeit auf allen Geräten synchronisiert wird. Dafür muss die Präsentation aber erst einmal an die iCloud übertragen werden.

Das veränderte Icon in der Symbolleiste zeigt an, dass die Datei an die iCloud geschickt wurde und mit anderen geteilt wird.

Wer vertrauliche Daten mit anderen teilt, sollte die Präsentation in den *Freigabe-Einstellungen* mit einem Kennwort versehen:

> **Aufgepasst**
>
> Der Link auf die Präsentation kann auf verschiedene Wege verschickt werden. Beachten Sie bitte: Nur auf Desktoprechnern (iMacs, MacBooks, Windows PC), also unter OS X oder Windows 7 oder 8, und in den Browsern Safari 6.0.3 oder neuer, Google Chrome 27.0.1 oder neuer und Internet Explorer 9.0.8 oder neuer kann die Präsentation bearbeitet werden. Unter iOS haben Sie lediglich die Möglichkeit, die Datei herunterzuladen und sie im Browser zu betrachten. Wollen Sie sie bearbeiten, müssen Sie sie aus dem Browser heraus mit Keynote öffnen.

Unter iOS geht das Bearbeiten von Präsentationen nicht im Browser, sondern nur in der Keynote-eigenen Umgebung.

Keynote: Einstieg ins Programm

Die Handhabung im Browser ist im Großen und Ganzen vergleichbar mit der iOS-Version von Keynote. Da es sich bei *Keynote für iCloud* um eine Betaversion handelt, fehlen allerdings noch einige Tools wie zum Beispiel das Erstellen und Bearbeiten von Diagrammen sowie das Hinzufügen von Folienübergängen und Animationen.

iOS

Zwar sind die Arbeitsoberflächen von Keynote für OS X und iOS auf den ersten Blick fast identisch. Auf den zweiten Blick sind aber doch allerhand Unterschiede zu verzeichnen. So haben Sie unter iOS weder die Möglichkeit, Vorlagen zu bearbeiten oder neu zu erstellen, noch können Sie ein Thema selbst schaffen oder gar auf ein unter OS X selbst designtes zugreifen. Auch praktische Tools bietet die iOS-Version deutlich weniger an. So sucht man nach dem Leuchttisch ebenso vergeblich wie nach der Auswahl an Fülleffekten für die geometrischen Formen oder dem Formeleditor für Berechnungen in Tabellen. Diese Einschränkungen bedeuten allerdings nicht, dass Sie unter iOS keine kompletten Präsentationen mit visuell anspruchsvollen Folien erstellen können. Die iOS Version ist – so meine Einschätzung – mehr für Entwurfsfassungen von Präsentationen geeignet als für den Feinschliff.

- Sobald Sie einen Platzhalter oder ein Objekt markieren, werden dazugehörige Befehle eingeblendet. Diese versammelten Befehle ähneln im weitesten Sinne den Kontextmenüs der Programmversion für OS X. Tippen Sie auf eine Miniaturfolie im Navigator, erscheint das Auswahlmenü fürs Kopieren, Ausschneiden, Löschen oder Überspringen einer Folie.
- In der Symbolleiste steht das Pinselsymbol fürs Formatieren von Text und Objekten und das Pluszeichen fürs Einfügen von Objekten. Hinter der Zange verbergen sich die Werkzeuge, mit denen sowohl Animationen und Übergänge als auch übergreifende Arbeiten wie das Drucken oder die Kennwortvergabe fürs Öffnen der Präsentation gemeint sind.

Die Auswahl umfasst bereits designte Objekte, was das Arbeiten enorm effizient macht.

117

- In den Werkzeugen finden Sie auch die Einstellungen. Dort blenden Sie Kommentare ein oder aus und geben Ihren Namen ein, damit alle anderen, mit denen Sie an der Präsentation arbeiten, wissen, wer was geschrieben hat.

Alles, was die gesamte Präsentation betrifft, finden Sie in den Werkzeugen.

- Der wohl gravierendste Unterschied zwischen OS X und iOS betrifft die Arbeit mit den Vorlagen. Unter OS X können Sie Folienvorlagen bearbeiten oder komplett neu anlegen. Unter iOS geht das leider nicht. Die Rubrik *Folienlayout* fehlt gänzlich in Keynote für iOS.
- Eine PowerPoint-Präsentation, die Sie als E-Mail geschickt bekommen oder die in Ihrer Dropbox liegt, lässt sich ohne weiteres in Keynote öffnen. Tippen Sie auf das Dateisymbol und wählen Sie anschließend *In „Keynote" öffnen*. Alle Funktionen, die Keynote nicht unterstützt und deshalb gegen andere Funktionen austauscht, werden in einem Warnfenster angezeigt.

Beim Import werden häufig die Schriften ausgetauscht, da iOS nicht über die gleiche Schriftenvielfalt verfügt.

Keynote
Text eingeben und gestalten, Kommentare aufnehmen

Kapitel
10

Folien bringen Inhalte auf den Punkt – eindeutig, farbig, merkfähig. Da die Foliendesigns in Keynote attraktiv und gestalterisch durchdacht sind, können Sie sich beim Erstellen Ihrer Folien ganz auf den Inhalt und dessen Anordnung konzentrieren. Um für eine Folie ein geeignetes Folienlayout auszuwählen, reichen die mitgelieferten Vorlagen meistens völlig aus.

Auf vielen Folien ist außer ein paar Bulletpoints nichts weiter zu sehen. Gegen reine Textfolien spricht zunächst nichts. Doch warum sollte nicht auch der Text ansehnlich präsentiert werden? Mit zwei Platzhaltern nebeneinander lässt sich ein Vergleich optisch plausibel darstellen. Textfelder sind eine Alternative zu der starren Anordnung von Text in Platzhaltern. Überschriften schreien geradezu danach, im Stil markant, reizvoll oder ungewöhnlich zu sein.

Auf den nächsten Seiten erfahren Sie Nützliches und Inspirierendes für Ihre Arbeit mit Text.

Kapitel 10

Folien erstellen: Ein paar Tipps vorab

Zum Bearbeiten doppelklicken: *Sie brauchen nur der Aufforderung zu folgen. Schon ist Ihre erste Folie fertig.*

- Die erste Folie ist sozusagen das Deckblatt einer Präsentation und erscheint deshalb immer im Layout der Vorlage *Titel & Untertitel*. Ein Klick auf das Pluszeichen in der Symbolleiste öffnet den Auswahlkatalog an Layouts für die nächste Folie. Bei häufigen Wechseln zwischen den Layouts ist der Katalog hilfreich. Arbeiten Sie vornehmlich mit einem Layout, kommen Sie mit der Tastenkombination ⌘ – ⇧ – N schneller an eine neue Folie.

> **Tipp**
>
> Sollten Sie mitten in der Bearbeitung einer Folie feststellen, dass eine andere Anordnung der Gestaltungselemente doch angebrachter gewesen wäre, klicken Sie im Infofenster auf das Dreieck rechts neben der Layoutüberschrift und entscheiden sich im Auswahlmenü für ein alternatives Design. Bei diesem Wechsel bleiben alle Ihre individuellen Änderungen, die Sie zum Beispiel an der Textausrichtung oder Textfarbe vorgenommen haben, erhalten. **iOS bietet diesen Service, das Layout einer Folie gegen ein anderes auszutauschen, nicht an.**

- Wir alle basteln gern an Folien herum, verschieben die Textfenster, vergrößern oder verkleinern sie. Was aber, wenn das Originallayout doch die bessere Lösung war? In diesem Fall reicht nicht der Klick auf das entsprechende Layout im Auswahlmenü. Wählen Sie in einem solchen Fall im Menü *Format* den Befehl *Folie wieder an die Vorlage anpassen*.

- Für die Texteingabe stehen Ihnen Platzhalter, frei positionierbare Textfelder, Tabellenzellen und die grafischen Formen zur Verfügung.
- Die Texteingabe in den Platzhaltern, Textfeldern und Formen richtet sich stets von der Mitte aus. Eine andere Ausrichtung für einzelne Textfelder und Platzhalter definieren Sie im Infofenster.

Keynote bietet mehr als nur die mittige Textausrichtung.

- Ein Platzhalter lässt sich natürlich jederzeit löschen. Falls Sie einen Titel- oder Text-Platzhalter wieder auf der Folie platzieren wollen, markieren Sie die Folie im Navigator und setzen ein Häkchen an den Eintrag *Titel* bzw. *Text*.

In der Rubrik »Folienlayout« aktivieren Sie Platzhalter.

- Haben Sie alle Aufzählungen eingegeben, ändern Sie die Reihenfolge der einzelnen Punkte am einfachsten per Drag & Drop. Markieren Sie die Textzeile mit einem Klick auf das Aufzählungszeichen und ziehen Sie die Zeile an die gewünschte Position. Sobald eine blaue Linie mit nach unten zeigendem Dreieck erscheint, können Sie loslassen. Alternativ zur Tabulatortaste [→|] lassen sich einzelne Aspekte auch per Drag & Drop einrücken. Ziehen Sie dazu den Text nach rechts (oder nach links, wenn Sie den Text höher rücken möchten).

Mit eingerückten Zeilen werden Abhängigkeiten und Hierarchien verdeutlicht.

Aufgepasst

Sollten Sie mal ein Kästchen mit einem Kreuz in der Mitte des unteren Rahmens sehen, haben Sie zu viel Text eingegeben bzw. die Option *Text passend verkleinern* in der Rubrik *Text | Layout* nicht aktiviert. Verringern Sie die Schriftgröße fix mit der Tastenkombination ⌘ – – oder wählen Sie für den Platzhalter einen zweispaltigen Satz. Die Textumbrüche werden sofort auf der Folie angezeigt, sodass Sie direkt in Augenschein nehmen können, ob die zusätzlichen Spalten einen funktionalen Gewinn gebracht haben.

Aufzählungen außerhalb der Platzhalter werden bei der Bildschirmpräsentation nicht angezeigt.

Verkleinern oder verteilen Sie den Text.

Kopierten Text im Design der Zielfolie einsetzen

- Innerhalb der Platzhalter und Textfelder können Sie die gängigen Bearbeitungsfunktionen wie *Ausschneiden* ⌘ – X, *Kopieren* ⌘ – C und *Einsetzen* ⌘ – V in gewohnter Weise anwenden.
- Kopierter oder ausgeschnittener Text, den Sie auf einer anderen Folie einsetzen, behält alle standardmäßigen Auszeichnungen wie Schriftart, Schriftgröße oder Farbe bei. Das mag beim Einsetzen von Text innerhalb einer Präsentation gut sein. Doch wenn Sie den Text in eine Präsentation kopieren, für die Sie ein anderes Thema gewählt haben, wird die Folie anschließend Textblöcke mit unterschiedlichen Schriftdesigns beinhalten.
- Im Menü *Bearbeiten* finden Sie den Befehl *Einsetzen und Stil anpassen*. Mit diesem Befehl ebnen Sie den Weg dafür, dass Ihr kopierter oder ausgeschnittener Text im Design der Zielfolie eingefügt wird.

Text auf mehrere Spalten verteilen

- An mehrspaltigem Satz auf einer Folie scheiden sich die Geister: Die einen begrüßen diese Option, um weitere Gesichtspunkte einzufügen. Andere haben sofort textlastige Folien vor Augen, bei denen zudem nicht klar ist, wie die Leserichtung sein soll: von links nach rechts oder erst der Textblock links und dann der Textblock rechts. Der Textumbruch in die zweite Spalte erfolgt automatisch. Der Nachteil daran ist, dass für die einzelnen Spalten keine Überschriften angelegt werden können. Denn anders als in PowerPoint gibt es in Keynote kein Folienlayout mit zwei separaten Platzhaltern.
- Für eine Gegenüberstellung von zum Beispiel Pro- und Contra-Argumenten eignet sich der Mehrspaltensatz deshalb so gut wie gar nicht. Mit einem Trick, nämlich dem Duplizieren bzw. Kopieren ⌘ – C eines Platzhalters, überlisten Sie das Programm. Die Größe der beiden Rahmen passen Sie über die Anfasspunkte an.

Zwei Platzhalter nebeneinander

*Für die Überschrift wurde das Aufzählungszeichen entfernt und der Texteinzug auf **Null** gesetzt.*

Kapitel 10

Funktional und optisch ansprechend: Textfelder

Platzhalter eignen sich für große Textblöcke und Argumentationsketten. Für Objektbeschriftungen brauchen Sie ein handlicheres Textfeld. Das erhalten Sie per Klick auf das Icon *T* in der Symbolleiste.

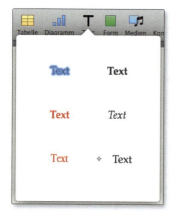

In der aktuellen Version des Programms haben Sie die Wahl aus verschiedenen bereits definierten Formatierungen für den Schriftstil.

Tipp

Und es kommt noch besser: Änderungen, die Sie am Layout vornehmen, sichern Sie für weitere Gelegenheiten mit einem Klick auf das Pluszeichen im Fundus der *Textfeldstile*.

Speichern Sie Ihre individuellen Textfeldstile.

Die Rahmenbreite eines Textfeldes passt sich automatisch der Länge Ihrer Textzeilen an. Die maximale Breite orientiert sich an der Gesamtbreite der Folie.

Ein Textfeld nimmt analog zur Schreibrichtung, also von links nach rechts, an Größe zu. An den Anfasspunkten ziehen Sie das Feld nach links oder rechts auf. Individuell einstellbar ist nur die Breite des Feldes, nicht die Höhe. Angenommen, Sie möchten einen Text sehr schmal setzen oder ein Wort bzw. eine mehrstellige Ziffer vertikal ausrichten: Verringern

Sie dazu mithilfe der Anfasspunkte die Breite des Feldes, bis Ihr Text den gewünschten Zeilenfluss erreicht hat.

Eine vertikale Buchstabenausrichtung schaffen Sie nur über die Anfasspunkte.

> **Tipp**
>
> Auch in frei positionierbaren Textfeldern ist mehrspaltiger Satz möglich. Über die Anfasspunkte lässt sich die Größe des Textfeldes bequem variieren.

Textfelder gestalten

Textfelder sind immer rahmenlos. Falls Ihnen die Felder dadurch zu wenig hervorgehoben scheinen, haben Sie in der Rubrik *Stil | Rahmen* die Wahl aus verschiedenen Linienarten und Bilderrahmen. Selbstverständlich kann auch die Linienstärke gestaltet werden – und zwar von hauchdünn bis dick und markant. Unter iOS finden Sie die Vorschläge an Linien unter *Stiloptionen*.

Gerade die Bilderrahmen können den Textfeldern eine interessante Optik verleihen.

> **Tipp**
>
> Markieren Sie einen Platzhalter oder ein Textfeld mit der Tastenkombination ⌘ – ↵. So schaffen Sie sich bequem die Möglichkeit, das Objekt zu verschieben oder es grafisch zu bearbeiten. Zeitraubender ist es, das Feld nach der Texteingabe per Klick auf eine beliebige Stelle der Folie zu verlassen und es mit einem weiteren Klick wieder zu aktivieren.

Ist ein Textfeld mit einem Rahmen versehen, ist der Abstand zwischen Text und Umrandung eventuell zu gering. Mit einem breiteren Einfügerand kann hier für mehr Raum und für hübsche optische Effekte gesorgt werden. Wenn das für Sie interessant ist, geben Sie im Infofenster *Text | Layout | Texteinschub* den Abstand ein. Unter iOS finden Sie die Option im Feld *Anordnen | Rand*.

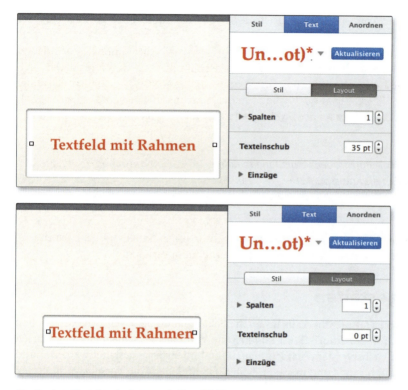

Ein üppiger Texteinschub setzt ein Textfeld besser in Szene.

Texte formatieren

Da Schriftart, Schriftgröße, Schriftfarbe, die Zeilenabstände und die Aufzählungszeichen bereits für jede Vorlage definiert sind, könnte man auf die vielseitigen Bearbeitungsmöglichkeiten gänzlich verzichten. Dennoch: Manchmal geht es nicht anders, als dass die mitgelieferten Stile modifiziert werden müssen. Einen Text zu formatieren kann aber relativ zeitaufwendig sein. Und der Gedanke, die Formatierungen noch einmal für einen weiteren Text vorzunehmen, erheitert nicht gerade. Erfreulicherweise lassen sich alle Stiländerungen völlig unkompliziert sichern und anschließend bequem auf andere Textstellen übertragen. Eine herrliche Sache!

Dies kann große Arbeitserleichterung und Zeitersparnis mit sich bringen. Beispielsweise, wenn Sie eine nachträgliche Änderung an einer Überschrift schnell und unkompliziert allen weiteren Überschriften zuweisen, die derselben Hierarchiestufe zugeordnet sind.

Grundlagen

Ein Stil ist nichts anderes als eine Sammlung von typografischen Entscheidungen bezüglich Schrift, Schriftgröße, Laufweite, Ausrichtung, Zeilenabstand, Farbe und Aufzählungszeichen. Wenn Sie mit MS Office vertraut sind, kennen Sie als Äquivalent für *Stil* den Begriff *Formatvorlage*.

Absatzstile betreffen den Zeilenabstand, Abstände vor und nach dem Absatz oder Einrückungen am Zeilenbeginn.

Zeichenstile definieren die Laufweite sowie den Schriftschnitt wie beispielsweise kursiv, halbfett oder fett. Sie können auch auf einzelne Buchstaben angewendet werden.

Das Aufzählungszeichen, die Art der Nummerierung sowie der Abstand zwischen Aufzählungszeichen und Text sind wesentliche Beispiele für Listenstile.

Stile modifizieren

Die bereits definierten Absatzstile eines Themas sehen Sie, sobald Sie einen Platzhalter oder ein Textfeld markieren. Das Inventar der angebotenen Stile eignet sich eher für die freien Textfelder und Textdateien, wie sie in Pages erstellt werden, als für die herkömmlichen Platzhalter auf den Folien. Aber als Fundus bzw. Grundlage für eigene Modifizierungen sind sie freilich überaus hilfreich.

Wahrscheinlich entspricht nicht jeder Stil Ihren Vorstellungen, zumal viele Stile wegen ihrer mittigen Ausrichtung unpassend für Aufzählungen sind. Sobald Sie nun Modifizierungen beispielsweise an der Ausrichtung vornehmen, erscheinen neben der Stilbezeichnung ein Sternchen und der Button *Aktualisieren*.

*Mit einem Klick auf »**Aktualisieren**« werden die ursprünglichen Formatierungen durch die neuen überschrieben.*

Das Aktualisieren hat zur Folge, dass auf sämtlichen Folien die Texte, die mit den ehemaligen Absatzstilen formatiert waren, nun im Aussehen der aktuellen Stilvorlage erscheinen. Ihr neu gestalteter Stil wird gegen den ursprünglichen ausgetauscht. Was aber, wenn Sie auch das ehemalige Format für erhaltenswert erachten? Dann klicken Sie im Auswahlmenü der Stile auf das nun blau schimmernde Pluszeichen. Sofort danach wird eine neue Zeile eingefügt, in der Sie Ihrem neuen Stil eine passende Bezeichnung geben können.

Das Repertoire an Stilen lässt sich ganz einfach erweitern.

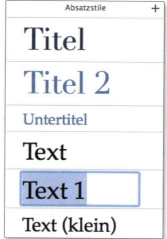

> **Aufgepasst**
>
> Sollten Sie bereits individuelle Änderungen an einzelnen Aufzählungstexten vorgenommen haben, so bleiben diese Modifizierungen bestehen. Alles, was Sie persönlich gestalten, wird quasi als unantastbar gewertet und deshalb nicht durch neue Stilvorlagen überschrieben.

Zeichenstile für Formel- und Größenangaben

Vielleicht wollen Sie auf Ihren Folien Zahlen grundsätzlich anders hervorheben als Begriffe. Oder Sie arbeiten viel mit Formel- und Größenangaben. Für diesen Zweck sind die Zeichenstile geeignet. Ein einmal definierter Zeichenstil ermöglicht Ihnen die unkomplizierte Zuweisung von typografischen Änderungen auf einzelne Zahlen oder Buchstaben.

Markieren Sie den Buchstaben und klicken Sie im Auswahlmenü, das sich hinter dem Zahnradsymbol verbirgt, auf die Option *Schriftlinie*.

Wer viel mit Formeln arbeitet, ist bei »Schriftlinie« richtig.

Auch jetzt werden Sie Sternchen sehen – und zwar wieder neben der Stilbezeichnung sowie im Auswahlmenü *Zeichenstile*. Da es sich nun nur um ein modifiziertes Zeichen, nicht aber um einen veränderten Absatz handelt, fehlt der Button *Aktualisieren*. Dennoch haben Sie die Möglichkeit, die Änderungen zu sichern und sie damit für weitere Folien parat zu haben. Klicken Sie dazu in das Auswahlmenü *Zeichenstile* und anschließend auf das Pluszeichen oben rechts. Schon wird Ihr neuer Zeichenstil der Liste hinzugefügt. Praktischerweise ist der vorläufige Name *Ohne* sogleich markiert, sodass Sie den Stil sofort neu beschriften können.

Ein Stil für ein hochgestelltes Zeichen

Aufgepasst

Das Sternchen neben der Stilbezeichnung bleibt weiterhin sichtbar als Hinweis darauf, dass es innerhalb des Absatzstils einen definierten Zeichenstil gibt.

Absatz-, Zeichen- und Listenstile lassen sich umbenennen oder wieder aus der Liste löschen.

Sollte die Stilbezeichnung nicht aussagekräftig genug sein, brauchen Sie sie nur zu überschreiben.

Power User

Textformatierungen können Sie auch einfach kopieren und anschließend bequem auf andere Textstellen übertragen. Markieren Sie dafür zunächst den Text, dessen Formatierung Sie reproduzieren wollen. Wählen Sie anschließend im Menü *Format* den Eintrag *Stil kopieren*. Abschließend markieren Sie den Text, der dieses Layout erhalten soll, und wählen im Menü Format den Befehl *Stil einsetzen*. **Dies ist auch die Herangehensweise unter iOS, da iOS es nicht zulässt, eigene Stile zu definieren oder zu sichern.**

Die Icons fürs Kopieren und Einsetzen von Stilen können Sie in die Symbolleiste ziehen.

Die Aufzählungszeichen modifizieren

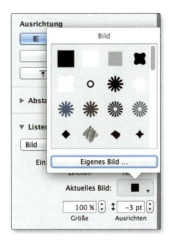

Aufzählungszeichen lassen sich in ihrer Größe ändern oder gänzlich gegen andere Symbole austauschen.

Dies ist nur ein Ausschnitt an Bildern für Aufzählungen.

Tipp

Eine wahre Fundgrube an attraktiven Icons für Aufzählungen finden Sie in der Palette *Sonderzeichen…*, die Sie im Menü *Bearbeiten* aufrufen. Wollen Sie ein vorhandenes Zeichen gegen eines aus der Palette austauschen, markieren Sie dieses Zeichen im Infofenster und wählen in der Zeichenpalette Ihr favorisiertes Icon aus. Sobald Sie diese Aktion mit der Return-Taste ↵ bestätigen, schmückt es die Aufzählung. Legen Sie gegebenenfalls auch die Größe sowie die vertikale Position des Zeichens in den entsprechenden Fenstern fest.

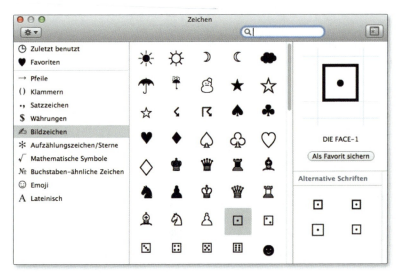

Lassen Sie sich inspirieren!

Was Sie sonst noch brauchen für Zeichen und Texte

Interessante Optionen für die Text- und Zeichengestaltung finden Sie hinter dem Zahnradmenü in der Rubrik *Text | Stil*.

Dieses Menü bietet auch die Option, einzelne Begriffe zu markieren.

An dieser Stelle sei noch auf den Kontureffekt verwiesen – eine schöne Möglichkeit, das Augenmerk auf einen Begriff zu legen oder die Überschrift besonders hervorzuheben.

Der Kontureffekt: einmal mit und einmal ohne Schatten

Foliennummern hinzufügen

Sollen Ihre Folien durchnummeriert werden, schalten Sie im Menü *Folie* die Option *Foliennummern auf allen Folien einblenden* ein. Für nur ausgewählte Folien setzen Sie einen Haken an den Eintrag *Foliennummer* im Infofenster Folienlayout.

Die Schriftenauswahl

Bei der Schriftenauswahl für die einzelnen Themen haben die Programmdesigner höchste Vielfalt und Kreativität walten lassen. So ist für jedes Thema passend zu seinem Design und seiner Anmutung eine Schrift festgelegt.

Unter OS X haben Sie mit dem Programm Schriftsammlung Gelegenheit, einen Blick auf die mitgelieferten Schriften zu werfen. Unter iOS fehlt dieser Service. Welche Schriften sich auf Ihrem iPhone oder iPad befinden, zeigt Ihnen das Betriebssystem nicht an. Abhilfe verschaffen Apps wie *Fonts*, die die Schriften auflisten.

> **Tipp**
>
> Attraktive Farbeffekte für einzelne Textebenen erzielen Sie mit einer etwas verringerten Deckkraft. Markieren Sie dafür eine Textebene und klicken Sie im Infofenster *Text | Stil* auf das Icon für die Farbpalette. Mithilfe des Schiebereglers verringern Sie die Deckkraft. Jede neue Farbnuance lässt sich als Stil sichern, sodass Sie stets Zugriff auf die Effekte haben.

Mit einer verringerten Deckkraft heben Sie verschiedene Aussagen deutlicher voneinander ab.

Kapitel 10

Wenn Sie während der Präsentation die Punkte einzeln und hintereinander einblenden, kann es sehr wirkungsvoll sein, den zuvor genannten Punkt verblassen zu lassen. Wunderbar geeignet ist dieser Effekt auch für die Agenda Ihres Vortrags.

Die bereits genannten Punkte verblassen.

Gesprochene Kommentare aufzeichnen

Wollen Sie eine Präsentation versenden und die Inhalte auf den Folien nicht unkommentiert stehen lassen, bietet es sich an, die Folien mit Erläuterungen zu ergänzen. Alles, was Sie für die Aufnahme Ihrer gesprochenen Kommentare benötigen, ist das Infofenster *Audio* im Bereich *Konfigurieren*.

Gerade für Präsentationen, die Sie weitergeben oder versenden, können gesprochene Kommentare hilfreich sein.

> **Aufgepasst**
>
> Eine Präsentation mit integrierten Sprachaufnahmen startet stets mit jener Folie, deren Inhalt Sie kommentieren. Das heißt im Klartext, dass alle Folien, die dieser aufgezeichneten Folie möglicherweise vorausgehen, in der Präsentation **nicht** angezeigt werden. Planen Sie zum Beispiel, eine Begrüßungsfolie als Einstimmung unkommentiert stehen zu lassen, bleibt diese Folie beim Abspielen der aufgezeichneten Präsentation außen vor! Bei einer chronologischen Aufnahme haben Sie hingegen die Möglichkeit, Folien unkommentiert zu lassen.

Achtung: Aufnahme

Die Aufnahme startet, sobald Sie auf den roten Button klicken. Mit einem Mausklick oder dem Tippen auf die rechte Folie (ein Mausklick ist später in der Aufzeichnung zu hören!) spazieren Sie durch die Präsentation.

Ist alles gesagt, was es zu den Folien zu sagen gibt? Dann klicken Sie erneut auf den roten Button. Damit stoppen Sie die Aufnahme und sichern sie zugleich.

Halten Sie die Aufnahme an oder stoppen Sie sie, wenn Sie zwischendurch mal eine Pause einlegen wollen. Die nächste Aufzeichnung wird nahtlos an die vorherige angedockt, was auch bedeutet, dass genau die Folie, auf der Sie stehengeblieben sind, wieder angezeigt wird.

Sie haben sich hoffnungslos verheddert oder stellen fest, dass Sie zu einer Folie wenig Aussagekräftiges gesagt haben? Keine Sorge! Gehen Sie im Aufzeichnungsfenster auf der unteren Leiste zurück zur Folie, von der aus Sie die Aufzeichnung neu starten wollen. Nun können Sie ab der eingeblendeten Folie die Aufnahme wieder starten. Eine Möglichkeit, die Aufzeichnung für nur einzelne Folien zu ersetzen, besteht leider nicht.

> **Aufgepasst**
>
> Sobald Sie Änderungen an der Präsentation vornehmen – sei es, dass Sie eine Folie löschen oder eine neue einfügen –, wird der Hinweis eingeblendet, dass die Aufzeichnung dadurch möglicherweise nicht mehr synchron ist. Daher wird Ihnen die Möglichkeit angeboten, ein Duplikat zu erstellen, das Sie bearbeiten können, ohne die Aufnahme der Originaldatei zu gefährden.

Vorlagen bearbeiten

Jede Folie beruht auf einer Vorlage. Eine Vorlage ist nichts anderes als eine Schablone oder ein Template mit bereits definierten Layoutelementen und Textfeldern. Die Arbeit an den Vorlagen, die Keynote für jedes Thema zur Verfügung stellt, wird dann interessant für Sie, wenn wiederkehrende Elemente wie das Logo Ihres Unternehmens auf allen Folien Ihrer Präsentation zu sehen sein sollen, Sie andere Hintergrundfarben bevorzugen oder Schmuckelemente auf den Folien platzieren wollen. Kurzum: Alles, was den Hintergrund Ihrer Präsentation charakterisiert, erledigen Sie am effektivsten auf den Vorlagen.

> **Tipp**
>
> Die Arbeit an Vorlagen bietet einen weiteren immensen Vorteil: Sie können die modifizierten Vorlagen als eigenes Thema sichern (siehe Abschnitt weiter unten) und sie dadurch für beliebig viele Präsentationen nutzen. Das unterscheidet die Modifikationen an den Vorlagen von den Textfeld- und Schriftstilen, die Sie für jede einzelne Präsentation definieren.

Kapitel 10

Starten wir mit dem Logo oder andere wiederkehrende Objekte:

- Wechseln Sie in die jeweiligen Vorlagen, auf denen Ihre Folien basieren. Klicken Sie dazu auf eine Folie im Navigator und anschließend im Infofenster auf den Button *Folienvorlage bearbeiten*.

Die Folienvorlagen und das Werkzeug zum Bearbeiten des Layouts. Sobald Sie in einen Platzhalter klicken, stehen Ihnen alle Bearbeitungsmöglichkeiten wie für eine normale Folie zur Verfügung.

- Ziehen Sie das Bildelement per Drag & Drop auf die Vorlage und positionieren Sie es.
- Damit das Objekt auf allen Vorlagen an der gleichen Stelle platziert ist, ist es ratsam, das Element auf einer Vorlage zunächst perfekt auszurichten, es dann zu kopieren und es anschließend auf allen weiteren Vorlagen einzusetzen. Mit diesem Verfahren rückt das Objekt automatisch an die Position, die Sie auf der ersten Vorlage definiert haben.

Aufgepasst

Wenn Sie ein Hintergrundbild platzieren wollen, klicken Sie im Infofenster auf Auswählen. Ein Bild, das Sie per Drag & Drop aus dem Fenster *Medien* oder aus dem Finder direkt auf die Vorlage ziehen, wird **nicht** als Hintergrund interpretiert. **Unter iOS ist es nicht möglich, Vorlagen zu bearbeiten.**

Bilder, Textfelder oder Formen, die Sie einer Vorlage hinzufügen, werden zu festen Bestandteilen des Folienhintergrunds und lassen sich auf den Folien weder austauschen noch überschreiben. Damit Sie diese Elemente aber auch auf den einzelnen Folien bearbeiten können, müssen Sie sie in der Vorlage als *Platzhalter* definieren.

Zwei neue, selbst gestaltete Vorlagen mit Medien- und Textplatzhaltern

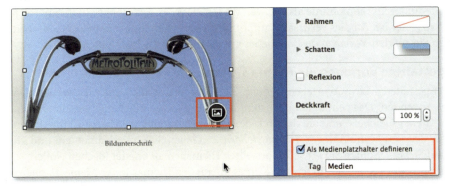

Das Symbol zeigt an, dass das Bild ein Medienplatzhalter ist.

Tipp

Wer viel mit Fotos arbeitet, tut gut daran, auf den Vorlagen Platzhalter für Bilder zu definieren. So ersparen Sie es sich, die Größe eines Bildes auf jeder Folie separat anzupassen.

Damit Objekte und Tabellen auf den Folien immer an gleicher Stelle und in gleicher Größe platziert werden, bietet es sich an, auf den Vorlagen einen Objektplatzhalter zu definieren. Ziehen Sie den Platzhalter gegebenenfalls breiter auf oder zu, damit die zukünftigen Tabellen und Diagramme ausreichend Platz finden.

Ein Objektplatzhalter sorgt dafür, dass Tabellen und Diagramme automatisch an die gewünschte Position rücken.

> **Aufgepasst**
>
> Normalerweise lassen sich Elemente auf einer Vorlage nicht mit Objekten, die Sie einer Folie hinzufügen, verschachteln. Wenn Sie jedoch die Option *Objekte auf Vorlagenebene* einschalten, bleiben Sie beim Anordnen und Verschachteln von Objekten flexibel.

Die Größe von Textplatzhaltern

Die Größe der Platzhalter auf Folien ist entscheidend für die Menge an Text, die auf den Folien eingegeben werden kann. Sind die Platzhalter für Überschriften und Aufzählungen zu schmal, wird der Text unnötig häufig umbrochen (in Keynote gibt es keine Silbentrennung!). Sind die Platzhalter zu wenig hoch, erscheint recht bald nach der Texteingabe ein Kreuz an der unteren Rahmenlinie als Hinweis darauf, dass die Textmenge zu umfangreich für den Platzhalter ist. All dies verursacht unnötige und zeitraubende manuelle Nacharbeit. Definieren Sie auf den Vorlagen deshalb lieber ausreichend große Platzhalter.

Selbst gestaltete Vorlagen als Thema sichern

Ihre selbst gestalteten Layoutvorlagen können Sie selbstverständlich auch für weitere Dokumente verwenden. Das geht am einfachsten, indem Sie die gerade fertiggestellte Präsentation als Thema speichern und sie dadurch dem Auswahlkatalog an Themen hinzufügen. Wählen Sie dazu im Menü *Ablage | Thema sichern…* . Geben Sie einen Namen ein und klicken Sie auf *Sichern*. Sollten Sie Ihr selbst erstelltes Thema jemals wieder löschen wollen, so finden Sie den entsprechenden Befehl im Kontextmenü des Themas unter *Meine Themen*.

Eigene Themen in der Themenauswahl

Wenn es Sie interessiert, wo die Dateien abgelegt werden:

Library/Container/com.Apple.iWork.Keynote/Data/Library/Application Support/ User Templates.

Haben Sie die Vorlagen lediglich für eine bestimmte Präsentation modifiziert, reicht der normale Speichervorgang. Ihre Vorlagen werden für dieses Dokument in das Auswahlmenü *Vorlagen* integriert.

iOS

Zunächst wirken die Unterschiede zwischen OS X und iOS beim Erstellen und Bearbeiten von Folien gar nicht so umfangreich. Doch beim näheren Hinsehen ist der erste Eindruck schnell vergessen. Generell gilt, dass Sie unter iOS nichts sichern können, was für die weitere Arbeit an einer Präsentation von Vorteil wäre – seien es Formstile, Stilvorlagen für Absätze und Zeichen, Tabellenstile oder zusätzliche Vorlagen. Erfreulicherweise werden aber alle unter OS X neu definierten Stile und Vorlagen beim Öffnen oder Synchronisieren der Datei auf einem iOS-Gerät klaglos übernommen. Das ist vor allem für Präsentationen, die einem Corporate Design folgen und die Sie auf Ihrem iPad weiterbearbeiten wollen, von großem Vorteil.

Vorlagen, die Sie unter OS X definiert haben, sind auch unter iOS vorhanden.

Das Wichtigste im Überblick:

- Bevor Sie mit der Arbeit starten, überlegen Sie gut, welches der angebotenen Themen zu Ihrem Präsentationsanlass passt. Denn haben Sie sich einmal für ein Thema entschieden, können Sie dies im weiteren Verlauf der Arbeit nicht mehr gegen ein anderes austauschen.
- Das Gleiche gilt für das Layout einer Folie, das nicht durch ein anderes ersetzt werden kann. Ebenso wenig lässt sich der Folienhintergrund bearbeiten. Apropos Folienlayout: Dieses Infofenster suchen Sie unter iOS vergeblich. Daher gibt es auch keine Funktion, mit der Sie einen gelöschten Platzhalter wieder hervorzaubern können. Immerhin lässt sich ein Platzhalter aber auf einer anderen Folie kopieren und auf der aktuellen einsetzen.
- Überhaupt: Sie müssen nicht alles eintippen. Sie können Texte aus anderen Apps, Dokumenten und E-Mails kopieren und in Keynote einfügen. Tippen Sie dafür kurz den Cursor an, damit das Kontextmenü und damit die Funktion *Einfügen* sichtbar werden.
- Die Auswahl an Aufzählungszeichen ist recht übersichtlich. Wer eine unter OS X erstellte Präsentation unter iOS weiterbearbeitet, findet einen variantenreicheren Pool vor.

Auf Ihre favorisierten Aufzählungszeichen brauchen Sie auch unter iOS nicht zu verzichten.

- Um die Reihenfolge der Bulletpoints zu verschieben, setzen Sie eine Fingerkuppe direkt auf das Aufzählungszeichen und ziehen Sie den Text nach oben oder unten oder rücken ihn nach rechts ein.
- Für Textfelder stehen Ihnen die Linien, nicht aber die Rahmen zur Verfügung.
- Absatz-, Zeichen- und Listenstile, die Sie unter OS X für eine Datei definieren, werden anstandslos übernommen und in den entsprechenden Menüs angezeigt. Sie können jeden Text neu formatieren, allerdings den Stil weder sichern noch aktualisieren. **Wollen Sie eine Formatierung übertragen, markieren Sie den Text und wählen im Kontextmenü *Stil …* . Anschließend tippen Sie auf *Stil kopieren*, markieren den Text, der genauso aussehen soll, und tippen auf *Stil einsetzen*.**

 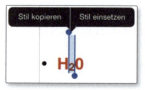

Zwei sehr wichtige Befehle, mit denen Sie einfach und schnell Formatierungen übertragen

- Die Anzeige von Foliennummern schalten Sie in den Werkzeugen ein.
- Markieren!
- Audiokommentare können weder aufgezeichnet noch bearbeitet werden. Wollen Sie eine Datei mit integrierten Audiokommentaren abspielen, tippen Sie auf *Aufgezeichnete Präsentation wiedergeben*.

Sie haben die Wahl bei der Wiedergabe: Audiokommentare ja oder nein?

Keynote
Bilder und Objekte

Kapitel 11

Ein Bild sagt mehr als tausend Worte, und so ist die Visualisierung oft das Salz in der Suppe einer Präsentation. Doch nicht nur mit Bildern veranschaulichen Sie Ihre Aussagen, Thesen und Ideen. Auch Objekte wie geometrische Formen sind hervorragend geeignet, um Zusammenhänge vor Augen zu führen.

In diesem Kapitel lernen Sie die Funktionen kennen, mit denen Sie Bilder bearbeiten, einen Fokus festlegen oder Bildern mit weiteren Mitteln wie Rahmen und Linien einen stärkeren Akzent verleihen. Außerdem erfahren Sie, wie variantenreich die geometrischen Formen sind, wie Sie mit diesen arbeiten und sie funktional einsetzen können.

Wir Menschen sind Augentiere. Bildhaft Vermitteltes merken wir uns besser, da das menschliche Gehirn vorrangig ein Bildverarbeiter und weniger ein Wortverarbeiter ist. Machen Sie aus Ihren Zuhörern deshalb auch immer Zuschauer. Visualisieren Sie, um die Aufmerksamkeit auf Ihr Thema zu lenken und um das Verständnis zu erleichtern.

Bilder einsetzen

Bilder und Grafiken aller gängigen Dateiformate wie PICT, JPEG, GIF und TIFF lassen sich überall auf einer Folie platzieren. Darüber hinaus stellt jedes Thema mindestens vier Vorlagen mit jeweils vorgefertigten Rahmen für Bilder bereit. Das Bild, das Sie in einen Foto-Platzhalter einfügen, ersetzt automatisch das Beispielbild und wird an die Breite beziehungsweise die Höhe angepasst.

Vorlagen mit Platzhaltern für Fotos aus dem Thema »Editorial«

Sie brauchen nur auf das Foto-Icon des Platzhalters zu klicken – schon haben Sie Zugriff auf Ihre iPhoto Mediathek und auf Ihre Fotostreams. Nun nur noch ein Klick auf das gewünschte Foto, und schwupps schmückt es Ihre Präsentation.

Mit einem Klick auf das Icon öffnen Sie Ihr Fotoarchiv.

Bilder, die sich nicht in Ihrer Mediathek befinden, ziehen Sie per Drag & Drop aus dem Finder auf die Folie. Für das Öffnen des Finderfensters gibt es das Tastenkürzel ⇧ – ⌘ – V.

Keynote: Bilder und Objekte

Aufgepasst

Wollen Sie das ausgewählte Foto noch einmal gegen ein anderes austauschen, öffnen Sie das Kontextmenü und wählen *Bild ersetzen*. Über diesen Weg gelangen Sie zu Ihrer Mediathek. Mit einem Klick auf den Button *Ersetzen* in der Rubrik Bild öffnet sich der Finder.

Ein Bild beschneiden

Oftmals ist nur ein Teil eines Bildes interessant oder für eine Präsentation nützlich. Oder man möchte den Fokus auf ein besonderes Detail lenken. In der Werkzeugkiste von Keynote findet sich zwar keine virtuelle Schere, mit der man an den Fotos herumschnippeln könnte. Doch bietet das Programm eine vergleichbare Funktion an – nämlich Bilder zu maskieren.

Ein Bild zu maskieren heißt, nur einen Ausschnitt eines Bildes zu zeigen.

Sobald Sie ein Foto in einen Medienplatzhalter ziehen, wird ein kleines Fenster mit Schieberegler eingeblendet, mit dem Sie den Ausschnitt des Bildes fokussieren. Dieser Ausschnitt ist der maskierte Bereich, also der Teil, der vom Gesamtfoto sichtbar bleibt. Für das maskierte Bild stehen Ihnen wie bei anderen Fotos alle Varianten der Bearbeitung einschließlich Spiegelung und Rahmen zur Verfügung.

*Um ein Foto außerhalb eines Medienplatzhalters zu maskieren, klicken Sie in der Rubrik »Bild« auf »**Maske bearbeiten**«.*

Die Maske entfernen Sie unter Menü *Format | Bild*.

Bilder bearbeiten

Ein eingefügtes Foto hat häufig noch Verbesserungspotenzial hinsichtlich der Kontraste, der Helligkeit oder der Schärfe. Rudimentäre Verbesserungsoptionen finden Sie in der Rubrik *Bild*. Mit einem Klick auf das Symbol der Schieberegler öffnen Sie die Palette *Bildeinstellungen*, mit der sich Ihre Fotos recht ordentlich optimieren lassen.

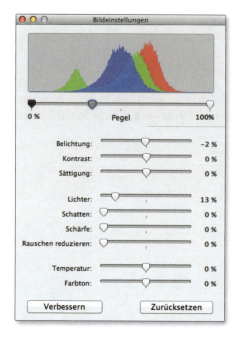

Die Palette »Bildeinstellungen« erspart es Ihnen, ein Bild erst in einem anderen Programm zu bearbeiten.

> **Aufgepasst**
>
> Mit dem Button *Zurücksetzen* werden die ursprünglichen Bildeinstellungen wiederhergestellt. Dieser Button eignet sich also nicht, um lediglich den letzten Schritt rückgängig zu machen. Hierfür gilt die Tastenkombination ⌘ – Z.

Beim Speichern der Präsentation werden natürlich auch die Änderungen an den Bildern gesichert. Das Originalfoto bleibt davon unberührt.

Drehen, kippen, spiegeln

Mithilfe der Drehscheibe in der Rubrik *Anordnen* legen Sie den Winkel des Bildes fest. Allerdings brauchen Sie hier viel Fingerspitzengefühl, damit das Bild nicht gleich eine ganze Umdrehung macht.

Zu einer sehr viel präziseren Einstellung des Winkels gelangen Sie mit einer anderen Methode: Platzieren Sie den Mauszeiger mit gedrückter ⌘-Taste an einen der Anfasspunkte.

Der Mauszeiger verwandelt sich dabei in eine halbrunde Linie mit Pfeilspitzen an beiden Seiten. Mit gedrückter Maustaste und ⌘-Taste lässt sich das Bild nun in feinen Schritten drehen.

Ein Bild kippen

Rechts neben der Drehscheibe sehen Sie die Schaltknöpfe fürs horizontale und vertikale Spiegeln eines Objekts.

Das Spiegeln ist sehr brauchbar für den Fall, dass die Blickrichtung einer Person aus der Folie weist.

Bildausschnitte freistellen

Keynote bietet neben dem Maskieren noch eine weitere Variante an, einen Bildausschnitt hervorzuheben, und zwar das Freistellen eines einzigen Details. Das kann beispielsweise eine Person sein, die Sie unabhängig vom Hintergrund zeigen möchten, oder ein Objekt, das sehr viel aussagekräftiger ohne die weiteren Bestandteile des Bildes wirkt.

Das Werkzeug, das Sie zum Freistellen benötigen, lautet schlicht und einfach *Transparenz*. Mit diesem Werkzeug werden alle Farbbereiche, die das gewünschte Objekt umgeben, wie wegradiert.

Kapitel 11

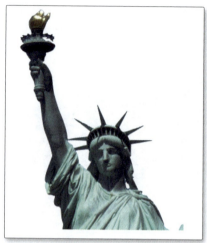

Ein Bild, in dem die Freiheitsstatue freigestellt werden soll …

… und das Ergebnis.

Sobald Sie das Werkzeug aktivieren, verwandelt sich der Mauszeiger in einen rechteckigen Farbpicker, mit dem Sie die Farbe ansteuern, die Sie zum Verschwinden bringen wollen. Mit dem Werkzeug fangen Sie Teile des Bildes mit ähnlicher Farbnuance ein. Je größer Sie dabei diesen Kreis ziehen, das heißt, je größer die Bewegung mit der Maus ist, desto mehr wird auf dem Bild markiert. Deshalb an dieser Stelle der Tipp: Halten Sie die Mausbewegungen so klein wie möglich, damit nicht mehr entfernt wird, als Sie beabsichtigen.

Sobald Sie die Maus loslassen, wird der markierte Teil entfernt. Anschließend können Sie sich einen anderen Teil des Bildes vornehmen.

> **Tipp**
>
> Bei Bildern mit klaren Hintergründen und großen Flächen geht das Entfernen unerwünschter Elemente recht schnell, bei Bildern mit vielen Details kann man schon mal die Geduld verlieren. Mit ein bisschen Übung und sehr kleinen Mausbewegungen kommt man dann aber schließlich auch zu einem freigestellten Objekt.

Die entfernten Teile sind nicht unwiederbringlich weg. Markieren Sie das Bild und klicken Sie auf den Button *Zurücksetzen* bzw. *Reset*. Schon sind alle Elemente wieder sichtbar.

Rahmen und Bilderstile

Die Wahl nach einem passenden Rahmen für ein Bild dauert im wirklichen Leben manchmal länger als die Entscheidung für das Bild. Vielleicht hat dieser Umstand die Entwickler von Keynote dazu verleitet, Bildstile zu entwickeln, die Ihnen die langwierige Sucherei nach einem geeigneten Rahmen ersparen.

Keynote: Bilder und Objekte

Egal, ob Sie ein Foto in einen Platzhalter ziehen oder frei auf einer Folie platzieren – die Bildstile stehen Ihnen immer zur Verfügung.

In der Rubrik *Bilderrahmen* sehen Sie die gesamte Palette an Einfassungen für Ihre Fotos. Dazu gehören die Linien ebenso wie bereits gestaltete Rahmen. Bei allen Rahmen lässt sich mithilfe eines Schiebereglers die Dominanz der einzelnen Effekte wie zum Beispiel die der Fotoecken oder die des Klebestreifens modifizieren.

Mit einem Rahmen wirken Bilder oftmals noch besser.

Einen sehr hübschen Effekt erzielen Sie auch mit den Linien, von denen einige wie selbst gezeichnet wirken. Die Linien lassen sich zudem farblich gestalten.

Die Linieneffekte wirken oftmals interessanter als die Rahmen.

> **Tipp**
>
> Alles, was Sie an Umrandungen selbst kreieren, sichern Sie mit einem Klick auf das Pluszeichen im Stilepool als neuen Bilderstil. Dieser Stil ist, sofern Sie die Präsentation in der iCloud speichern, auch unter iOS verfügbar.

Die individuelle Sammlung an Bildstilen mit und ohne Schatten

Erläuterungen geben

Die meisten Bilder verstehen sich vermutlich von selbst. Und wenn nicht? Dann könnte man eine Bildunterschrift hinzufügen. Diese wirken in einer Präsentation jedoch häufig recht mickrig.

Die Form »Beschreibung« eignet sich wunderbar als Alternative für eine Bildlegende.

Eigene Rahmen für spezielle Bildausschnitte

Beim herkömmlichen Maskieren, wie weiter oben beschrieben, stellen Sie einen Bildausschnitt mithilfe eines Rechtecks frei. Dies ist der Standard. Einen vielleicht noch eindrucksvolleren Hingucker fabrizieren Sie mit den geometrischen Formen wie zum Beispiel dem Kreis oder dem abgerundeten Rechteck. Bei dieser Art des Maskierens nimmt der Ausschnitt eine geometrische Form an.

Keynote: Bilder und Objekte

Nehmen Sie für den interessanten Ausschnitt des Fotos…

… eine passende Form.

Und so geht's:

Ziehen Sie zunächst ein Foto auf die Folie. Markieren Sie das Bild und wählen Sie im Menü *Format | Bild | Mit Form maskieren*. Mit dem schon bekannten Schieberegler können Sie in das Bild hineinzoomen und den gewünschten Ausschnitt quasi in die Form gießen.

> **Tipp**
>
> Soll Ihre Form ein Kreis oder Quadrat bleiben, halten Sie beim Aufziehen die Umschalt-Taste ⇧ gedrückt, denn ansonsten bekommen Sie ein Oval bzw. ein Rechteck.

Die Bearbeitung heben Sie wieder auf, indem Sie das Bild mit einem Doppelklick markieren und anschließend im Menü *Format | Bild* auf *Maske entfernen* klicken.

Aus Formen Grafiken erstellen

Nicht für jede Art von Visualisierung eignen sich Fotos. Für thematische Zusammenhänge und Abhängigkeiten sind grafische Lösungen oft besser geeignet. Keynote bietet, abgestimmt auf das jeweilige Thema, eine Auswahl an farblich bereits gestalteten geometrischen Formen als Rohmaterial für das Zusammenschmieden von Schaubildern und Strukturen. Einige Formen zeigen als Fülleffekt Farben an, andere Bilder. Diese Bilder sind Strukturmuster, die das Hintergrunddesign der Vorlage aufgreifen.

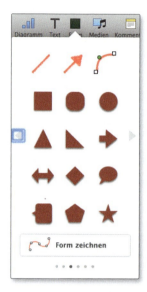 

Sie haben die Wahl aus farbigen oder nur umrandeten Formen.

Ist die Form erst einmal auf der Folie, lässt sich die fix mit zwei unterschiedlichen Tastenkombinationen verändern:

- ⇧ – Optionstaste + Ziehen = Objekt wird proportional von der Mitte aus aufgezogen.
- ⇧ + Ziehen = Objekt wird vom Rand aus aufgezogen.

Beim einfachen Aufziehen an den Anfasspunkten werden die Proportionen einer Form verschoben. So wird beispielsweise aus einem Kreis ein Oval und aus einem Quadrat ein Rechteck.

Bei den Formen *Stern* und *Polygon* erscheinen kleine grüne Punkte mit auf der Folie. Beim Stern erhöhen Sie mithilfe des außen liegenden Punkts die Anzahl der Zacken von fünf auf immerhin 20, indem Sie mit gedrückter Maustaste im Uhrzeigersinn um den Kreis herumfahren. Mithilfe des innen liegenden Punkts vergrößern bzw. verringern Sie den Radius. Beim Polygon sind beim Drehen im Uhrzeigersinn maximal elf Seiten möglich. Bewegen Sie den Punkt gegen den Uhrzeigersinn, landen Sie am Ende bei einem Dreieck.

Mit den grünen Punkten sorgen Sie bei »Stern« und »Polygon« für mehr Zacken und Seiten.

> **Aufgepasst**
>
> In die Formen lässt sich selbstverständlich Text eingeben. Wie in Platzhaltern und Tabellenzellen signalisiert ein Kreuz am unteren Objektrand, dass der eingegebene Text für den zur Verfügung stehenden Raum zu umfangreich ist. Die Option *Automatisch verkleinern*, mit der die Schrift in den Platzhaltern angepasst wird, funktioniert für die Formen nicht. Das bedeutet entweder zu kürzen, den Rahmen weiter aufzuziehen oder die Schriftgröße zu verringern.

Bislang hatte man keine Möglichkeit, Formen miteinander zu kombinieren, Schnittmengen von Formen zu erstellen oder Teile aus einer Form auszuschneiden, um dadurch neue interessante Rahmen zu schaffen. Dies alles ist nun mit den Werkzeugen in der Rubrik *Anordnen* möglich.

Mit dem Werkzeug »Ausschneiden« wird die Schnittmenge sichtbar.

Vorausgesetzt, Sie haben zwei Formen gänzlich oder teilweise übereinandergelegt und beide markiert, können Sie nun wählen, ob Sie ein neues grafisches Element schaffen wollen oder das obere aus dem unteren schneiden wollen wie in den beiden Beispielen:

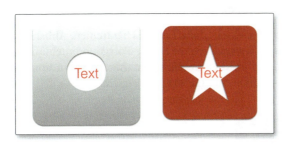

In die freien Flächen lassen sich Textfelder platzieren.

Ergänzend zu den bereits vordefinierten Formen bietet Keynote Ihnen natürlich auch die Möglichkeit, selbst zur Feder zu greifen und Grafiken zu zeichnen.

Das Symbol für Ihre Zeichenkünste

Der Mauszeiger verwandelt sich nun in eine Zeichenfeder. Und tatsächlich fahren Sie wie mit einer Tuschefeder über die Folie und zeichnen Grafiken oder skizzieren Entwürfe.

Solange die Feder mit einem der roten Rechtecke verknüpft ist, erstellen Sie gerade Linien. Sprichwörtlich mehr Schwung erreichen Sie, wenn Sie die Feder an einen der Punkte setzen und dann mit gedrückter Maustaste das, was eben noch gerade war, kurviger zeichnen.

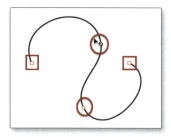

Kurve oder Gerade: Sie haben die Wahl.

Alternativ lassen Sie das Programm ausgewählte Abschnitte Ihrer Zeichnung in rund oder eckig umwandeln. Markieren Sie dafür die roten Markierungspunkte bzw. -quadrate und entscheiden Sie sich im Menü *Format | Formen und Linien* für ein kurviges oder eckiges Design.

Sobald Sie eine Form als bearbeitbar markiert haben, können Sie sie auch in eine sogenannte Bézierkurve umwandeln. Bézierkurven bestehen aus einem Anfangs- und Endpunkt, die jeweils eine Tangente haben. Der Verlauf der Linie wird durch die Position des Anfangs- und Endpunktes sowie die Länge und Ausrichtung der dazugehörigen Tangente berechnet.

Aufgepasst
Unter iOS wird die Zeichenfeder nicht angeboten.

Formen miteinander verbinden

Für Organigramme, Ablaufpläne oder Schautafeln, in denen es um Hierarchien, Abhängigkeiten oder Zusammenhänge geht, müssen Kreise, Rechtecke oder Polygone miteinander verbunden werden. Für diese Zwecke gibt es in Keynote die sogenannten Verbindungslinien, die sich automatisch mitbewegen, sobald Sie ein Objekt umplatzieren.

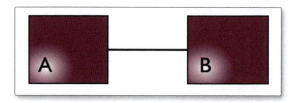

Objekte mit der Verbindungslinie verknüpfen

Grundlagen
Es lassen sich immer nur zwei Objekte miteinander verbinden. Wer eine größere Grafik erstellt und mehrere Objekte miteinander verknüpfen möchte, wählt Schritt für Schritt jeweils zwei Formen und verbindet diese.

Keynote: Bilder und Objekte

Sie haben die Wahl aus geraden, gebogenen und abgewinkelten Verbindungslinien. Passt die zuvor gewählte Linie nicht mehr zur Aussage der Grafik, klicken Sie im Menü *Format | Formen und Linien* auf *Linientyp wechseln*.

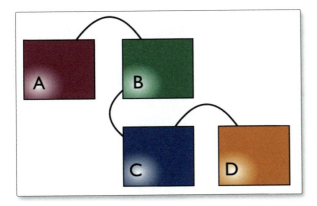

Geschwungene Verbindungslinien

Tipp

Übrigens: Auch eine Verbindungslinie lässt sich mit Endpunkten versehen. Im Aufklappmenü *Endpunkte* finden Sie eine reichliche Auswahl an Varianten für den Abschluss der rechten und linken Seite der jeweiligen Linie.

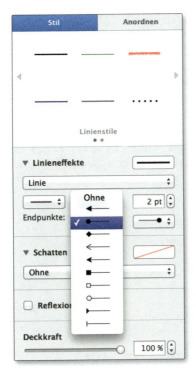

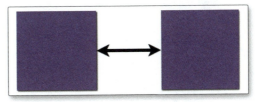

Endpunkte verdeutlichen Abhängigkeiten und Wechselwirkungen.

Formen bearbeiten

Die Formen sind wie Knetmasse: Sie können sie beliebig verändern und an Ihre individuellen Ansprüche anpassen.

- Mit einem Schatten zum Beispiel lassen sich für Objekte sehr attraktive Effekte erzielen. Ein Schattenwurf hebt das Objekt deutlicher hervor. Man gewinnt den Eindruck, als schwebe es auf der Folie. Mit kleinem Aufwand – ein Schatten ist recht schnell verliehen – erzielen Sie eine charmante Wirkung. Sehr dunklen Schatten nimmt man mit einem geringen Wert an Deckkraft die Schwere.

Ihr Werkzeug, mit dem Sie einem Objekt mehr Tiefe oder Leichtigkeit geben

- Apropos Deckkraft: Sie ist dafür zuständig, wie durchscheinend die Farben eines Objekts sind. Elemente mit einer Deckkraft von 100% verdecken logischerweise die darunter liegenden Objekte vollständig. Je geringer die Deckkraft ist, desto mehr schimmern die anderen Elemente durch. Text- und Bildebenen können somit überblendet oder miteinander gemischt werden. Diese Art von Transparenz beinhaltet immer einen Hauch von Eleganz. Klobigen Elementen kann mit einer reduzierten Deckkraft mehr Glanz verliehen werden, streng und schwer wirkenden Grafiken mehr Leichtigkeit.
- Die Deckkraft ist nicht nur ein ästhetisches Stilmittel, sondern auch funktional einsetzbar, um zum Beispiel Abhängigkeiten und Zusammengehörendes zu verdeutlichen. In unserem Beispiel haben die übereinandergeschobenen Dreiecke eine Deckkraft von jeweils 42 Prozent.

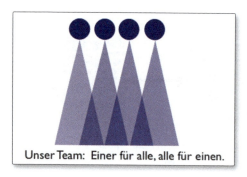

Transparente Abhängigkeiten

Sechs Alternativen stehen Ihnen für die Fülleffekte zur Auswahl. Die interessanteste Variante ist der erweiterte Verlauf, mit dem sich geradezu phänomenale Effekte erzielen lassen, da der Fokus geändert und dem Verlauf weitere Farben hinzugefügt werden können:

- Sobald Sie mit dem Mauszeiger an den unteren Rand des Verlaufsbalkens fahren, wird neben dem Zeiger ein kleines Pluszeichen eingeblendet. Mit einem Klick erscheint die Farbpalette, sodass Sie dem Verlauf weitere Farben hinzufügen können. Auf diese Weise lassen sich beliebig viele Farben in den Verlauf integrieren.
- Verschieben Sie die Kästchen nach links oder rechts, entstehen jedes Mal andere Farbeffekte und -verläufe.
- Überflüssig gewordene Kästchen ziehen Sie einfach nach unten heraus aus der Leiste.
- Mit den Dreiecken am oberen Rand des Balkens passen Sie den Übergangspunkt für den Verlauf an. Je näher Sie dabei einem nächsten Übergangspunkt kommen, desto härter wird die Farbe gezeichnet.
- Nun ist die multiple Farbigkeit innerhalb einer Form noch gar nicht das Spektakulärste dieser Funktion. Das Highlight sind der lineare und radiale Verlauf, den die definierten Farben mit einem Klick auf die entsprechenden Buttons oder mithilfe der Verlaufslinie innerhalb der Form nehmen. An den grünen Anfasspunkten lässt sich der Fokus verschieben und die Größe des Spektrums verändern. So gestalten Sie beispielsweise einen Spot auf einen zentralen Begriff oder lassen den Begriff wie in einem Strahlenkranz erscheinen.

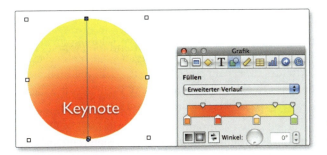

Radialer Verlauf, um einen Begriff zu fokussieren

Weitere Beispiele für den erweiterten Verlauf

Hilfe

Jede Form, die Sie individuell gestaltet haben und die Sie voraussichtlich noch häufiger im Laufe Ihrer Präsentation verwenden, sollten Sie als Stil sichern. Wie bei allen anderen Stilen auch geht das bei den grafischen Elementen ganz einfach mit einem Klick auf das Pluszeichen in der Sammlung der Formstile.

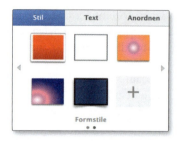

Ob mit Verlauf oder ohne: Jedes Ihrer individuellen Designs lässt sich als Stil sichern.

Hilfslinien und Lineale für die Arbeit mit Grafiken und Objekten

Sobald Sie ein Objekt auf einer Folie bewegen, erscheinen farbige Hilfslinien, die die präzise Ausrichtung von Elementen zu einer Leichtigkeit machen. Die Hilfslinien sind automatisch zur Stelle, sobald Sie ein Objekt zentrieren oder es an der Mitte oder Kante eines anderen Objekts ausrichten wollen. Die Linien besitzen förmlich magnetische Anziehungskraft, denn die Objekte springen automatisch auf die Position der Hilfslinien und schnappen dort ein.

> **Tipp**
>
> Der Schnappeffekt der Hilfslinien erschwert die minimale Verschiebung von Objekten. Weichen Sie deshalb bei kleinen, feinen Ausrichtungen – beispielsweise bei der Positionierung eines Textfeldes innerhalb eines Elements – auf die Pfeiltasten ←··⇢↑↓ aus. Markieren Sie das Objekt und halten Sie jene Pfeiltaste, die die gewünschte Richtung anzeigt, so lange gedrückt, bis die Position stimmt.

Da das Programm davon ausgeht, dass ein Objekt im Verhältnis zu anderen Objekten verschoben werden soll, greifen die Hilfslinien auf alle Elemente in unmittelbarer Nähe zum markierten Objekt über. Wollen Sie die Hilfslinien kurzzeitig ausblenden, halten Sie beim Bewegen des Objekts einfach die ⌘-Taste gedrückt.

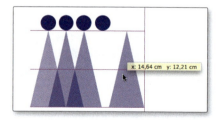

Alles im Lot mit Hilfslinien

Haben Sie vor, ein Objekt an ganz anderen Kriterien exakt zu platzieren, gibt es die Möglichkeit, eigene Hilfslinien zu erstellen, vorausgesetzt, die Lineale sind eingeblendet. Die Lineale zaubern Sie am schnellsten mit der Tastenkombination ⌘ – R hervor.

Keynote: Bilder und Objekte

Nun lassen sich mit gedrückter Maustaste aus der vertikalen und horizontalen Linealleiste bequem Hilfslinien herausziehen. Sollten Sie die Linien nicht mehr brauchen, blenden Sie diese entweder kurzfristig aus (Menü *Darstellung | Hilfslinien*) oder Sie löschen sie, indem Sie sie wieder zurück in die Linealleiste schieben.

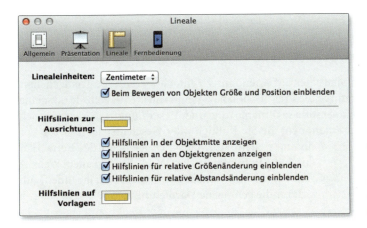

*In den Einstellungen (Menü »**Keynote**«) haben Sie Gelegenheit, Farbe, Linealeinheit und Anzeige der Hilfslinien an Ihre Bedürfnisse anzupassen.*

Objekte gruppieren

Wir möchten Ihnen an dieser Stelle den guten Tipp geben, reichlich Gebrauch von der Funktion Gruppieren zu machen. Damit vereinen Sie, was zusammengehört und was sich anschließend bequem gemeinsam formatieren oder verschieben lässt. Besonders sinnvoll und rationell ist die Gruppierung, wenn Sie mehrere Elemente gleichzeitig in ihrer Größe ändern wollen.

Aufgepasst

Beim Skalieren von gruppierten Elementen wird die eingefügte Schrift nicht vergrößert. Hier ist manuelle Nacharbeit nötig.

Zunächst gilt es, die Objekte, die einen Verbund bilden sollen, zu markieren. Sie klicken dafür entweder mit gedrückter ⌘-Taste auf die Einzelelemente. Oder Sie fahren mit gedrückter Maus über die Objekte. Diese Methode ist die weitaus schnellere. In der Rubrik *Anordnen* finden Sie den Button *Gruppieren*.

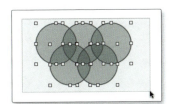 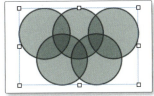

Aus Einzelobjekten ...   *... wird eine Gruppe.*

> **Tipp**
>
> In dieser Rubrik finden Sie auch die Funktion *Schützen*, mit der Sie Ihre Objekte vorm versehentlichen Verrutschen bewahren.

Links erstellen

Wie im Internet, wo Sie per Mausklick auf einen Link zu einer anderen Seite gelangen, können Sie in Keynote per Link durch die Präsentation navigieren sowie eine Website oder eine Mail mit eingefügter Empfängeradresse öffnen. Aufgrund dieser Funktionen eignen sich Links hervorragend für Präsentationen, die Sie Kunden oder Geschäftspartnern zur Verfügung stellen. Per Mausklick navigiert der Betrachter durch die Präsentation, landet auf Ihrer Firmen-Website und kann Ihnen zum Abschluss eine Mail senden, um sich für die gelungene Darbietung zu bedanken.

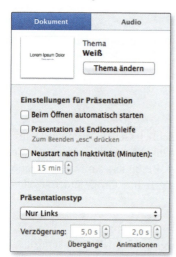

Wenn Sie sich für den Präsentationstyp »Nur Links« entscheiden, müssen Sie auf jeder Folie einen Link definieren.

Um einen Begriff oder ein Objekt zu verlinken, klicken Sie im Menü *Format* auf *Link hinzufügen* oder Sie nutzen die Tastenkombination ⌘ – K.

Per Links durch die Präsentation

Keynote: Bilder und Objekte

Sie haben die Wahl aus drei Alternativen:

- **Andere Folie.** Diese Möglichkeit ist u. a. für dramaturgische Zwecke recht interessant. Angenommen Sie planen, in Ihrer Präsentation einen neuen Aspekt mit einer bereits vorgestellten These in Verbindung zu bringen – Sie wollen zum Beispiel von Folie 12 zurück auf Folie 7 verlinken, um Ihren Zuhörern den Inhalt dieser Folie noch einmal zu vergegenwärtigen. Definieren Sie dafür auf beiden Folien ein Objekt als Hyperlink. Auf Folie 12 geben Sie in das Feld *Folie* 7 ein; auf Folie 7 geben Sie 12 ein.

Verknüpfungen herstellen: Auch mit Verlinkungen können Sie für Spannung sorgen.

- **Webseite.** Der häufigste Weg, innerhalb eines Dokuments auf eine Website zu verlinken, ist wohl der, einfach die URL der Website auf die Seite oder Folie einzugeben oder zu kopieren. Texteingaben, die mit http oder www beginnen, wandelt Keynote automatisch in einen Hyperlink um. Oder Sie markieren einen Begriff, aktivieren ihn als Link und geben im Dialogfenster die URL ein.

Die Verlinkung auf eine E-Mail ist prima für Präsentationen geeignet, die Sie weitergeben.

- **E-Mail-Nachricht.** Im Vorführ-Modus wird mit einem Klick auf den Link eine neue E-Mail geöffnet, in der dann Absender und Betreff entsprechend Ihrer Eingaben eingetragen sind.

Als Hinweis für eine Verlinkung werden Textlinks unterstrichen und Objekte mit einem Pfeil versehen.

Kapitel 11

> **Power User**
>
> Wie wissen Sie nun während der Präsentation, hinter welchen Wörtern und Objekten Hyperlinks stecken? Je nach Anzahl der Links hat man vielleicht nicht mehr alle im Kopf. Das Beste ist, Sie notieren Sie im Feld Moderatornotizen (*Darstellung | Moderatornotizen einblenden*). Diese Notizen werden bei einer Beamer-Präsentation auf Ihrem Rechner angezeigt, nicht aber auf der Leinwand.

Audio- und Filmdateien in die Präsentation einbinden

Ihre Präsentation lässt sich mit passenden Musikstücken bestücken und mit Filmdateien ergänzen oder erweitern. Keynote unterstützt die Dateiformate MOV, MP3, MP4, FLASH, AIFF, AAC und MPEG-4. Mithilfe des Medienfensters können Sie Audio- und Filmdateien schnell und völlig unkompliziert in eine Präsentation integrieren.

Sie haben die Wahl:

Sie binden ein Musikstück als Untermalung für die gesamte Präsentation ein.

Klicken Sie für diesen Zweck auf den Button *Konfigurieren*, anschließend auf den Reiter *Audio* und schließlich auf das Notensymbol, damit Sie Zugriff auf Ihre Mediathek bekommen.

Das angeklickte Musikstück wird der Hintergrundsound Ihrer Präsentation sein.

Mit dem Schieberegler *Lautstärke* legen Sie fest, wie laut oder leise die Musik während der Vorführung erschallt. Definieren Sie bitte auch, ob das Stück einmal wiedergegeben oder als Endlosschleife wiederholt werden soll.

Einstellungen für die musikalische Untermalung

Das Musikstück wird abgespielt, sobald die Vorführung beginnt. Hierbei ist es völlig gleichgültig, mit welcher Folie Sie Ihren Vortrag eröffnen. Das Stück startet von vorn – egal ob Sie mit der ersten oder mit einer der letzten Folien beginnen.

Sie ergänzen ausgewählte Folien um passende Hintergrundmusik.

Klicken Sie einfach auf einen Titel in der Auswahlliste *Musik*, die sich hinter dem Mediensymbol in der Symbolleiste verbirgt. Der Titel der Datei wird im Infofenster *Format | Audio* angezeigt. Dies ist übrigens auch der Ort, an dem Sie die Datei trimmen, also auf nur ein paar Sekunden am Anfang, am Ende oder in der Mitte schneiden können.

Für eine Folie reicht meistens ein Ausschnitt aus einem Song.

Die Musik startet während der Vorführung nach einem Klick auf die Pfeiltasten. Wenn Sie möchten, dass die Musik ertönt, sobald die neue Folie erscheint, deaktivieren Sie die entsprechende Option im Infofenster.

Drei weiße Kugeln zeigen an, dass ein Musikstück die Folie ergänzt. Die Kugeln sehen Sie auch, wenn auf der Folie Objekte animiert sind.

Wie wäre es damit, die Präsentation um einen oder mehrere Filme zu bereichern? Zum Beispiel als Auftakt oder Pauseneinlage? Sobald Sie eine Filmdatei auf eine Folie ziehen, erscheint das Infofenster *Film*, in dem Sie bei *Trimmen* den Anfang und das Ende der Filmwiedergabe festlegen. Darüber hinaus haben Sie mit dem Schieberegler *Titelbild* Gelegenheit, ein Bild auszuwählen, das angezeigt wird, bevor der Film startet.

Wenn Sie die Präsentation auf einem iOS-Gerät zeigen, wählen Sie auf jeden Fall »Optimieren«.

Tipp

Kommt es für Sie gar nicht in Frage, Präsentationen auf einem iOS-Gerät zu zeigen, brauchen Sie die Funktion in den Einstellungen (Menü »Keynote«) nur auszuschalten.

Dateigröße reduzieren

Je nachdem, wie viele Bilder, Filme oder Audiodateien Sie in die Präsentation integriert haben, ist der Umfang der Gesamtdatei unter Umständen gewaltig. Mit dem Befehl Dateigröße reduzieren im Menü Ablage, haben Sie Gelegenheit, die Datei einigermaßen schlank zu halten.

Die nun eingeblendete Information zeigt an, um wie viel die Datei an Umfang abnimmt.

Die Dateigröße ist nun immerhin um mehr als 9 MB verschlankt worden.

Keynote: Bilder und Objekte

iOS

- Über das Pluszeichen auf den Platzhalterfotos haben Sie Zugriff auf Ihr Fotoarchiv – vorausgesetzt, Sie haben in den Einstellungen unter Datenschutz die Freigabe eingeschaltet. Doch sind Sie für das Einfügen von Fotos nicht an das Symbol gebunden. Sie können ebenso ein Foto kopieren und es auf einer Folie einsetzen.

Das Pluszeichen führt Sie direkt zu Ihren Fotos.

- Für Fotos in Platzhaltern lässt sich mithilfe einer Maske ganz einfach ein anderer Ausschnitt in den Fokus rücken. Mit einem Doppeltipp auf ein Bild werden die verdeckten Teile sowie ein Schieberegler fürs Zoomen sichtbar.

Zoomen Sie in das Bild hinein und legen Sie den Ausschnitt fest.

- Wollen Sie ein Foto gegen ein anderes austauschen, tippen Sie auf das Pinselsymbol und anschließend in der Rubrik *Bild* auf *Ersetzen*.
- Anders als unter OS X können Sie am Kontrast, an der Belichtung oder Schärfe von eingefügten Fotos nichts mehr ausrichten.
- Sie wollen das Hauptmotiv eines Fotos freistellen, um es noch prominenter hervorzuheben? Dann tippen Sie in der Rubrik *Bild* auf *Transparenz*. Mit dem Werkzeug fangen Sie Teile des Bildes mit ähnlicher Farbnuance ein und bringen diese zum Verschwinden.

Mit dem Werkzeug »Transparenz« befreien Sie Fotos von unnötigem Ballast.

- Was wäre ein Bild ohne Rahmen? In den Stiloptionen der Rubrik *Stil* finden Sie, sofern die Auswahl Rahmen eingeschaltet ist, eine Auswahl an weiteren hübschen bis sehr markanten Alternativen. Oder Sie basteln sich mithilfe der Linien eine eigene passende Umrandung.

Werden Sie kreativ oder entscheiden Sie sich für einen der angebotenen Rahmen.

- Wollen Sie eine Form oder ein Foto kippen, drücken Sie den Zeigefinger auf das Objekt und drehen es mit dem Mittelfinger in die gewünschte Richtung.

Keynote: Bilder und Objekte

- Um zwei oder mehr Objekte zu kopieren, zu verschieben oder zu gruppieren, halten Sie einen Finger auf das erste markierte Objekt und tippen dann auf die weiteren Objekte.

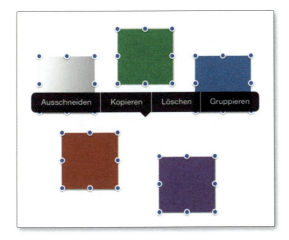

Das Gruppieren eignet sich prima, um mehrere Objekte in ihrer Größe zu verändern.

- Um in einer Grafik Zusammenhänge und Abhängigkeiten zu illustrieren, ist die Verbindungslinie überaus hilfreich, da sie sich automatisch mitbewegt, sobald Sie eines der Objekte umplatzieren.

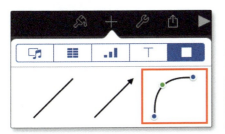 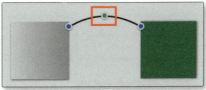

Mit dem grünen Punkt in der Mitte ziehen Sie die Linie an eine andere Position.

- Haben Sie zwei Objekte markiert und wählen dann die Verbindungslinie, fügt sie sich automatisch zwischen den Elementen ein. Alternativ zaubern Sie zunächst die Linie auf die Folie und verbinden dann ausgewählte Elemente miteinander. Die Linie ist mit einer Form verankert, sobald beim Andocken des blauen Punktes das Objekt kurz blau umrandet erscheint.
- Sollten Sie in iOS die Möglichkeit vermissen, Farbverläufe zu fabrizieren: Das geht leider nicht. Farbverläufe, die Sie unter OS X als Formstil gesichert haben, sind auch in iOS verfügbar, können jedoch nicht modifiziert werden.
- Um ein Objekt mit einer Folie, einer Website oder einer E-Mail zu verlinken, tippen Sie unter *Werkzeuge* auf *Präsentation – Werkzeuge* und anschließend auf *Interaktive Links*.

Links sind unabdingbar für den Präsentationstyp »Nur Links«.

Navigieren durch die Präsentation dank Hyperlinks

In den Präsentationswerkzeugen finden Sie auch die Möglichkeit, der Präsentation eine musikalische Untermalung hinzuzufügen (Soundtrack).

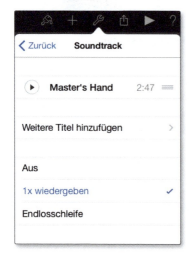

Die Musik startet, sobald die Vorführung beginnt.

Keynote
Tabellen & Diagramme

Kapitel 12

Tabellen und Diagramme eignen sich für die übersichtliche Darstellung von Zahlenmaterial, Prognosen und Gegenüberstellungen. So der Idealfall – unglücklicherweise führen aber gerade diese Formen der Visualisierung den Zuhörer oftmals ins Verständnischaos. Da wird eine Zahlenkolonne nach der nächsten aufgeblendet, die Zahlen sind kaum lesbar und grelle Farbtöne sollen signalisieren, was man doch nicht begreift.

Tabellen und Diagramme sind unverzichtbare Bestandteile vieler Präsentationen. Und wenn auch die Inhalte nicht immer bestechen, so sollte zumindest das Layout zum Hingucken animieren. Mit den Diagrammvorlagen lassen sich überaus attraktive und eindrucksvolle Schaubilder gestalten. Auch die Tabellenvorlagen können sich sehen lassen. Nun kommt es nur darauf an, was Sie daraus machen.

Tabellen erstellen

Tabellen zu schmieden und sie einigermaßen ansprechend zu gestalten ist zeitaufwendig. Umso erfreulicher ist es, dass Keynote für jedes Thema eine Palette mit optisch gelungenen Tabellenlayouts mitliefert.

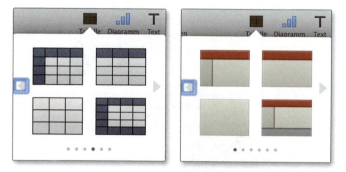

Tabellendesigns mit und ohne Rahmenlinien für jeden Anlass und jeden Geschmack

> **Tipp**
>
> Sowohl unter OS X als auch unter iOS lässt sich das Design der Tabelle jederzeit, auch nachdem Sie schon Text eingegeben haben, gegen ein anderes austauschen.

Alle wichtigen Hilfsmittel, die Sie brauchen, um die Tabelle zu erweitern, die Größe der Zellen zu variieren oder Daten zu sortieren, bieten die eingeblendeten Schaltflächen einer markierten Tabelle:

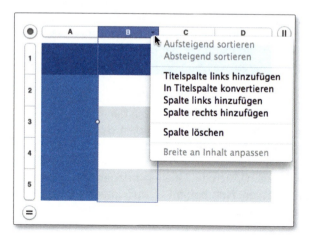

 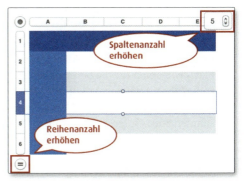

Mithilfe der temporären Leisten ist es darüber hinaus sowohl unter iOS als auch unter OS X recht einfach, ganze Spalten oder Reihen zu markieren, um diese zu verschieben. Klicken Sie an die entsprechende Stelle in die vertikale oder horizontale Leiste und schieben Sie die Reihe bzw. Spalte an die gewünschte Stelle.

Import von Tabellen

Importieren Sie eine Tabelle aus Präsentationen, die Sie mit früheren Programmversionen erstellt haben, so wird die Tabelle an das Look & Feel des aktuellen Themas zwar so gut es geht angepasst. Ein nachträglicher Austausch des Tabellenstils ist jedoch ebenso wenig möglich, wie den Stil aus einer anderen Präsentation zu sichern. Das bringt unter Umständen mühsame manuelle Nacharbeit mit sich.

Tabellen aus Numbers oder Excel lassen sich zwar nicht direkt importieren. Sie können die Tabelleninhalte jedoch immerhin per Copy & Paste in Keynote einfügen. Beim Einfügen erstellt das Programm automatisch eine Tabelle und verteilt die Inhalte in so viele Zeilen und Spalten, wie für die kopierten Daten benötigt werden. Sie brauchen dafür also vorher keine Tabelle zu erstellen!

Aufgepasst

Per Copy & Paste lässt sich eine Tabelle aus PowerPoint nicht importieren. Für diesen Fall ist es besser, die PowerPoint-Datei mit Keynote zu öffnen. Die auf diesem Weg in die Keynote-Präsentation gebrachte Tabelle wird einwandfrei angezeigt.

Daten eingeben

Ist lediglich die Zelle markiert und der Cursor unsichtbar, springen Sie mit der Tabulatortaste von links nach rechts durch die Tabelle. Haben Sie bereits Text eingegeben und wollen nun die nächste Zelle mit Daten füllen, so geht dies nur in Kombination mit der Optionstaste. Drücken Sie fürs Hüpfen von einer Zelle zur nächsten die Options- und Tab-Taste.

> **Tipp**
>
> Breite und Höhe der Zellen wachsen nicht automatisch mit dem eingegebenen Text. Bei jeder neuen Zeile wird die Größe der vorangegangenen Zeilen verringert, was zu Platzproblemen für die bereits eingegebenen Daten führen kann. Geben Sie an dieser Stelle Obacht bei der Arbeit mit Tabellen, da es keine Warnsignale gibt, die deutlich machen, ob Inhalte aus anderen Zellen dem nunmehr geringeren Platz unter Umständen zum Opfer gefallen sind und deshalb nicht mehr angezeigt werden!

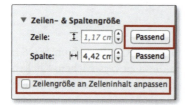

Skalieren Sie ausgewählte Zeilen oder aktivieren Sie die Option »**Zeilengröße an Zelleninhalt**« für die gesamte Tabelle.

Addieren, subtrahieren etc.: Rechnen Sie mit Keynote

Sie wollen innerhalb einer Tabelle Berechnungen anstellen und suchen die entsprechende Funktion? Geben Sie einfach das IST-Zeichen (=) in eine Zelle ein. Schon öffnet sich ein Feld, das wie in Tabellenkalkulationsprogrammen zu bedienen ist.

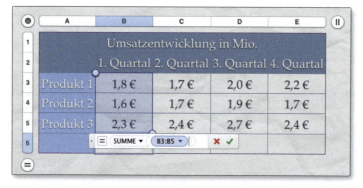

Die Eingabe geschieht über Mausklicks auf Zellen, deren Werte in die Rechenoperation mit einfließen sollen.

Für alle, die mit den früheren Programmversionen vertraut sind: Dieses Feld ist vergleichbar mit dem Formeleditor.

Tabellenzellen automatisch füllen

Wochentage, Monate oder numerische Werte, die aufeinander folgen (100, 101, 102 etc.), brauchen Sie nicht manuell einzugeben. Vorausgesetzt, Sie haben in der Rubrik Zelle das Datenformat auf Text umgeschaltet, bietet der Aktivpunkt praktische Unterstützung beim automatischen Füllen der benachbarten Zellen. Dieser gelbe Punkt wird sichtbar, sobald

Sie mit dem Mauszeiger auf eine Rahmenlinie fahren. Geben Sie einen Tag oder einen Monat ein und ziehen Sie den Aktivpunkt auf die weiteren Zellen. Die Eingaben erfolgen automatisch.
Unter iOS gibt es die Aktivpunkte leider nicht!

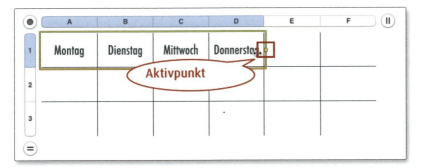

Bei der Eingabe von Inhalten mit erkennbarem Muster hilft der Aktivpunkt.

Das Format der Zellinhalte

Um welche Art Inhalt handelt es sich in Ihrer Tabelle? Um Stichpunkte? Um Zahlen mit Prozentangaben? Um Umsätze in Euro oder Dollar? Im Infofenster *Zelle* lässt sich das Format für die Zellinhalte genauer spezifizieren.

Zellenformate für die genaue Spezifikation der eingegebenen Werte

Aufgepasst

Währungszeichen, das Prozentzeichen und Brüche lassen sich **nicht** auf einen Zahlenwert übertragen, wenn Sie Zahlen und Text gemischt haben. Steht beispielsweise *3 Mio.* in einer Zelle, so kann dieser Wert nicht mit einem Währungsformat versehen werden.

Kapitel 12

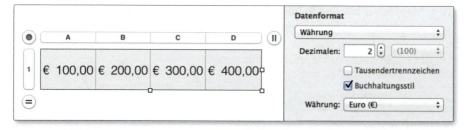

*Aktivieren Sie die Option »**Buchhaltungsstil**«, wenn Sie die Währung vor der Zahl angezeigt haben möchten.*

Bei **Datum & Uhrzeit** haben Sie die Wahl aus unterschiedlichen mehr oder weniger umfangreichen Angaben zum Wochentag und Monat. Dabei reicht es, wenn Sie nur 12.5.15 angeben. Keynote erledigt den Rest für Sie.

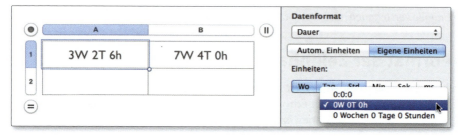

*Mit der Option **Dauer** gießen Sie eingegebene Zeiträume aus Wochen, Tagen, Stunden und Sekunden in ein einheitliches Format.*

Das Datenformat **Text** eignet sich für Texteingaben, aber auch für Zahlen, für die zwar keine speziellen Formate vorgesehen sind, die aber einem Muster folgen und die sich dafür eignen, mithilfe der Aktivpunkte auf andere Zellen übertragen zu werden wie die oben erwähnten Jahreszahlen oder aufsteigende Zahlenfolgen.

Den Zellhintergrund anpassen

Mehr Schwung und Dynamik für das Aussehen einer Tabelle erreichen Sie mit unterschiedlichen Füllungen für die Zellen. Wie bei der Titel- oder Spaltenzeile haben Sie auch bei den Zellen die Wahl aus den Optionen *Füllfarbe*, *Verlauf*, *Bild* und *Gefärbtes Bild*. Da die Zellen meistens mit Inhalt gefüllt sind, ist die Variante *Füllfarbe* vermutlich oft die beste. Oder wie wäre es, die Zeilenfarbe zu wechseln und eine gestreifte Tabelle anzulegen? Aktivieren Sie dazu die Option *Zeilenfarbe wechseln* und entscheiden Sie sich für eine schicke zweite Farbe.

Tabelle mit abwechselnder Zellenfarbe

Zellen mithilfe von Regeln hervorheben

Angenommen, Sie erstellen vierteljährlich eine Tabelle über die Umsatzentwicklung von drei Produkten. Alle Zahlenwerte, die unter dem erklärten Ziel von 1,8 Millionen Euro liegen, wollen Sie gesondert hervorheben. Nun könnten Sie diese Arbeit alle drei Monate manuell erledigen. Sie könnten das Markieren der Zellen aber auch von Keynote erledigen lassen.

Ob für Zahlen, Text, Zeitangaben oder Zeiträume: Keynote offeriert Ihnen eine stattliche Auswahl an Möglichkeiten, Regeln zu definieren.

Machen Sie Folgendes:

- Markieren Sie alle Zellen mit Zahlenwerten, klicken Sie in der Rubrik Zelle auf den Button *Bedingte Markierung* und anschließend auf *Regel hinzufügen*.
- In der Rubrik *Numbers* wählen Sie *Kleiner als* und tragen Sie in das Eingabefeld *1,8* ein.
- Alternativ zur manuellen Eingabe klicken Sie auf das Symbol am rechten Rand des Eingabefeldes und dann in die Zelle, in der 1,8 eingetragen ist.

Für das nächste Quartal brauchen Sie nur die Daten zu aktualisieren. Die Regel wird dann auf die neuen Zahlen übertragen.

- Um eine Regel wieder loszuwerden, klicken Sie auf die kleine Mülltonne, die sichtbar wird, sobald Sie mit dem Cursor in die Überschrift *Regel* fahren:

Keynote: Tabellen & Diagramme

Daten veranschaulichen: Diagramme

Keynote stellt die üblichen Diagrammtypen sowie gemischte Diagramme (*Gemischt* und *Sekundärachse*), in denen sich das Säulen- und Liniendiagramm in einer Abbildung überlagern, zur Verfügung.

Die namentliche Auflistung aller Diagrammtypen finden Sie im Menü »Einfügen | Diagramm«.

Tipp

Apropos Diagrammtyp: Möchten Sie das bestehende Diagramm gegen ein anderes austauschen, besteht diese Möglichkeit unter iOS in den Diagrammoptionen und unter OS X im Feld *Diagramm*, Rubrik *Diagrammtyp*.

Die Perlen dieser Angebotspalette sind die imposanten 3D-Diagramme sowie die interaktiven Diagramme, mit denen Sie während der Vorführung eindrucksvoll Bewegungen innerhalb der Datenreihen zeigen können.

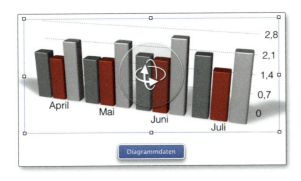

Bei 3D-Diagrammen erscheint automatisch ein Rotationswerkzeug, mit dem Sie den Winkel und den Blick auf das Diagramm einstellen.

In der Rubrik *3D-Szene* stehen zusätzliche Optionen bereit, mit denen Sie noch mehr Plastizität und Tiefenwirkung erreichen. Den Lichteffekt steuern Sie über das Auswahlmenü *Beleuchtungsart*. Sehr schön ist die Variante *Glänzend*. Dieser Effekt bringt noch mehr Leuchtkraft ins Diagramm.

Kapitel 12

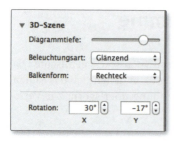

Noch mehr Leuchtkraft und Tiefe: Wenn schon 3D, dann auch richtig!

Ein Diagramm erstellen

Haben Sie sich erst einmal für ein Diagramm entschieden, geht es darum, Daten einzugeben. Unter OS X klicken Sie dafür auf den Button *Diagrammdaten*, in der Dialogauswahl von iOS auf *Bearbeiten*.

> **Tipp**
>
> Nichts ist verdrießlicher, als Zahlen abzutippen. Deshalb können Sie selbstverständlich Inhalte aus anderen Dokumenten – wie zum Beispiel aus einer Pages-, Numbers-, Excel-Datei – in den Dateneditor hineinkopieren. Auch Zahlenwerte, die Sie in eine Tabelle Ihrer Präsentation eingegeben haben, lassen sich zusätzlich für ein Diagramm verwerten. Oder haben Sie ein ähnliches Diagramm schon in PowerPoint oder mit einer älteren Version von Keynote erstellt? Dann empfiehlt es sich, die Präsentation, in der das Diagramm enthalten ist, zu importieren. Die Zahlenformate werden allesamt übernommen.

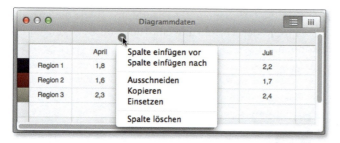

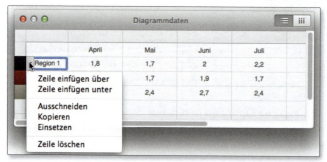

In den Kontextmenüs für die Spalten und Reihen finden Sie wichtige Bearbeitungstools.

Wollen Sie eine Spalte oder Zeile verschieben, klicken Sie im Dateneditor in die Zeilen- oder Spaltenüberschrift und ziehen diese mit gedrückter Maustaste an die gewünschte Stelle.

Interaktive Diagramme

Stellen Sie vor, Sie wollen die in den letzten Jahren kontinuierliche Aufwärtsbewegung Ihres Unternehmens per Diagramm darstellen. Oder Sie planen, die prognostizierten Absatzzahlen unterschiedlicher Produkte für die kommenden vier Jahre abzubilden. Beide Szenarien lassen sich mit den entsprechenden Zahlen in einem herkömmlichen Diagramm ansehnlich visualisieren. Spektakulärer, anschaulicher und eindrucksvoller wird das Ganze jedoch mit einem interaktiven Diagramm. Da bei diesem Diagrammtyp die Datensätze animiert auf die Leinwand kommen, erhalten die angezeigten Inhalte wie Wachstum, Expansionen und Entwicklungen eine sprichwörtliche demonstrative Dynamik. Und das alles ohne Mehraufwand, die das herkömmliche Animieren von Datenreihen mit sich bringt. Denken Sie also an die interaktiven Diagrammtypen, wann immer Sie zum Beispiel die Entwicklung eines einzelnen Werkes oder das Wachstum verschiedener Produkte oder Regionen innerhalb definierter Zeiträume darstellen wollen.

Die Wahl fällt …

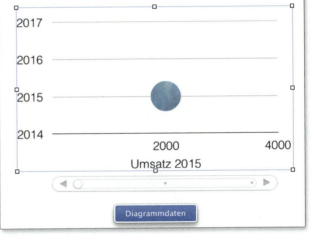

… auf das interaktive Sprechblasendiagramm. Mit der Leiste unterhalb des Diagramms können Sie die Bewegung in Gang setzen.

Besonderheiten: Diagrammtitel und Legenden

Oberhalb des Diagramms lässt sich auch ein Diagrammtitel einfügen. Dieser Titel wird zunächst einmal zentriert ausgerichtet. Sie können ihn nicht manuell umplatzieren, sondern nur über die Schaltflächen in der Rubrik *Diagrammtitel*.

Die Daten für die Diagrammlegende ändern Sie im Dateneditor. Unter OS X besteht zudem die Möglichkeit, die Daten direkt in der Legende zu modifizieren. Die Änderungen werden dabei automatisch vom Dateneditor übernommen.

Kapitel 12

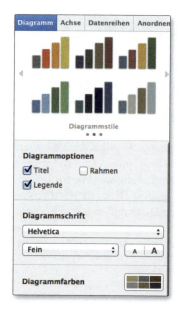

Jedes Diagramm lässt sich mit den Diagrammoptionen erweitern und modifizieren.

Achsen und Datenreihen

In der Rubrik Achse definieren Sie im Feld *Schritte*, wie viele Werte als Orientierung zwischen dem Minimalwert, der voreingestellt bei Null liegt, und dem Maximalwert auf der Y-Achse angezeigt werden. Die Eingaben für den Minimal- und Maximalwert können Sie individuell in die entsprechenden Kästchen eingeben. In der Rubrik *Wertebeschriftungen* entscheiden Sie, ob Sie die Werte mit einem Währungs- oder Prozentzeichen versehen möchten.

In den Achsenoptionen legen Sie u. a. die Schritte zwischen Minimal- und Maximalwert fest. Diagramm mit linearen Trendlinien

Ihr favorisiertes Diagramm als Stil definieren

Vielleicht haben Sie einen favorisierten Diagrammtyp und individuelle Layoutvorstellungen? Dann haben Sie die Möglichkeit, mit einem Klick auf das Pluszeichen im Fundus der Diagrammstile Ihr Diagramm als Stil für weitere Zwecke zu sichern. Diagramme, auf die Sie den neuen Stil anwenden, beinhalten alle Modifikationen, die Sie am Layout des Ursprungsdiagramms vorgenommen haben. Dazu gehören Farbänderungen an den Datenreihen, der Abstand zwischen den Datensätzen oder auch die Veränderung des Schriftbildes in der Legende bzw. in den Beschriftungen für die X- und Y-Achse.

Die Anzahl an Datenreihen liegt standardmäßig bei 6. Sobald Sie ein Diagramm als Stil definieren, wird ein Fenster eingeblendet, in dem angezeigt ist, dass alle definierten Attribute für sechs Datenreihen gelten. Haben Sie mehr als sechs Datenreihen hinzugefügt, wird das Diagramm ohne weitere Anstalten den Stilen beigefügt.

iOS

- Ein zunächst gewähltes Tabellenlayout können Sie jederzeit gegen ein anderes austauschen. Tippen Sie dazu einfach auf das gewünschte Design in der Tabellenauswahl.

Wenn Sie nachträglich ein anderes Design für geeigneter halten: Nur zu!

- In einer markierten Tabelle sind die vertikale und horizontale Leiste das grundlegende Arbeitsmittel.

Hinter den temporären Leisten einer markierten Tabelle stecken die wichtigsten Aktionen für das Anordnen von Zeilen, Spalten und Inhalten.

- Um zwei oder mehr Zellen miteinander zu verbinden, markieren Sie diese mithilfe des Punktes an der blauen Umrandung.

Das Kontextmenü bietet die Option »Verbinden« an.

- Die Tabelle gestalten Sie in den Tabellenoptionen: Abwechselnde Zeilen, Rahmen und Rasteroptionen brauchen Sie nur ein- oder auszuschalten.

Der Tabellenname kann anschließend überschrieben werden.

Keynote: Tabellen & Diagramme

- Markierte Zellen bearbeiten Sie in der Rubrik *Zelle*.
- Um eine Reihe oder Spalte zu verschieben, legen Sie die Fingerkuppe an die entsprechende Stelle in der Leiste. Die gesamte Reihe oder Spalte hüpft daraufhin ein wenig aus der Tabelle heraus, was für Sie das Zeichen ist, mit dem Verschieben starten zu können.
- Ist eine Zelle markiert (und nur dann, denn solange der Cursor innerhalb einer Zelle blinkt, bleiben die Formate verborgen), finden Sie in der Rubrik *Format* die Möglichkeit, Zelleninhalte genauer zu spezifizieren.

Hinter dem (i) stecken weitere Optionen.

- Berechnungen innerhalb einer Tabelle sind ebenso wenig möglich wie das Definieren von Regeln für bedingte Markierungen. Da der Aktivpunkt fehlt, ist das automatische Füllen von Zellen mit Wochentagen oder aufeinanderfolgenden Zahlen ausgeschlossen.

Diagramme

- Sie haben die Wahl aus 2D, 3D und interaktiven Diagrammen. 2D und 3D unterscheiden sich nicht nur optisch, 3D-Diagramme lassen sich mithilfe des mittigen Symbols drehen und in den Diagrammoptionen mit mehr Tiefe versehen. Bei interaktiven Diagrammen können Sie während der Präsentation zum Beispiel die Balken wachsen lassen. Für die Feineinstellung, etwa die Beschriftung der X- und Y-Achsen, markieren Sie das Diagramm und tippen auf das Pinselsymbol.
- In den Diagrammoptionen haben Sie Gelegenheit, einen Diagrammtyp gegen einen anderen auszutauschen.
- Tippen Sie im Kontextmenü eines markierten Diagramms auf *Bearbeiten*, um das Schaubild mit Daten und Zahlen zu füttern.

Kapitel 12

	Schweden	Frankreich	Deutschland	Polen	
Produkt 1	17	26	53	96	
Produkt 2	55	43	70	58	
Produkt 1	20	40	60	80	

Hinter dem Zahnradsymbol oben links finden Sie die Option, Zeilen oder Spalten als Datenreihe darzustellen.

Keynote
Bewegung: Übergänge und Animationen

Kapitel 13

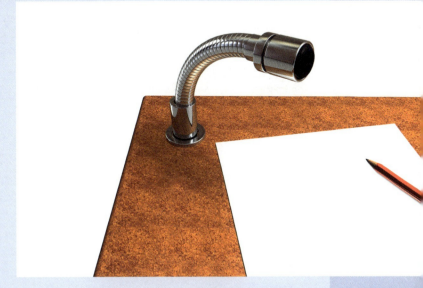

Bringen Sie Bewegung in Ihre Präsentation: Folienübergänge und nacheinander eingeblendete Elemente wecken Neugier und entfachen das Interesse – vorausgesetzt die Dosierung stimmt! Mit Animationen synchronisieren Sie das Erscheinen von Textelementen oder Bildern mit Ihrer Rede. Informationen werden nicht mehr vorweggenommen, und Ihr Publikum hält sich nicht mit dem Lesen des gesamten Inhalts der Folie auf, während Sie noch den ersten Punkt erläutern. Zudem steuern Sie mit Animationen gezielt die Aufmerksamkeit Ihrer Zuhörer. Die Spannung bleibt erhalten. Doch lassen sich nicht nur die Elemente einer Folie mit einem Effekt versehen. Auch durch die Übergänge von einer Folie zur nächsten kann Schwung hineingebracht werden. Und was für einer! Je nach Anlass bietet Ihnen Keynote die Chance, die Funken sprühen zu lassen, mit einem Konfettiregen eine neue Folie an die Leinwand zu werfen oder sprichwörtlich die Türen zu öffnen für einen weiteren Gesichtspunkt.

Grandios von einer Folie zur nächsten

Die meisten Übergangseffekte sind wie ein Tusch für die neue Folie. Effekte wie *Schimmern* und *Türen* sind geradezu hollywoodesk. Das klingt alles ganz gewaltig und aufwendig. Doch nichts ist einfacher, als einer Folie einen Übergang zuzuweisen.

Die Folienübergänge legen Sie für jede einzelne Folie fest. Dazu klicken Sie im Navigator auf die entsprechende Folie und wählen den Übergang mit einem Klick auf *Animieren | Effekt hinzufügen* aus.

Unter OS X sind die Effekte thematisch gegliedert, unter iOS nur alphabetisch.

> **Tipp**
>
> Oder Sie nehmen diese Aktion in der Ansicht *Leuchttisch* vor. Vorteil: Sie haben alle Folien im Blick und sehen so besser, zwischen welchen Folien ein Übergang angebracht ist. In beiden Ansichten haben Sie auch die Möglichkeit, mehreren Folien gleichzeitig einen Folienübergang zuzuweisen, und zwar mit gedrückter ⌘-Taste.

Im Feld *Dauer & Richtung* finden Sie für fast jeden Übergang Alternativen für das »Woher« und »Wohin« des Effekts. Außerdem geben Sie hier manuell oder über die Pfeiltasten das Tempo ein, mit dem der Effekt angezeigt wird. Die maximale Dauer beträgt 60 Sekunden, die ein Zuschauer wahrscheinlich nur dann geduldig über sich ergehen lässt, wenn die nächste Folie der Megaknüller ist.

Warum nicht auch mal eine andere Richtung als immer nur von links nach rechts.

Im Auswahlmenü *Übergang starten* definieren Sie, zu welchem Zeitpunkt die nächste Folie eingeblendet wird. Bei der Option *Durch Klicken* geben Sie als Präsentator den Takt für die Abfolge vor. Das genaue Gegenteil ist die Option *Automatisch*. Hierbei besteht keinerlei Möglichkeit, die Dauer der Einblendezeiten von Folien während der Bildschirmpräsentation zu beeinflussen. Geben Sie in das Feld *Verzögerung* deshalb ausreichend viel Zeit ein fürs Lesen und Betrachten der Folieninhalte. Checken Sie das Resultat am besten direkt im Vorführmodus. Mit der Esc-Taste kehren Sie in das Dokument zurück und können hier die Eingaben bei Bedarf optimieren.

Folien mit Übergang erkennen Sie am blauen Dreieck in der rechten Ecke der Miniaturbilder.

Magische Momente: Ausgewählte Übergänge

Stellen Sie sich vor, Sie erläutern eine Abbildung oder eine Grafik. Dieses Objekt ist prominent auf der Folie platziert. Auf der nächsten Folie geht es zwar immer noch um die Abbildung oder die Grafik, im Vordergrund stehen nun aber technische Details, die als Text in einem Platzhalter stehen. Damit die Zuhörer das Objekt weiterhin vor Augen haben, platzieren Sie es als verkleinerte Version auf der nächsten Folie. So weit, so langweilig und herkömmlich. Wie wäre es stattdessen, diesem Wechsel von einer Folie zur nächsten mehr Magie zu geben, und zwar so, dass das Objekt wie von Zauberhand auf die nächste Folie bewegt und platziert wird?

Wahrscheinlich ahnen Sie es bereits: Es geht um den Übergang Zauberei, bei dem Grafik- und Textelemente beim Übergang von ihren Positionen an neue Positionen auf die nächste Folie bewegt werden. In der Abbildung sehen Sie eine Bildcollage, die sich über die gesamte

Folie erstreckt. In der zweiten Folie sind die verkleinerten Bilder am rechten Folienrand positioniert. Diese Verschiebung sehen die Zuschauer als animierte Bewegung. Probieren Sie's aus!

Die Bilder werden per Zauberei von der ersten auf die zweite Folie gebracht.

Am einfachsten erzeugen Sie einen Übergang „Zauberei", indem Sie eine Folie erstellen, ihr Objekte hinzufügen, die Folie danach duplizieren und die Objekte auf der duplizierten Folie neu anordnen, vergrößern, verkleinern und/oder neu ausrichten. Alle Objekte, die auf beiden Folien zu sehen sind, werden zu einem Bestandteil des Übergangs. Schrittweise heißt das:

- Erstellen Sie zunächst eine Folie nach Ihren Wünschen. Klicken Sie anschließend auf die Miniaturansicht dieser Folie und duplizieren Sie sie mit der Tastenkombination ⌘ – D.
- Ändern Sie nun die Größe und Position der Elemente, die von der einen zur anderen Folie bewegt werden sollen, und löschen Sie alle anderen, für den Übergang nicht benötigten Objekte. Objekte, die nur auf der ersten Folie zu sehen sein sollen, werden langsam ausgeblendet. Die neuen Objekte auf der nachfolgenden Folie werden langsam eingeblendet.
- Das Duplikat können Sie selbstverständlich mit weiteren Elementen wie Überschrift, Text und zusätzlichen Grafiken bestücken.

Sind diese Vorarbeiten erledigt, haben Sie zudem die Möglichkeit, Objekte und Texte miteinander abzugleichen:

- Objektweise: Ein Objekt der ersten Folie wird in ein ähnliches Objekt auf der zweiten Folie verwandelt.
- Wortweise: Ein oder mehrere Wörter werden an neue Positionen auf der zweiten Folie bewegt. Das erweckt den Eindruck, als bildeten die neu positionierten Wörter wie von selbst einen neuen Satz.

- Zeichenweise: Ähnlich wie bei der Option Wortweise wirken die neu positionierten Zeichen auf der zweiten Folie, als setzten sie sich höchstpersönlich zu einem neuen Wort zusammen.

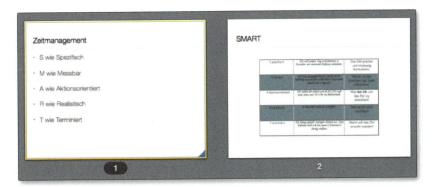

Bei diesem zeichenweisen Abgleich scheint es, als bewegten sich die Buchstaben SMART aus der ersten Folie eigenhändig in die Überschrift SMART der zweiten Folie.

Grundlagen

Unter iOS werden Sie direkt nach Ihrer Entscheidung für den Übergang *Zauberei* gefragt, ob Sie ein Duplikat erstellen wollen.

Texteffekte

Für eine wirkungsvolle Präsentation sind Kernbotschaften das A und O. Um diesen Botschaften auch optisch Strahlkraft zu geben, sind die Texteffekte ganz wunderbar. Angenommen, Sie stellen auf der aktuellen Folie einige Aussagen dar. Eine dieser Aussagen wollen Sie auf der nachfolgenden Folie noch einmal optisch anspruchsvoll hervorheben und um ein Beispiel ergänzen. Für diesen Fall eignen sich die Effekte *Funken*, *Schimmern* und *Schwingen*.

Kapitel 13

Von einer Folie zur nächsten mit dem Übergang »Funken«…

… neuen Text einblenden.

Außerdem erzielen Sie einen Hingucker, wenn Sie aus einem Platzhalter mit mehreren Argumenten nur ein einziges mit einem Texteffekt auf die nächste Folie bewegen. Kopieren Sie für diesen Zweck den Platzhalter oder duplizieren Sie die Folie und löschen Sie alle nicht mehr benötigten Aussagen.

Objekteffekte

Angenommen, Sie erläutern mithilfe eines Diagramms oder einer Tabelle einen komplexen Sachverhalt. Auf der nächsten Folie möchten Sie nur einen Ausschnitt zeigen, der Ihre Aussage untermauert. Für diesen Zweck sollten Sie zum Übergang *Objekt zoomen* greifen. So zeigen Sie auf der aktuellen Folie zum Beispiel die gesamte Tabelle oder Grafik und auf der nachfolgenden lediglich einen Ausschnitt.

Am einfachsten ist es, Sie duplizieren die aktuelle Folie und schmieden das Objekt in der Kopie zurecht. Auch lassen sich mit diesem Übergang schöne Effekte erzielen, wenn Sie zum Beispiel auf einer Folie Erläuterungen in tabellarischer Form zeigen und auf der nächsten eine Zahl oder einen Begriff in eine grafische Form gegossen haben.

Ein Auszug aus einer Tabelle wird auf der nächsten Folie besonders hervorgehoben.

Text und Objekte animieren

Animationen sind spezielle visuelle Effekte, die Sie auf Text oder andere Objekte wie Diagramme oder Bilder anwenden. Jedes markierte Objekt kann animiert werden, und zwar sowohl beim Aufbau grafischer Sachverhalte als auch bei deren Abbau. So ergibt der Effekt *Diffus*, der ein Objekt aus dem Bild verschwinden lässt, nur in der Liste *Abbau* Sinn, der Effekt *Erscheinen* wiederum ist nur für den Aufbau interessant.

Animierte Objekte werden in einer von Ihnen festgelegten Reihenfolge auf der Folie eingeblendet. So lassen sich Aufzählungen einzeln oder in Gruppen einblenden. Tabellen können schrittweise nach Zeile, Spalte oder Zelle auf die Folie gebracht werden. Und bei Diagrammen haben Sie die Wahl aus einem Aufbau nach Datenreihen oder nach Datensätzen.

Eine weitere Variante für Animationen sind Aktionen, für die Sie einen Weg festlegen, den das Objekt während der Vorführung nimmt. Mit den animierten Aktionen bringen Sie Textfelder und Grafiken quasi zum Tanzen. Mehr dazu lesen Sie im Abschnitt weiter unten.

In diesem Fenster definieren Sie die Einstellungen für Ihre Animationen.

Folien, auf denen Objekte animiert sind, erkennen Sie in der Darstellung *Navigator* und *Leuchttisch* an drei kleinen Kugeln am rechten oberen Rand.

> **Power User**
>
> Für Platzhalter mit Text oder für Textfelder hält Keynote ein besonderes Bonbon für Sie bereit: Effekte wie *Ausbreiten*, *Herunterfallen*, *Hineinbewegen* oder *Überblenden* sind mit den speziellen Zeichen- und Worteffekten *Zeichen für Zeichen* und *Wort für Wort* ausgestattet, die schicke Texteinblendungen bewirken.

Zeichen- und Worteffekte sorgen für Abwechslung bei textlastigen Folien.

> **Tipp**
>
> Wollen Sie eine ganze Objektgruppe gleichzeitig einblenden, gruppieren Sie diese zunächst auf der Folie.

Animieren mit Aktion

Bei den bisherigen Animationen ging es um das Einblenden oder Ausblenden von Objekten am bereits vorher definierten Platz. Wenn Sie ein Objekt mittig platziert haben, so erscheint es auch mit dem Animationseffekt in der Mitte der Folie. Mit den Animationseffekten in der Rubrik *Aktion* sorgen Sie im wahrsten Sinne für Bewegung auf der Folie, da sich mit ihnen markierte Objekte kreuz und quer über die Folie bugsieren lassen.

Was bei den herkömmlichen Animationseffekten nicht funktioniert – Objekte oder einzelne Wörter zu verkleinern oder zu vergrößern –, ist mit den Aktionen schnell bewerkstelligt. So lässt sich ein Objekt oder ein Schlüsselbegriff zum Beispiel durch die Möglichkeit des Skalierens besonders hervorheben.

Keynote: Bewegung: Übergänge und Animationen

Die unscheinbare Folie wird durch das Skalieren der Kernaussage um immerhin 350% geradezu spektakulär.

Um Dynamik in Objekte und Textfelder zu bringen und sie über die Folie förmlich tänzeln zu lassen, wählen Sie eine Aktion im Abschnitt *Einfach* aus.

Nachdem Sie sich für einen Effekt entschieden haben, beginnt die eigentliche Arbeit.

Sobald Sie einen Effekt ausgewählt haben, wird eine nahezu identische Version des markierten Objekts erstellt. Mit einem Klick auf das rote Symbol unterhalb des durchschimmernden Objekts (das Symbol, das Ähnlichkeit mit der Schweizer Flagge hat) fügen Sie weitere Zwillinge sowie Linien hinzu, die den Weg anzeigen, die das animierte Objekt während der Vorführung zurücklegen wird. Sie können sogar ein Objekt während Ihrer Vorführung zum Verschwinden bringen. Ziehen Sie dazu den letzten transparenten Zwilling einfach gänzlich aus der Folie heraus. Doch damit noch immer nicht genug: Über die Anfasspunkte lässt sich sogar die Größe der einzelnen Elemente variieren bzw. der Weg des Objekts kurvenreich gestalten, was noch mehr Dynamik und Spannung verheißt.

Kapitel 13

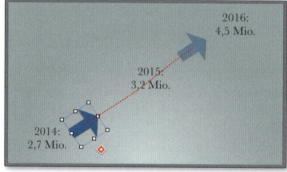

Mit einem Bogen oder einer steilen Linie in die Zukunft weisen.

Die Reihenfolge der Animation

Nun haben Sie vielleicht alle Objekte auf einer Folie animiert, sind aber noch nicht ganz zufrieden mit der Dramaturgie, sprich mit der Reihenfolge der Einblendungen? Dann brauchen Sie das Fenster *Reihenfolge der Animationen*, das Sie mit einem Klick auf den entsprechenden Button öffnen und in dem Sie die Liste der Animationseffekte für die einzelnen Objekte sehen. Sie ändern die Reihenfolge, indem Sie eine Sequenz mit gedrückter Maustaste an die Wunschposition ziehen.

Seien Sie Regisseur und legen Sie fest, wann die Objekte die Bühne betreten.

Im unteren Bereich des Fensters legen Sie fest, wann die Animation starten soll. Beim ersten Objekt haben Sie nur die Wahl aus *Klicken* und *Übergang*. Bei allen weiteren ist die Liste ergänzt um die Optionen *Mit* oder *Nach* [Ziffer] einem vorausgegangenen Objekt. Das ist sehr praktisch, da Sie mit diesem Verfahren mehrere Elemente gleichzeitig auf die Bühne bringen können.

iOS: Übergänge und Animationen

- Sie finden die Option *Übergang* im Dialogfeld zu einer Folie. Solange Sie im Modus *Animieren* bleiben, haben Sie Zugriff auf das komplette Angebot an Effekten für den Übergang von einer Folie zur nächsten.

Tippen Sie auf Vorführen und probieren Sie die einzelnen Effekte aus.

> **Aufgepasst**
>
> Einzelne Übergänge wie die Zauberei oder Text- und Objekteffekte werden weiter oben ausführlich beschrieben.

- Ob Sie einer Folie einen Übergang zugewiesen haben, erkennen Sie nur im Bearbeitungsmodus, und zwar an einem kleinen orangefarbenen in der rechten Ecke.
- In den Optionen definieren Sie die Dauer des Übergangs. Außerdem finden Sie hier für die meisten Effekte eine Drehscheibe, mit der Sie die Richtung, aus der der Übergang auf der Folie erscheint, einstellen.
- Wann soll der Übergang gestartet werden? *Per Tippen* ist die gängigste Variante, da Sie der Präsentator sind und das Tempo steuern. Die Option *Nach vorigem Übergang* ist für Folien geeignet, die beispielsweise direkt nach der Einspielung eines Films gezeigt werden.

Objekte animieren

- Wenn Sie Objekte animieren wollen, haben Sie sich zunächst zu entscheiden: für einen effektvollen Auftritt des Objekts oder einen mit Verve versehenen Abtritt.

Auch Objekte können mit Pomp auf- oder abtreten.

- Haben Sie sich erst mal für einen Effekt entschieden, geht es an den Ablauf und die Abfolge: alles auf einmal oder doch lieber gegliedert nach Datensätzen und Inhalten?

 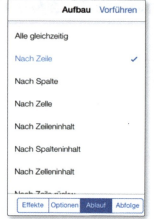

Das Einblenden nach Datensätzen bei Diagrammen und Zeilen oder Spalten bei Tabellen erhöht die Dramaturgie.

> **Aufgepasst**
>
> Das Animieren mit Aktion, mit der Objekte über die Folie bewegt werden, geht unter iOS nicht.

Keynote
Fürs Publikum: Feinschliff, Präsentation, Weitergabe

Kapitel
14

Wer viel Zeit in das Erarbeiten und Bearbeiten von Folien gesteckt hat, möchte natürlich auch beim Präsentieren glänzen. Dazu gehören das Anordnen der Folien, das Korrekturlesen und natürlich auch die Generalprobe.

Vielleicht möchten Sie die Präsentation aber gar nicht live halten, sondern anderweitig unters Volk bringen? Dann haben Sie verschiedene Möglichkeiten, die Datei zu exportieren, damit Ihre Leser in den Genuss Ihrer Ausführungen kommen.

Oder Sie wollen die Inhalte zunächst mit Kollegen oder Geschäftspartnern diskutieren und mit ihnen gemeinsam an der Präsentation arbeiten. Für diesen Zweck gibt es die Möglichkeit, die Datei in der iCloud bereitzustellen und sie entweder auf einem iOS-Gerät oder im Browser weiterzubearbeiten.

Sind die Folien erst mal erstellt, geht es oft ans Feintuning: die Reihenfolge eventuell ändern, hier und da ein Argument gegen ein noch stärkeres auswechseln, Folien ausklammern oder Notizen hinzufügen. Für das Strukturieren und Organisieren der Folien sind die unterschiedlichen Darstellungsarten hilfreich, um sich Stichpunkte zu notieren, die auch während der Präsentation eingeblendet werden, dienen die Moderatornotizen. Und damit nichts auf einer Folie vergessen wird, leistet ein Notizzettel gute Dienste.

Im Auswahlmenü »Darstellung« finden Sie hilfreiche Ansichten fürs Feintuning.

Feintuning in der Darstellung »Gliederung«

- Sind die Texte stimmig, kurz und prägnant? Werden Zusammenhänge durch unterschiedliche Textebenen verdeutlicht? Ist die Rechtschreibung korrekt? All diese Fragen lassen sich am einfachsten in der Darstellung *Gliederung* klären. Sie können Texte korrigieren oder austauschen, Tabulatoren setzen und Ebenen verschieben.

> **Aufgepasst**
>
> In der Ansicht *Gliederung* werden nur Texte eingeblendet, die Sie in die Platzhalter eingegeben haben. Wem die Schrift in dieser Ansicht zu klein ist, kann sie in den Einstellungen *Allgemein* auf immerhin 48 pt vergrößern.

- Wenn Sie feststellen, dass die Stichpunkte einer Folie unterschiedliche Aspekte beinhalten, machen Sie aus dieser einen Folie am besten zwei. Dazu markieren Sie die Zeile, platzieren den Mauszeiger auf das Aufzählungszeichen und ziehen den Text mit gedrückter Maustaste nach links. Der markierte Text erscheint nun als Überschrift auf einer neuen Folie. Alle nachfolgenden Zeilen werden automatisch als Aufzählungen mit auf die neue Folie gezogen.

Aus einer Folie machen Sie in nur einem Schritt zwei.

- Die Tabulator-Taste ↹ drücken Sie, um eine Zeile einzurücken. Auf diese Weise lassen sich beliebig viele Hierarchieebenen erstellen. Wollen Sie die Zeile wieder um eine Ebene höher rücken, drücken Sie die ⇧- und Tabulatortaste ↹.

- ▭ Mit einem Doppelklick auf das Folienzeichen zwischen Nummerierung und Überschrift blenden Sie die Aufzählungen einer Folie aus. Das verschafft Ihnen mehr Platz und Übersicht im Navigator und ist zugleich eine intelligente Methode, die Arbeit an der entsprechenden Folie für abgeschlossen zu erklären. Um für alle Folien nur die Überschrift einzublenden, klicken Sie im Menü *Folie* auf *Alle reduzieren*. Mit dem Befehl *Alle erweitern* wird die Reduzierung wieder aufgehoben.

Die Folien sortieren: Der Leuchttisch

Auf dem Leuchttisch strukturieren Sie Ihre Präsentation und legen die Reihenfolge für die Folien fest. Dabei können Sie die Folien wie Zettel auf einem Tisch hin- und herschieben, bis der Ablauf für Sie stimmig ist. Folien, die Sie für die kommende Präsentation nicht benötigen, klammern Sie mit der Tastenkombination ⌘ – ⇧ – H (das H steht für *Hide*) aus und bei Bedarf auch wieder ein. Alternativ verwenden Sie den Befehl *Folie überspringen* im Menü *Folie*.

Moderatornotizen

Wäre es nicht großartig, für die Präsentation keine Stichwortkarten zu benötigen? Deshalb brauchen Sie aber nicht alles auswendig zu lernen, schließlich gibt es das Eingabefeld *Moderatornotizen*.

Grundlagen

Noch raffinierter ist es, die Notizen in der Testumgebung einzugeben, da Sie hier bereits einen Blick auf die nächste Folie bzw. das nächste animierte Objekt werfen können. Klicken Sie dafür im Menü *Vorführung* auf *Präsentation testen*.

> **Tipp**
>
> Bei einer Bildschirmpräsentation lassen sich die Notizen auf dem zweiten Monitor, also verborgen für die Augen des Publikums, anzeigen. Die Notizen sind so etwas wie ein Teleprompter, der Ihnen zeigt, was es zur jeweiligen Folie zu sagen gilt.

Dran denken: Kommentare

»Prüfen, ob Zahlen noch aktuell sind«, »Knackigere Überschrift finden!«, »Bild austauschen gegen aussagekräftigeres« – solche Gedanken schießen einem beim Erstellen von Folien oftmals durch den Kopf. Damit sie nicht vergessen werden und die Präsentation deswegen Fehler im Detail aufweist, gibt es die Kommentarzettel. Diese virtuelle Variante der bekannten Post-it-Zettel dient als Erinnerungsstütze für alle noch zu erledigenden Dinge.

Wenn Sie mit Kollegen oder Geschäftspartnern an derselben Präsentation arbeiten, ist es natürlich sinnvoll, mit Autorennamen zu arbeiten. Ihren Namen geben Sie in den Einstellungen *Allgemein* ein.

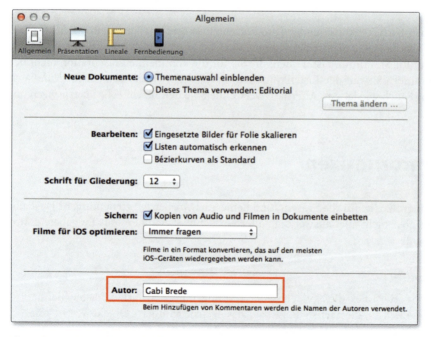

Ihren Namen, bitte, damit die Mitstreiter wissen, wer was notiert hat.

Die Generalprobe

Nichts kostet den Präsentator so viele Sympathien wie die maßlose Überschreitung der Zeit. Proben Sie deshalb den zeitlichen Ablauf Ihrer Präsentation. Dies geht am besten in einer Testumgebung. Diese Umgebung starten Sie im Menü *Vorführen | Präsentation testen*.

> **Tipp**
>
> Da Sie vermutlich häufig Gebrauch machen von diesem Vorführmodus mit Timer und eingeblendeten Moderatornotizen, ist es sinnvoll, das Icon für diese Funktion in die Symbolleiste zu integrieren. Klicken Sie dazu mit rechter Maustaste auf einen Bereich in der Leiste, wählen Sie *Symbolleiste anpassen* und ziehen Sie das Icon *Testen* mit gedrückter Maustaste an die gewünschte Stelle.

In diesem Modus sind jeweils zwei aufeinanderfolgende Folien eingeblendet, sodass Sie vertraut werden mit dem Ablauf der Präsentation. Sind Objekte animiert, sehen Sie im rechten Fenster die jeweils nächste Animation, die per Mausklick nach links rückt. Synchronisieren Sie Ihre Rede mit den eingeblendeten Animationen. Klappt das? Oder sind die Animationen eventuell zu kleinschrittig?

Der Vorführmodus bietet aber noch viel mehr. So können Sie zum Beispiel alternativ zum Timer für die verstrichene Zeit einen Timer einblenden, in dem Sie die für Ihre Präsentation zur Verfügung stehende Zeit eingeben.

Der Timer für die verbleibende Zeit zeigt h:min:sec.

Haben Sie Moderatornotizen erstellt, können Sie in diesem Modus checken, ob die Notizen ausreichen oder gar zu umfangreich sind und deshalb eher irritieren. Bei sehr umfangreichen Notizen blättern Sie mit der Taste D (Down) von oben nach unten durch die Anmerkungen und mit der Taste U (Up) von unten nach oben.

> **Power User**
>
> Übrigens können Sie sich im Testmodus mit der iPhone-Fernsteuerung durch die Präsentation bewegen.

Von Folie 23 auf Folie 5: Der Folienwechsler

Stellen Sie sich vor, Sie sind auf Folie 23 angelangt und ein Zuhörer möchte unbedingt noch einmal erklärt bekommen, was diese Ausführungen mit den Informationen auf Folie 4 zu tun haben. Kein Grund, ins Schwitzen zu geraten. Werfen Sie einfach den Folienwechsler an, indem Sie die Nummer der Folie eingeben. Schon wird am linken Bildschirmrand eine Leiste mit Miniaturen Ihrer Folien angezeigt, wobei Ihre gewünschte Folie blau umrandet ist. Die Foliennummer können Sie auch jederzeit manuell überschreiben. Mit einem Klick auf die Returntaste erscheint die ausgewählte Folie in voller Größe auf dem Bildschirm.

> ### Grundlagen
> Haben Sie einen zweiten Moderatormonitor angeschlossen, wird der Folienwechsler nur auf diesem Monitor angezeigt. Auch wer die Präsentation mit Keynote Remote steuert, kann den Folienwechsler nur über die Tastatur starten, da Keynote Remote diese Funktion nicht bereitstellt.

Mit dem Folienwechsler kommen Sie schnell zur gewünschten Folie.

Der Folienwechsler sorgt für mehr Flexibilität während einer Präsentation. Wollen Sie zu einer bestimmten Folie zurückkehren oder auf den Inhalt einer anderen Folie früher als geplant zugreifen, brauchen Sie nur die Nummer einzugeben. Und falls Sie mal eine bestimmte Folie suchen, blättern Sie bequem mit den Pfeiltasten vor oder zurück.

Die Wiedergabearten

Die Folien auf dem Monitor oder per Beamer als Großbildprojektion abzuspielen ist die wohl gängigste Art einer Präsentation. Keynote bietet Ihnen weitere Vorführmöglichkeiten:

die selbstablaufende Präsentation, die automatisch wie ein Film abgespielt wird, sowie die Präsentation nur über Hyperlinks.

Es muss nicht immer der normale Präsentationstyp sein.

Beamerpräsentation

Für eine Präsentation vor Publikum wird meistens ein Beamer verwendet, der an den Rechner angeschlossen wird, auf dem die Präsentation liegt. Alternativ zum Projektor kann ein zweiter Monitor angeschlossen werden. Bei beiden Varianten lässt sich Ihr Bildschirm als Moderatormonitor einrichten, auf dem Notizen und weitere Informationen wie Ablaufzeit oder verbleibende Zeit angezeigt werden. Alles, was auf dem Moderatormonitor eingeblendet wird, bleibt den Augen der Zuschauer verborgen.

Die folgenden Konfigurationen können Sie erst ausführen, wenn der Beamer oder der zweite Bildschirm angeschlossen ist.

- Öffnen Sie die *Systemeinstellungen | Monitor* und klicken Sie auf den Reiter *Anordnen*. Per Voreinstellung sind beide Monitore synchronisiert, das heißt, auf Ihrem Rechner wird genau das Gleiche angezeigt wie auf der Leinwand. Deaktivieren Sie die Option.

> **Tipp**
>
> Wenn Sie die Präsentation mit zwei Beamern auf zwei Leinwänden projizieren oder auf zwei Rechnern zeigen wollen, müssen Sie gar nichts weiter unternehmen.

- Die weiße Linie oberhalb des Monitorsymbols markiert die Menüleiste. Falls Sie diese auf dem anderen Monitor brauchen, ziehen Sie sie mit gedrückter Maustaste auf die obere Kante des zweiten Bildschirmsymbols.

Kapitel 14

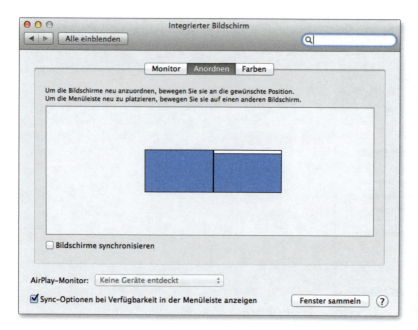

Ein zweiter Bildschirm steht zur Verfügung.

Eigenständige Präsentationen

Selbstablaufende Präsentationen eignen sich zum Beispiel für Messestände, an denen eine Unternehmenspräsentation im Hintergrund als Endlospräsentation abläuft, oder für Infosäulen, an denen man sich schlau macht zu Reisezielen oder neuen Produkten.

- In einer eigenständig ablaufenden Präsentation hat der Betrachter keinen Einfluss darauf, wann die nächste Folie sowie die nächsten animierten Elemente eingeblendet werden. Eine Interaktion ist ausgeschlossen. Deshalb geben Sie im Infofenster Präsentation Werte ein, nach denen Übergänge und animierte Objekte automatisch gestartet werden.
- Aktivieren Sie in der Rubrik *Einstellungen für Präsentation* die Einstellung *Präsentation als Endlosschleife*, wenn Sie möchten, dass die Folien wieder und wieder gezeigt werden.
- Normalerweise wird eine Präsentation mit der Esc-Taste gestoppt. Um dies bei einer eigenständig ablaufenden Präsentation zu verhindern, aktivieren Sie die Option *Kennwort für das Beenden der Präsentation erforderlich*. Nun bedarf es des Administratorkennwortes für den Rechner, auf dem die Präsentation gezeigt wird, um die Präsentation zu beenden.

Präsentationen nur mit Links

Bei der Wiedergabeart *Nur Links* navigiert der Betrachter durch die Präsentation mithilfe der Symbole, die Sie als Steuerelemente definiert haben. Freilich ergibt diese Wiedergabe nur dann Sinn, wenn auf jeder Folie Links eingefügt sind.

Weitere Informationen über das Erstellen von Links lesen Sie im Kapitel *Bilder und Objekte,* Abschnitt *Links erstellen.*

Die Präsentation mit Keynote Remote steuern

Wer nicht wie ein Zinnsoldat neben dem Rechner stehen und über die Pfeiltasten von einer Folie zur nächsten schalten möchte, greift zu einer Fernbedienung. Und wer ein iOS-Gerät besitzt, der braucht nicht mal mehr an eine Funkmaus oder ein anderes separates Gerät zu denken, sondern steuert mit seinem Handy bzw. iPad durch die Präsentation. Da Apple die Funktion *Keynote Remote* direkt in die Keynote-App integriert hat, lässt sich das Programm als Fernbedienung für Präsentationen auf dem Mac und auf iOS-Geräten nutzen. Voraussetzungen dafür sind

- eine funktionierende WLAN-Verbindung zwischen dem Mac-Rechner und dem iOS-Gerät oder alternativ eine Bluetooth-Verbindung,
- die eingeschaltete Option *Fernbedienungen* in den Einstellungen von Keynote bzw. auf dem iOS-Gerät in den *Werkzeugen | Präsentation-Werkzeuge*.
- Auf dem iPhone brauchen Sie nur auf das Symbol *Remote* in der Symbolleiste zu tippen und anschließend auf *Geräte*, damit Ihr Rechner eine Verbindung zum Handy aufnehmen kann.

*Nun noch auf **Bestätigen** klicken – und schon lässt sich die Präsentation mithilfe des iOS-Geräts abspielen.*

Die Präsentationshilfe fürs ferngesteuerte Weiterblättern von Folien ist Teil der Keynote-App geworden.

Kapitel 14

Keynote Remote bietet Ihnen in den Optionen noch ein paar interessante Einstellungen, die das Präsentieren vereinfachen bzw. angenehmer machen. Da wäre zum einen die Möglichkeit, die Moderatornotizen ein- oder ausblenden. Zum anderen haben Sie die Wahl zwischen Quer- und Hochformat. Bei der Layoutoption *Diese und nächste* sehen Sie die aktuelle Folie und erhalten zudem eine Vorschau auf die nächste Folie bzw. Animation, was enorm viel wert ist und Ihrem professionellen Auftreten als Redner dienlich ist.

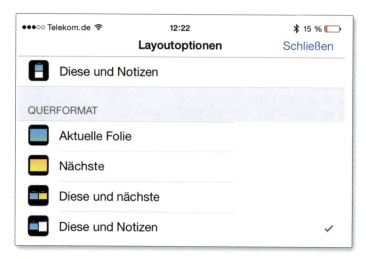

Mit den Layoutoptionen haben Sie es sprichwörtlich in der Hand, was auf dem iOS-Gerät angezeigt wird.

Das Highlight der Fernbedienung sind aber sicherlich die Stifte, mit denen Sie während einer laufenden Präsentation Objekte, Zahlen oder Bildausschnitte farbig markieren können, sowie der digitale Laserpointer.

Tippen Sie auf das Icon des kreisenden Stiftes, um Zugriff auf die neuen Annehmlichkeiten zu erhalten.

Wählen Sie anschließend den Laserpointer …

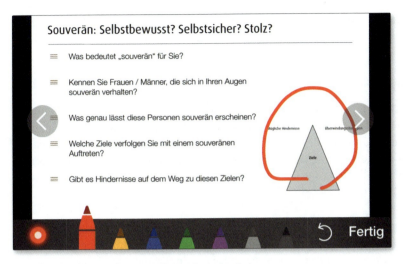

… oder einen Buntstift, um Wichtiges hervorzuheben.

> **Aufgepasst**
>
> Die separate App »Keynote Remote« hat mit der neuen integrierten Fernbedienung ausgedient. Die App wird von Apple nicht mehr angeboten

Mit Tastenkürzeln durch die Präsentation

Mit folgenden Tastenkürzeln steuern Sie durch die Präsentation:

Tasten	Funktion
↓	Zur nächsten Folie oder Animation
↑	Zur vorherigen Folie oder Animation
⇧ + ↓	Zur nächsten Folie, Animationen dabei umgehen.
⇧ + ↑	Zur vorherigen Folie, Animationen dabei umgehen.
S	Foliennummer anzeigen.
F	Präsentation anhalten.
B	Präsentation anhalten und schwarzes Bild einblenden.
W	Präsentation anhalten und weißes Bild einblenden.
H	Präsentation anhalten und Programm ausblenden.
Esc	Präsentation beenden.

Kapitel 14

Während der Präsentation haben Sie Gelegenheit, auf dem Moderatormonitor die Kurzbefehle für die Steuerung einzublenden. Drücken Sie hierfür auf das Fragezeichen auf Ihrer Tastatur.

> **Power User**
>
> Wenn Sie während der Präsentation etwas erklären oder erzählen und dabei die Aufmerksamkeit der Zuhörer von der Folie weg und hin zu Ihnen lenken wollen, sollten Sie die Folie ausblenden. Für diesen Zweck bietet Ihnen Keynote ein schwarzes bzw. weißes Bild an, das quasi wie ein Vorhang fungiert. Sie blenden diese Bilder ein, indem Sie die Taste *B (Black)* oder *W (White)* drücken. Sie setzen die Präsentation anschließend mit einer beliebigen Taste fort.

Um die Präsentation anzuhalten und das Programm auszublenden, drücken Sie die Taste *H* (wohl für *Hold & Hide*). Das Programmsymbol im Dock wird nun mit einer grünen Starttaste angezeigt. Klicken Sie auf das Symbol, wenn Sie mit der Präsentation fortsetzen wollen.

Exportschlager: Präsentationen weitergeben

Damit auch Personen, die nicht über Keynote verfügen, in den Genuss Ihrer Präsentation kommen, bietet das Programm fünf Formate an, in die Sie die Präsentation exportieren können: *PDF*, *PowerPoint*, *QuickTime*, *HTML* und *Bilder*. Zusätzlich gibt es die Option, die Präsentation als Keynote-'09-Datei zu sichern. Sie finden diese Auswahl im Menü *Ablage | Exportieren…* . Sobald Sie sich für ein Format entscheiden, wird das Fenster mit zur ausgewählten Exportmöglichkeit passenden Optionen erweitert.

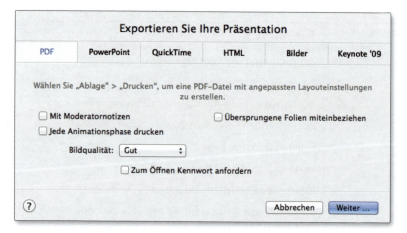

Damit jeder in den Genuss Ihrer Präsentation kommen kann, gibt es verschiedene Exportvarianten.

PDF

Folienübergänge bleiben beim Export in ein PDF-Dokument außen vor. Das Gleiche gilt für Audiodateien. Filme können nicht abgespielt werden. Hyperlinks werden ohne weiteres unterstützt. Überlegen Sie, ob es sinnvoll ist, die Datei mit Kennwortschutz zu versehen.

Alternativ können Sie auch im Dialogfenster *Drucken* Ihre Präsentation als PDF-Datei sichern ⌘ – P. Der Vorteil: Sie haben die Chance, Name und Datum mit auf die Folien zu setzen.

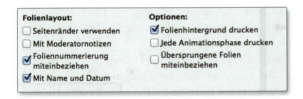

> **Tipp**
>
> Die Exportvariante PDF bietet sich auch an, wenn Sie die Präsentation auf einem Ihnen unbekannten Rechner halten. Natürlich ist auf fast allen Windows-Rechnern PowerPoint installiert, doch wenn Sie möchten, dass Bilder, Schrift und grafische Elemente genau so dargestellt werden wie mit Keynote, sind Sie mit diesem Format auf der sicheren Seite.

PowerPoint

- Das Resultat dieser Exportvariante sieht erstaunlich gut aus. Maskierungen und Transparenzen werden problemlos übernommen, können in PowerPoint allerdings nicht weiter bearbeitet oder gar wieder rückgängig gemacht werden.
- Verbindungslinien dagegen verlieren in PowerPoint die Verankerung an den Objekten und werden zu gewöhnlichen Linien.
- Features, die beim Export entfernt werden, sind in einem Infofenster aufgelistet.

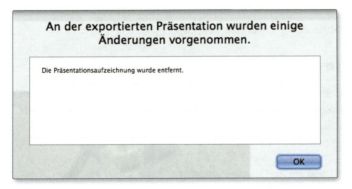

Nur wenige Elemente bleiben beim Export außen vor.

- Unter den erweiterten Optionen finden Sie die Möglichkeit, die Präsentation im .pptx-Format zu sichern.
- Sollten Sie Audio- und Filmdateien in Ihre Präsentation eingebunden haben, wird beim Exportieren ein Ordner angelegt, der eben diese Dateien enthält. Denken Sie bei der Weitergabe der Präsentation deshalb auch an diesen Ordner!

QuickTime

- Der Vorteil dieser Exportvariante: Folienübergange und Animationseffekte werden nahtlos übernommen und angezeigt. Mit imposanten Übergangen (Spiegeln, Wirbeln, Skalieren, Zauberei) und den Aktionsanimationseffekten schaffen Sie überaus eindrucksvolle Filmbilder.
- Räumen Sie dem Betrachter ausreichend Zeit für die einzelnen Folien ein. Falls Sie unsicher sind, ob der Zeitraum zu knapp oder zu gut gemeint ist, machen Sie einen Testlauf.
- Trotz festem Zeitverhalten pro Folie werden auf einzelne Folien eingebundene Musikdateien vollständig abgespielt, bis die nächste Folie erscheint. Das strapaziert unter Umständen die Geduld der Zuhörer. Deshalb an dieser Stelle der Tipp, bei diesem Exportformat auf Musikdateien (weitestgehend) zu verzichten.

HTML

- Auch in einem Internet-Browser wie beispielsweise Safari oder Firefox lässt sich Ihre Präsentation veröffentlichen.
- Mit der Datei im HTML-Format wird ein Ordner mit dem Namen »assets« angelegt, der alle verwendeten Bilder und Objekte beinhaltet. Damit die Vorführung nicht bilderlos bleibt, denken Sie bei der Weitergabe der HTML-Datei auf jeden Fall auch an diesen Ordner.

Bilder

- Sollten Sie sich für die Exportmöglichkeit *Bilder* entscheiden, erstellt Keynote von jeder Folie Ihrer Präsentation eine separate Bilddatei. Die Bildauflösung ist im JPEG-Format von mittlerer, im PNG-Format von hoher und im TIFF-Format von höchster Qualität.
- Entscheiden Sie, ob Sie von allen oder nur von ausgewählten Folien ein Bild erstellen wollen. Haben Sie die Absicht, von Ihrer Präsentation eine Art Daumenkino zu erstellen, eignet sich die Option *Ein Bild für jede Animationsphase erstellen*.

Die Präsentation drucken

Folien lassen sich einzeln oder als Übersicht ausdrucken, mit Moderatornotizen oder ohne, als Gliederung oder komplett mit allen Grafiken und Bildern. Für alle, die die Folien als Handout verteilen wollen, ist die Option *Folienübersicht* interessant. Auf einem Blatt mit mindestens zwei Folien werden Schreiblinien für Notizen und Kommentare mitgedruckt.

All diese Druckoptionen finden Sie im Druck-Dialogfenster, das sofort erscheint, sobald Sie den Druckbefehl mit der Tastenkombination ⌘ – P aufrufen.

Keynote: Fürs Publikum: Feinschliff, Präsentation, Weitergabe

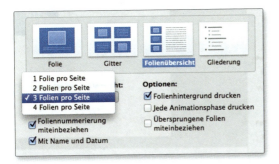

Drucken, wie es Ihnen gefällt.

iOS

- Im Auswahlmenü *Werkzeuge* öffnen Sie die Moderatornotizen und damit das Schreibfeld für Ihre Anmerkungen. Welche Ihrer Folien Notizen beinhalten, sehen Sie in diesem Modus an einem hellgrauen Rechteck in der oberen rechten Ecke der Folienminiatur im Navigator. Sie haben weder in der Folienansicht noch beim Testen der Präsentation Gelegenheit, einen Blick auf die Notizen zu werfen. Erst wenn ein zweiter Bildschirm bzw. ein Beamer angeschlossen ist, werden die Notizen eingeblendet.
- Im Kontextmenü eines markierten Objekts finden Sie die Kommentarfunktion. Wenn Sie die Präsentation mit anderen bearbeiten, denken Sie daran, Ihren Namen in den Einstellungen (Werkzeuge) einzugeben. So wissen alle, von wem welcher Kommentar stammt.
- In *Präsentation – Werkzeuge* ist die wichtige Einstellung für den Präsentationstyp versteckt. Der wohl gewöhnlichste Typ ist *Normal*, bei dem Sie als Präsentator das Tempo steuern. Wählen Sie *Selbstablaufend*, denken Sie bitte daran, die Dauer zu definieren, die Sie dem Publikum fürs Lesen der Inhalte einräumen wollen. Für feste Präsentationsformate wie zum Beispiel für die Präsentationstechnik Pecha Kucha, bei der Sie exakt 20 Sekunden Redezeit pro Folie haben, ist dieser Präsentationstyp der einzig mögliche. Bleibt noch die Variante *Nur Links*. Für diese Alternative müssen Sie auf jeder Folie ein Objekt mit der jeweils nächsten Folie verlinken.
- Unter iOS stehen Ihnen nur eingeschränkte Exportmöglichkeiten zur Verfügung. Wollen Sie die Präsentation mit anderen oder zu Hause auf Ihrem Rechner weiterbearbeiten, wählen Sie *Link via iCloud bereitstellen*. Das Versenden des Links geschieht als SMS, E-Mail oder Twitter-Meldung.

Wählen Sie iCloud, wenn Sie auf all Ihren Geräten stets auf die gleiche Version Ihrer Präsentation zugreifen wollen.

- Bei der Option *In anderer App öffnen* haben Sie die Wahl aus den Formaten Keynote, PDF und PowerPoint. Die Präsentation lässt sich nach dem Konvertieren in Apps wie Evernote, Dropbox oder SlideShark für PowerPoint öffnen.

Numbers

Kapitel 15

Bei Numbers, der Tabellenkalkulation, dreht sich alles um Zahlen. Wie bei Excel kann man Zahlen und Informationen darin verwalten, mit den Zahlen umfangreiche Berechnungen vornehmen lassen und große Zahlen- und Informationsmengen übersichtlich strukturieren. Stärker als bei der Konkurrenz ermöglicht Numbers ein Layout dieser Tabellendokumente.

Kapitel 15

Grundlagen

Wer bereits mit Tabellenkalkulationen zu tun hatte, wird schnell merken, dass Numbers einen etwas anderen Weg geht. Gestandene Excel-Anwender werden sich neugierig nach Unterschieden zu der bekannten Tabellenanwendung, unbelastete Kalkulationsneulinge nach einer Einstiegsmöglichkeit in die ungewohnte Anwendung suchen. Um beiden Gruppen gerecht zu werden – und all denen, die sich zwischen diesen beiden Polen verteilen –, gibt es zunächst ein Einführung dazu, was eine Tabellenkalkulation ist, und anschließend einen Überblick über das Leistungsspektrum von Numbers.

Was ist eine Tabellenkalkulation genau?

Das Prinzip ist einfach: Es wird eine Tabelle erzeugt, die aus Zeilen und Spalten besteht. Eigentlich ist das nicht anders als auf einem Block mit kariertem Papier. Die Schnittstelle einer Zeile und einer Spalte ist die Zelle – das Kästchen auf dem karierten Block. In diese kann man alles Mögliche hineinschreiben: Texte, Zahlen, Datums- und Zeitangaben, Symbole usw. – natürlich immer nur eins davon in eine Zelle. Alles, was irgendwie nach Zahlen aussieht (also auch ein Datum oder eine Uhrzeit), kann für weitere Berechnungen genutzt werden. Dazu stehen zunächst die einfachen Grundrechenarten zur Verfügung. Außerdem sind sogenannte Funktionen eingebaut, die komplizierte Berechnungen vereinfachen. So muss beispielsweise nicht eine ganze Zahlenkolonne Zahl für Zahl addiert werden. Es genügt die Funktion »Summe« und die Angabe der Zahlenreihe. Das Ergebnis wird ohne weitere Umstände errechnet und ausgegeben. Die Zahl der Funktionen, die in Tabellenkalkulationen eingebaut sind, nimmt immer mehr zu. Auch Numbers hat da einiges zu bieten.

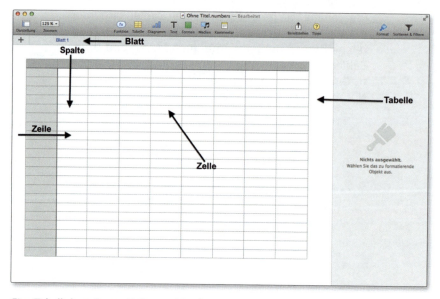

Eine Tabelle besteht aus Zeilen und Spalten.

Moderne Tabellenkalkulationen können aber noch mehr. So lassen sich auch grafische Objekte, Bilder, ja sogar Videos integrieren. Die Formatierung grenzt bereits an die Fähigkeiten von Layoutprogrammen. Seit Lotus 1-2-3 lassen sich diese Anwendungen auch programmieren, meist über eine integrierte Skriptsprache. Microsoft bietet mit Visual Basic for Applications (VBA) sogar eine anwendungsübergreifende Programmierumgebung für seine Office-Programme, die insbesondere von Excel-Anwendern gern genutzt wird. Weniger bekannt ist, dass iWork und AppleScript inzwischen zusammenarbeiten können.

Wer stolz auf seine umfangreichen und mit zahlreichen Makros versehenen Excel-Anwendungen ist, wird aber kaum einen Grund sehen, auf Numbers umzusteigen. Oder vielleicht doch? Ich habe schnell festgestellt, dass die intuitive Bedienung von Numbers meiner Kreativität sehr entgegenkommt. Manche kleine Berechnung und einige kleinere Anwendungen, die ich auch schön zu Papier gebracht (d. h. gedruckt) haben möchte, sind mit Numbers schneller erstellt, als Excel überhaupt angeworfen und eingerichtet ist. So arbeite ich inzwischen mit beiden Programmen parallel und weiß gut, wann ich zu welcher greife.

Numbers hat im Bereich Layout viel zu bieten, das werden Sie im weiteren Verlauf der folgenden Kapitel noch sehen.

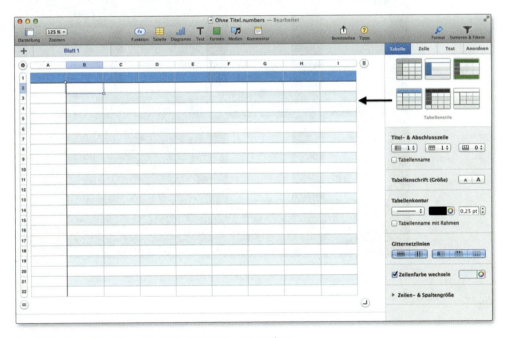

Der Aufbau von Numbers ist nicht schwierig zu verstehen.

Auf andere Details des Numbers-Fensters gehe ich in den folgenden Kapiteln näher ein.

Kapitel 15

Was Numbers kann – ein Überblick

Selbst wenn Sie unvorbereitet (und unvorbelastet) Numbers das erste Mal starten, werden Sie die Besonderheiten schnell erkennen können. Hauptbestandteil ist die Tabelle, die auch den größten Teil des Arbeitsfensters ausmacht. Links sind in Blätter und Stile angeordnet. Die Tabellen sind den Blättern untergeordnet. Die Stile beziehen sich immer auf die ganze Tabelle. Voreingestellt ist meistens einfach. Wählen sie einen anderen Stil, verändert sich das Aussehen der Tabelle rechts daneben.

Vorlagen und Layout

Gleich nach dem Start bietet Numbers mehr als dreißig fertige Vorlagen zur Auswahl an. Die Spannbreite reicht vom leeren Blatt bis zum Wissenschaftsprojekt. Wer Numbers kennenlernen will, sollte sich einige dieser Vorlagen einmal näher ansehen. Viele zeigen sehr eindrucksvoll die Möglichkeiten, die dieses Programm bietet.

Numbers bringt bereits mehr als dreißig fertige Tabellenvorlagen mit.

> **Grundlagen**
>
> Über *Ablage* | *Neu* oder die Tastenkombination ⌘ – N kann jederzeit auf diese Vorlagen zugegriffen werden.

Numbers

Wer Excel und das Arbeitsmappenkonzept kennt – das übrigens in seiner Form mit Registern ursprünglich nicht von Microsoft, sondern von Lotus realisiert wurde –, wird hier schnell einen Unterschied erkennen: In Numbers lassen sich mehrere Tabellen auf einem Blatt unterbringen und fast beliebig platzieren. Die Tabelle ist nicht mehr fest über ein Register in der Arbeitsmappe verankert, sondern auf ein Blatt gelegt und dort als Objekt zu bearbeiten. Hier kann auch noch mit anderen Objekten gemischt werden. So lassen sich etwa Fotos aus iPhoto per Drag & Drop herüberziehen. Alle Objekte (Tabellen, Diagramme, Fotos etc.) können Sie beliebig und unabhängig voneinander skalieren, d. h. in der Größe anpassen. Die Blätter sind auch nicht am unteren Rand wie Register organisiert, sondern direkt unterhalb der Symbolleiste.

Über Stilvorlagen, auf die man am rechten Rand Zugriff hat, kann man trotzdem allen Objekten einen einheitlichen Anstrich geben.

In der iOS-Version sieht es ein wenig anders aus. Nach dem ersten Start müssen Sie zunächst festlegen, ob Sie mit iCloud für Numbers arbeiten möchten. Das ist Voraussetzung, wenn Sie auch von anderen Rechnern über den Browser auf die Tabellen zugreifen und diese bearbeiten möchten. Wollen Sie das noch nicht festlegen, wählen Sie *Später*. Sonst tippen Sie auf *Verwenden*. Im nächsten Schritt können Sie sich vorhandene Tabellen anzeigen lassen (*Meine Tabellen anzeigen*) oder mit der Arbeit an einer neuen Tabelle beginnen (*Tabelle erstellen*). Haben Sie sich für eine neue Tabelle entschieden, bekommen Sie in einer Übersicht alle Vorlagen angeboten, von der leeren Tabelle (*Leer*) bis zur Statistikanwendung (*Korrelationsprojekt*).

Statt alle Vorlagen anzeigen zu lassen, können Sie rechts oben über *Kategorien einblenden* eine spezielle Kategorie auswählen. Es werden dann nur die Vorlagen, die dieser Kategorie zugeordnet sind, angezeigt.

Die iOS-Version von Numbers startet mit einer aufgeräumteren Oberfläche.

Kapitel 15

In der Browserversion von Numbers klicken Sie nach dem Start der App aus der iCloud-Übersicht auf *Tabelle erstellen* – gut zu erkennen über das Dokument mit dem großen, grünen Kreuz. Anschließend entscheiden Sie sich für eine leere Tabelle oder eine der vorhandenen Vorlagen. Wenn Sie an einer bereits vorhandenen Tabelle weiterarbeiten möchten, so ignorieren Sie das grüne Kreuz und wählen die passende Tabelle aus dem angezeigten Vorrat aus.

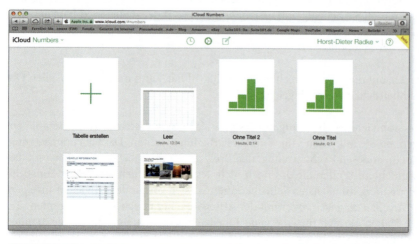

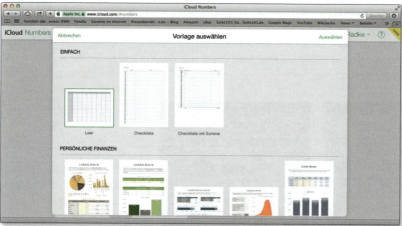

Numbers-Tabellen können im Browser erstellt oder weiter bearbeitet werden.

Wird Numbers über iCloud synchronisiert und ist ein Numbers-Dokument auf mehreren Rechnern geöffnet, so meldet Numbers auf den anderen Rechnern, sobald es eine Bearbeitung erkennt, dass ein Update vorgenommen wurde. Klicken Sie auf *OK*, versucht Numbers dieses Update aus der Cloud zu laden. Während des Ladens kann an der Tabelle nicht gearbeitet werden.

Numbers

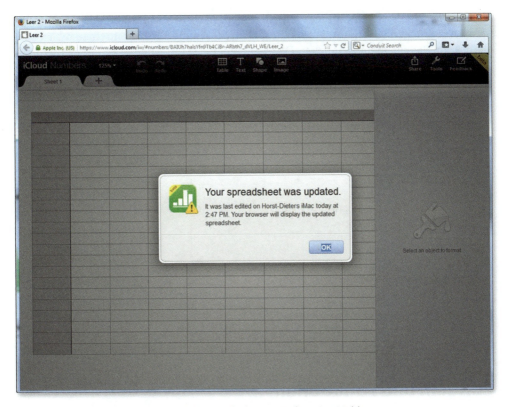

Wird eine aktualisierte Version aus iCloud geladen, zeigt dies eine Meldung an.

Klappt das nicht, weil es dort noch nicht vollständig vorliegt, erscheint eine Meldung, die zu einem erneuten Versuch auffordert. Warten Sie dann lieber ein paar Minuten, bevor Sie auf *Retry* klicken. Je nach Größe des Numbers-Dokuments und der Veränderungen ist der Vorgang manchmal in Sekunden oder erst in ein paar Minuten abgeschlossen.

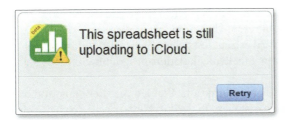

Veränderungen an einem Numbers-Dokument werden in der Cloud registriert und weitergemeldet, schließlich in der Tabelle auf dem anderen Rechnern angezeigt.

Kapitel 15

Wenn mehrere Personen an einer Tabelle arbeiten, sollten sich diese absprechen, wer wann Änderungen vornimmt. Wenn alle gleichzeitig in die Tabelle schreiben oder verändern, kann das zu einem ziemlichen Durcheinander geraten. Numbers erkennt allerdings solche Konflikte und fragt dann, mit welcher Tabelle synchronisiert werden soll. Wenn dann aber bei mehreren Arbeitsplätzen jeder eine andere Wahl trifft, geht das ewig so hin und her.

Welche Tabelle soll es denn nun sein?

Formeln und Funktionen

Eine andere Besonderheit von Numbers sind die Formeln. Sie können, wie z. B. bei Excel, über direkte Zellbezüge angegeben werden, etwa: *=A2*B2*. Gibt es Zeilen- und Spaltenüberschriften, übersetzt Numbers aber sofort. Dann wird aus dieser nichtssagenden Formel plötzlich ein *=Menge Schrauben * Einzelpreis Schrauben*. Kurzerhand wird eine Tabelle mit vielen Formeln und Inhalten auf einen Blick transparent.

An fest eingebauten Funktionen bringt Numbers mehr als 250 für Bereiche wie Statistik, Datum & Zeit, Finanzen, Trigonometrie u. v. m. mit. Wie leicht diese einzusetzen und zeitsparend zu nutzen sind, werden Sie in konkreten Anwendungen in diesem Buch noch lernen. Wer sich schon ein wenig auskennt, wird erfreut feststellen, dass viele Funktionen eine identische Bedeutung haben wie in anderen Tabellenkalkulationsprogrammen.

Sie finden in der Symbolleiste die Schaltfläche Funktion. Wählen Sie diese aus und anschließend aus dem Popup-Menü Funktion erstellen. In der markierten Zelle erscheint ein Editor und rechts werden im Infofenster die vorhandenen Funktionen angeboten. Sie können die passende Funktion über das Eingabefeld direkt finden und auswählen, wenn Sie diese kennen, oder über die Kategorien nach einer passenden Funktion suchen. Beachten Sie, dass zu jeder ausgewählten Funktion Erklärungen und Beispiele gezeigt werden.

Numbers

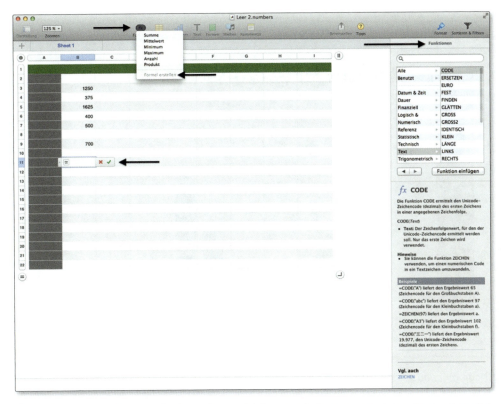

Mit Funktionen zu arbeiten ist leicht, weil man gleich gesagt bekommt, was sie machen, und gezeigt wird, wie man sie einsetzen kann.

Diagramme

Zahlen sind nicht immer leicht zu interpretieren. Wenige Zahlen nebeneinander ergeben vielleicht noch ohne Umwege einen Zusammenhang. Wenn aber eine Matrix – eine Gruppe von Zahlen – zur Interpretation einlädt, dann ist deren Einordnung in einen Sinnzusammenhang nicht immer gleich und leicht herzustellen. Das Umwandeln in ein Diagramm schafft oft schneller Klarheit als die Analyse des reinen Zahlenblocks.

Selbstverständlich kann auch Numbers aus Zahlenblöcken Diagramme erzeugen. Über 19 Typen lassen sich Diagramme in 2D- und 3D-Ansicht erzeugen. Diagramme können ganz oder in Teilen (z. B. Kreissegmente) bearbeitet werden. Eine Besonderheit ist hier die absolute Livevorschau. Während Sie noch Veränderungen an den Werten und Einstellungen vornehmen, werden diese bereits im Diagramm sichtbar. Das kann selbst Excel nicht, sondern zeigt die Änderungen immer erst nach Abschluss der Bearbeitung an. Allerdings hat die Livevorschau auch ihren Preis: Ältere Rechner setzen diese Vorschau nur mit Verzögerung um.

Kapitel 15

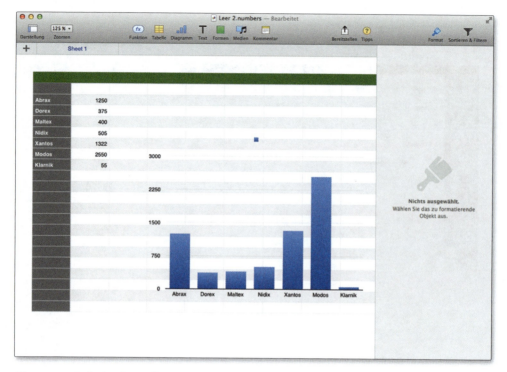

Diagramm sind schnell erstellt.

Was Numbers Neues kann

Wählen Sie in der Menüzeile *Hilfe | Neue Funktionen in Numbers*, so wird Ihnen angezeigt, was an Neuerungen in der aktuellen Version hinzugekommen ist. Das muss an dieser Stelle nicht wiederholt werden, zumal sich da auch noch einiges ändern mag, wenn Apple nötige Anpassungen in erwarteten Updates vorgenommen hat.

Numbers
**Mit Numbers arbeiten –
Erste Schritte**

Kapitel
16

Nach den noch weitgehend theoretischen Ausführungen des vorangegangenen Kapitels geht es in diesem nun zur Sache. Sie lernen, mit Numbers-Tabellen umzugehen. Zunächst mit vorbereiteten Vorlagen, dann mit einer eigenen kleinen Tabelle.

Kapitel 16

Mit Vorlagen arbeiten

Um den grundlegenden Umgang mit Numbers zu erlernen, nehmen Sie sich eine Vorlage vor. Als Beispiel verwende ich für die folgenden Abschnitte die Vorlage »Kreditvergleich«.

1. Starten Sie Numbers.
2. Klicken Sie am unteren Rand des Startfensters auf *Neues Dokument*.
3. Wählen Sie unter *Persönliche Finanzen* die Vorlage *Kreditvergleich* aus und …
4. … klicken Sie auf *Auswählen*.

Eine Vorlage kann Grundlage für ein eigenes Numbers-Dokument sein.

Angenommen, Sie wollen ein neues Auto kaufen und suchen dafür eine möglichst günstige Finanzierung. Mit dieser Anwendung können Sie schnell erkennen, welches Kreditangebot das günstigere ist.

Auf den ersten Blick sehen Sie, dass das Numbers-Dokument aus unterschiedlichen Objekten besteht: Textobjekte (für Überschrift und Erläuterung), ein Tabellenobjekt und ein Diagrammobjekt. Um ein Textobjekt zu verändern, klicken Sie es einfach an:

5. Markieren Sie »Kreditvergleich« durch Anklicken hinter dem Wort. Eventuell müssen Sie mehrmals klicken oder doppelklicken und die rechte Pfeiltaste drücken.
6. Ergänzen Sie um » PKW-Kauf«.
7. Den Kommentar können Sie löschen oder aber stehen lassen, damit Sie beim nächsten Kredit noch sehen, worum es geht.

Mit Numbers arbeiten – Erste Schritte

8. Klicken Sie in Spalte A in Zeile 2 und tragen Sie den Kreditgeber ein, z. B. »Sparkasse«.
9. Wiederholen Sie dies in den anderen Zeilen. Wenn Sie nur zwei oder drei Kredite zu vergleichen haben, löschen Sie die Einträge in diesen Zeilen.
10. Klicken Sie in Spalte B in Zeile 2 und geben Sie den Kreditbetrag ein, indem Sie den vorhandenen Betrag überschreiben.
11. Gehen Sie so auch in den folgenden Spalten vor, und passen Sie die Einträge für Zins und Laufzeit an.

Aufgepasst

Überschreiben Sie nicht die Formeln in den Zellen der Spalten E bis G.

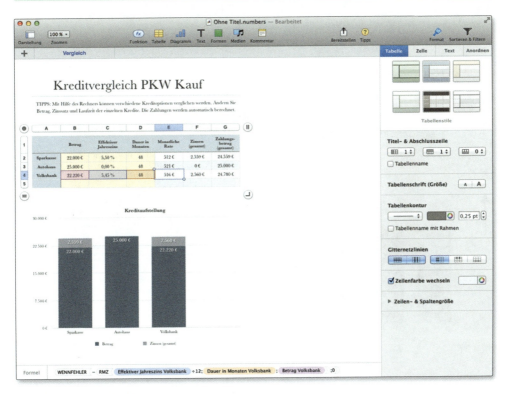

Neue Daten sind schnell eingetragen.

Angenommen, ein Institut – sagen wir, die Sparkasse – bietet Ihnen einen Kredit über 22.000 Euro mit einem effektiven Jahreszins von 5,5 % bei einer Laufzeit von 48 Monaten und die Volksbank mit einem Zins von 5,45 %. Letztere schlägt aber noch 1 % Gebühren auf (220 Euro). Über das Autohaus kann man zinsfrei finanzieren, bekommt dann aber keinen Nachlass, der bei Barzahlung mit 3000 Euro beziffert würde. Haben Sie die Daten eingetragen, erkennen Sie, dass die Angebote nicht weit auseinanderliegen, unsere Sparkasse aber das leicht bessere Angebot als die anderen beiden abgegeben hat.

Kapitel 16

> **Aufgepasst**
>
> Vergessen Sie nicht, die Numbers-Anwendung unter einem aussagekräftigen Namen abzuspeichern, entweder in einem Ordner Ihrer Wahl oder in iCloud.

Reicht Ihnen die Tabelle nicht aus? Müssen mehr Zeilen oder Spalten her für neue Angebote? Kein Problem. Sie sehen bei der Tabelle Kreise: neben der Überschriftenzeile, unter der Spaltenbeschriftung und ganz rechts unten neben der Tabelle. Wenn Sie mit der Maus dort klicken, die Maustaste gedrückt halten und ziehen, vergrößern Sie die Tabelle in die jeweils gewünschte Richtung.

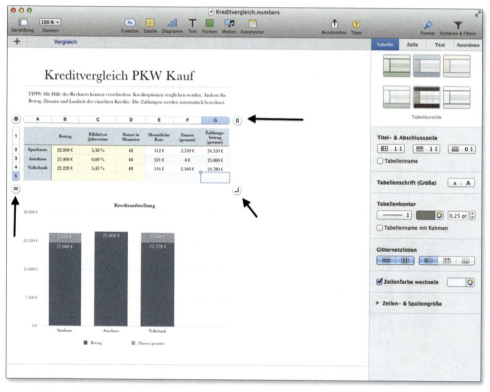

Vergrößern der Tabelle ist an drei verschiedenen Stellen möglich.

> **Tipp**
>
> Wenn Sie weder Spalten- noch Zeilenüberschriften noch die Aufziehmarkierungen sehen, klicken Sie einmal in die Tabelle, damit sie ausgewählt ist. Dann ist alles wieder da.

Eine erste Tabelle erstellen

Eine Tabelle von Grund auf neu aufzubauen ist auch nicht schwierig. Aber man muss schon einige Details und Vorgehensweisen kennen. Für diejenigen, die noch nie mit einer Tabellenkalkulation zu tun hatten, folgt ein kurzes Beispiel mit den Grundtechniken der Eingaben in Zellen und über den Einsatz von Formeln. Wer das schon kennt, kann diese Abschnitte überspringen und gleich mit dem nächsten Kapitel weitermachen.

Gehen Sie folgendermaßen vor:

1. Starten Sie Numbers oder – falls es schon gestartet ist – wählen Sie *Ablage | Neu*.
2. Wählen Sie die Vorlage »*Leer*« aus und klicken Sie auf den Schalter *Auswählen*.

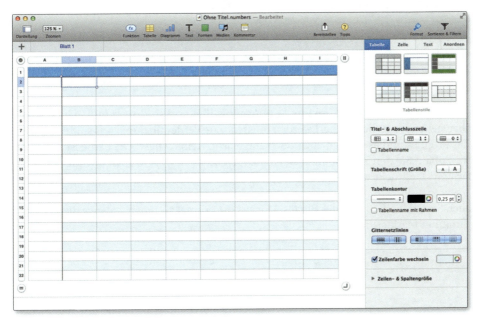

Eine leere Tabelle ist nur einen Mausklick weit entfernt.

Der Anblick der Tabelle ist zumindest für diejenigen vertraut, die schon mal mit einer Tabellenkalkulation gearbeitet haben. Wer schon mit früheren iWork-Versionen bzw. mit den anderen Anwendungen Pages oder Keynote gearbeitet hat, wird sich über Menüleiste und Symbolleiste nicht wundern müssen. Etwas ungewohnt ist eher, dass die Zellen der ersten Zeile und Spalte anders formatiert sind als die restlichen Zellen. Der Zellencursor (das ist der deutliche Rahmen um die markierte Zelle) wartet in der Zelle B2 auf eine Eingabe.

3. Geben Sie die Zahl 100 ein und drücken Sie die ⏎-Taste.
4. Geben Sie die Zahl 200 ein und drücken Sie die ⏎-Taste.
5. Geben Sie die Zahl 300 ein und drücken Sie die ⏎-Taste.

Jedes Mal, wenn die ←-Taste gedrückt wurde, ist der Zellencursor eine Zeile tiefer gerutscht. Sie können so ganze Zahlenkolonnen eingeben, ohne den Zellencursor von Hand versetzen zu müssen. Der Zellencursor sollte nun in der Zelle B5 stehen.

6. Öffnen Sie in der Symbolleiste die Liste bei der Schaltfläche *Funktion*.
7. Wählen Sie die Funktion Summe aus.

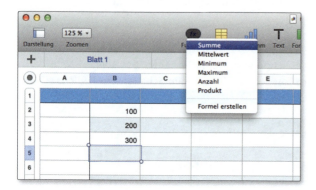

Die Funktion »Summe« ist über die Symbolleiste schnell aufgespürt.

Sie sehen: Numbers hat die Funktion Summe eingefügt und sofort erkannt, dass die drei darüber stehenden Zellen addiert werden müssen. Zur Verdeutlichung, was summiert wird, hat das Programm diese Zellen auch noch eingefärbt. Keine Angst! Die Farbe ist nicht von Dauer. Sobald Sie den Zellencursor in eine andere Zelle bewegen, verschwindet auch die Einfärbung. Gedruckt wird diese Färbung jedenfalls nicht

Schauen Sie auf die Fußzeile des Blattes. Dort ist die Formel zu sehen, solange die Zelle mit der Funktion markiert ist.

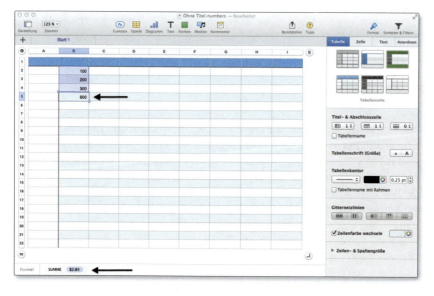

Numbers rechnet alles Markierte sofort aus.

Mit Numbers arbeiten – Erste Schritte

8. Setzen Sie nun den Zellencursor in die Zelle B6.
9. Öffnen Sie die Liste der Schaltfläche *Funktion*.
10. Wählen Sie *Mittelwert* aus.

Klappt auch, nicht wahr? Nur stimmt das Ergebnis nun nicht mehr. Die Formel errechnet den Mittelwert aus den drei Zahlen und dem Ergebnis. Der Mittelwert stimmt also nicht. Doch das können Sie leicht korrigieren.

11. Doppelklicken Sie in die Zelle mit der Formel.
12. Fassen Sie den Kreis an der rechten unteren Ecke und ziehen ihn etwas nach oben, sodass nur die drei Zahlen markiert sind.
13. Klicken Sie auf den grünen Haken, um die Änderung der Formel zu übernehmen.

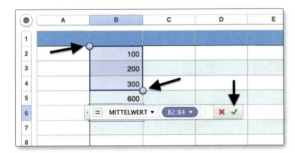

Eine Formel kann leicht angepasst werden.

Probieren Sie es nun mit allen Funktionen aus, die Ihnen direkt in der Liste angeboten werden: Minimum, Maximum, Anzahl und Produkt. Passen Sie dabei jedes Mal die Funktion so an, dass immer nur die drei Werte in die Berechnung einbezogen werden. Damit Sie wissen, was die Ergebnisse aussagen, schreiben Sie das vor die jeweilige Zelle. Dazu reicht es, den Zellencursor durch Mausklick links oder rechts neben die Berechnung zu setzen – z. B. in die Zelle A5 für Summe – und dann den Text einzutippen. Numbers erkennt sofort, dass es sich um Text handelt.

Berechnungen lassen sich mit Funktionen schnell realisieren.

Kapitel 16

Um aus diesen Werten ein Diagramm zu erstellen, ergänzen Sie die Tabelle um einen Spaltentitel (z. B. »Umsatz« in Zelle B1) und um Zeilenbeschriftungen (z. B. »Januar«, »Februar«, »März«). Gehen Sie dann folgendermaßen vor:

14. Markieren Sie die Zellen von A1 bis B4 (in die Zelle A1 klicken, Maustaste gedrückt halten und bis B4 ziehen).
15. Klicken Sie in der Symbolleiste auf die Schaltfläche *Diagramm*.
16. Wählen Sie einen Diagrammtyp aus. Für dieses Beispiel bietet sich ein Stabdiagramm in 2D oder 3D an.

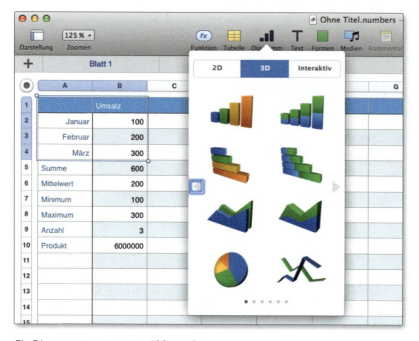

Ein Diagrammtyp muss gewählt werden.

Sie können das Diagramm an einer beliebigen Stelle innerhalb oder außerhalb der Tabelle platzieren. Bei 3D-Diagrammen lässt sich die Ausrichtung noch anpassen, wenn Sie in der Mitte den Kreis mit dem Mauszeiger fassen und ziehen. Klicken Sie auf den Schalter *Datenreferenzen bearbeiten*, können Sie den Auswertungsbereich anpassen, ihn erweitern oder verringern. Innerhalb der Tabelle wird der Auswertungsbereich hervorgehoben.

Mit Numbers arbeiten – Erste Schritte

Das vorbereitete Diagramm kann weiter bearbeitet werden.

17. Abschließend klicken Sie auf den Schalter *Fertig* und danach in irgendeine Zelle, um die Diagrammerstellung abzuschließen.

Sie sehen, wie einfach die Arbeit mit Numbers ist. Die grundlegenden Fertigkeiten haben Sie mit diesem kurzen Workshop zur Tabellenerstellung bereits erlangt. Natürlich gibt es noch viele Details, die kennenzulernen sich lohnen. Darum geht es dann in den folgenden Kapiteln.

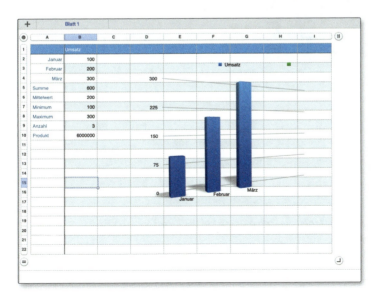

Die Tabelle mit dem Diagramm ist fertig.

Kapitel 16

Das Vorgehen bei der Browserversion ist weitgehend identisch mit der Desktop-Version. Das Gleichheitszeichen öffnet den Formeleditor. Im rechten Teil des Fensters erreichen Sie die Funktionen. Diagramme werden zwar angezeigt, können aber derzeit noch nicht erstellt und bearbeitet werden. »Chart editing ist coming soon« zeigt das Register *Chart* an. Die iOS-Version weicht etwas ab. Zwar öffnen Sie ebenfalls mit dem Gleichheitszeichen den Formeleditor, doch müssen Sie die Funktionen über eine Schaltfläche hinzuschalten. Um ein Diagramm auf dem iOS-Gerät zu erstellen markieren Sie den Datenbereich und wählen dann aus dem sich öffnenden Menü die Option *Diagramm erstellen*.

Einschränkungen oder veränderte Arbeitsweisen müssen bei der Browser- und iOS-Version beachtet werden.

Numbers
Tabellen professionell erstellen

Kapitel 17

Im Mittelpunkt einer Tabellenkalkulation steht die Tabelle. Deshalb beschäftigt sich dieses Kapitel ausschließlich damit. Wie Tabellen erzeugt werden, wie in diese etwas eingegeben wird, welche Möglichkeiten der Gestaltung zur Verfügung stehen und noch einiges andere werden Sie auf den folgenden Seiten erfahren. Als Beispiel entwickeln wir nach und nach ein einfaches Kassenbuch, das bei Bedarf und Interesse noch weiter ausgebaut werden kann. Zum Abschluss gibt es dann noch eine Tabelle zur Auswertung Ihrer eBay-Auktionen.

Kapitel 17

Ein Kassenbuch

In einer Tabelle kann man rechnen, Informationen aufbereiten und aus diesen Informationen auch Diagramme erstellen. Dies wurde im vorangegangenen Kapitel bereits gezeigt. Wie aus Tabellen und Objekten eine komplette Anwendung wird, zeigen die nächsten Abschnitte dieses Kapitels.

Numbers-Dokument vorbereiten

Erzeugen Sie zunächst ein Numbers-Dokument, indem Sie die Vorlage »Leer« öffnen. Numbers stellt Ihnen ein Dokument mit einem Blatt und einer Tabelle zur Verfügung. Diese Tabelle platzieren Sie nun um. Für das Kassenbuch wird im oberen Bereich des Blattes Platz benötigt.

1. Fassen Sie mit dem Mauszeiger den kleinen Kreis links oben zwischen Zeilen- und Spaltenbeschriftung und ziehen Sie die Tabelle etwas herunter.

Wenn Sie die Zeilen- und Spaltenbeschriftungen nicht sehen, klicken Sie einmal kurz in die Tabelle. Dann sind sie sichtbar.

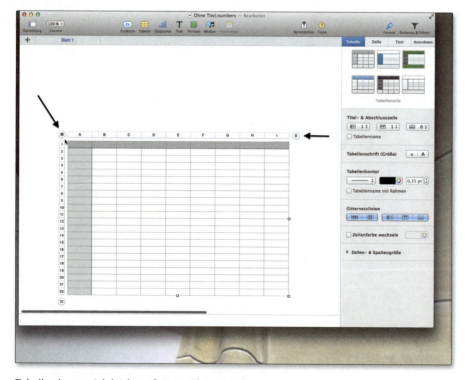

Tabellen lassen sich leicht auf einem Blatt anordnen.

Numbers: Tabellen professionell erstellen

2. Benötigt werden fünf Spalten. Schieben Sie die Tabelle bis auf Spalte E zusammen, indem Sie den Kreis rechts neben den Spaltenbeschriftungen mit der Maus fassen und nach links ziehen.
3. In der Tabelle ist die linke Spalte farbig markiert. Das ist für diese Tabelle nicht nötig. Stellen Sie im Infofenster *Format* (rechts) unter *Titel- & Abschlusszeile* den Wert für die linke Spalte auf »0«.
4. Setzen Sie außerdem den Wert bei *Zoomen* (in der Symbolleiste) auf 125 %.
5. Markieren Sie die fünf Spalten, indem Sie mit dem Mauszeiger in den Spaltenkopf bei A klicken und dann bei gedrückter Maustaste bis E ziehen.
6. Stellen Sie im Infofenster bei *Zeilen- & Spaltengröße* den Wert bei Spalte auf 100 pt.

Sie haben an dieser kleinen Übung gemerkt, dass im Infofenster eine ganze Reihe von Formateinstellungen leicht und schnell zu erreichen ist. Allerdings muss es etwas zu formatieren geben. Klicken Sie neben die Tabelle, verschwindet das Format-Fenster und es erscheint die Meldung „Nichts ausgewählt".

Im Vordergrund stehen die Formatierungen für die gesamte Tabelle. Sie können aus vorgefertigten Tabellenstilen wählen und diese dann mit den darunterliegenden Einstellungen anpassen.

7. Fügen Sie nun eine zweite Tabelle ein, indem Sie auf die Schaltfläche *Tabelle* in der Symbolleiste klicken.
8. Passen Sie die Tabelle so an, dass sie aus zwei Spalten und drei Zeilen besteht.
9. Schieben Sie diese zweite Tabelle über die erste Tabelle.
10. Falls noch nicht geschehen, speichern Sie das Numbers-Dokument unter einem aussagekräftigen Namen ab.

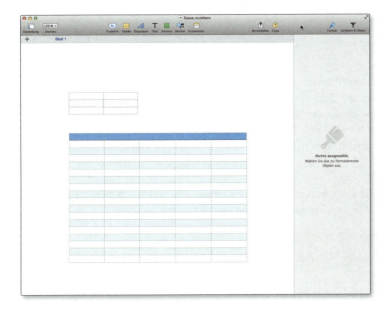

Ein Blatt kann mehr als eine Tabelle enthalten.

Kapitel 17

In Schritt 4 wurde die Darstellungsgröße auf 125 % angepasst. Wenn nicht zu viele Informationen in eine Tabelle kommen, ist diese größere Darstellung sicher sinnvoll. Vielleicht werden aber auch viele Informationen untergebracht werden müssen, und dann ist möglicherweise eine kleinere Darstellung (vielleicht 75 %) sinnvoller. Möchten Sie ständig mit einer Darstellung, die von den voreingestellten 100 % abweicht, arbeiten, so passen Sie dies über *Numbers | Einstellungen* an. Legen Sie bei Anzeigegröße den gewünschten Wert fest.

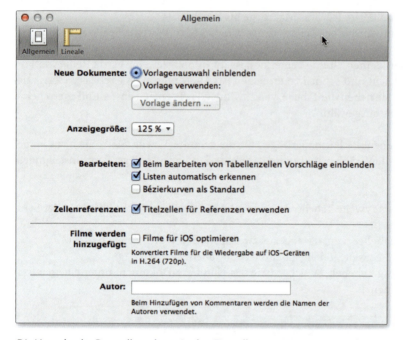

Die Vorgabe der Darstellung kann in den Einstellungen angepasst werden.

11. Klicken Sie im Infofenster Format in das Kontrollkästchen vor *Tabellenname mit Rahmen*.
12. Doppelklicken Sie auf den Text »Tabelle 1« oberhalb der Tabelle und überschreiben Sie ihn mit »Buchungen« (und zwar für die erste Tabelle, die angelegt wurde).
13. Wiederholen Sie dies für »Tabelle 2« und nennen Sie diese »Auswertungen«.
14. Löschen Sie die Beschriftungen wieder und entfernen Sie die Häkchen vor *Tabellenname mit Rahmen*.

Der Name der Tabellen ist zwar jetzt nicht mehr zu sehen, die Tabellen haben diese Namen aber trotzdem behalten. Sie werden das feststellen, wenn wir die Tabellen mit Formeln ausstatten.

Nun ist der grobe Aufbau der Numbers-Anwendung fertig, und die Anwendung kann ausgestaltet werden.

Die Tabellen gestalten

Eine leere Tabelle ist in der Regel nicht besonders hilfreich. Sie muss strukturiert und gestaltet werden, damit klar ist, welche Informationen wie aufgenommen und ausgewertet werden. Numbers hilft bereits bei der Dateneingabe mit, indem es zu erkennen versucht, um welche Informationen es sich jeweils handelt. Trotzdem wird eine ergänzende Anpassung in manchen Fällen nötig sein.

Texte in Zellen eingeben

Die Ausgangssituation ist, dass der Zellencursor in der ersten Zelle steht, die Zelle A1 ist stärker umrandet als die anderen:

1. Schreiben Sie Nr.
2. Drücken Sie die ⇥-Taste.

> **Grundlagen**
>
> Jedes Mal, wenn Sie die ⇥-Taste drücken, springt der Zellencursor in die nächste, rechts liegende Zelle. Mit ⇧ – ⇥ springt der Zellencursor in die vorhergehende Zelle (links), wenn das möglich ist. Drücken Sie die ↵-Taste, springt der Zellencursor in die darunterliegende Zelle. Gibt es da keine Zelle mehr, legt Numbers automatisch eine neue Zeile an.

3. In die anderen Zellen tragen Sie der Reihe nach »Datum«, »Vorgang«, »Einnahme« und »Ausgabe« ein. Damit ist die Beschriftung der Überschriften schon mal erledigt.

Überschriften für Spalten sind schnell eingegeben.

Die Spalten sind alle standardmäßig gleich breit. Das ist für die geplante Tabelle ungeschickt. Die erste Spalte braucht nicht so viel Platz, weil die Nummern voraussichtlich nicht so lang werden. Für die dritte Spalte benötigen wir mehr Platz, um den Buchungsvorgang

Kapitel 17

etwas detaillierter beschreiben zu können. Wie Sie die Spaltenbreite über das Infofenster Format anpassen können, wurde schon erklärt. Es geht aber noch einfacher: Fahren Sie im Spaltenkopf zwischen zwei Buchstaben. Der Mauscursor wird sich in einen nach zwei Seiten weisenden Doppelpfeil verwandeln. Bei gedrückter linker Maustaste kann jetzt die erste Spalte vergrößert oder verringert werden. Über der Spalte wird dabei die Breite in cm oder Punkt (je nach Voreinstellung) angezeigt. Es ist auch möglich, die Spaltenbreite durch direkte Eingabe einer Maßangabe zu verändern (über den Info-Dialog). Dazu später an anderer Stelle mehr.

> **Tipp**
>
> Wollen Sie die Einheiten umstellen (von Punkt nach Zentimeter oder umgekehrt), dann wählen Sie *Numbers | Einstellungen | Lineal* und legen bei *Linealeinheiten* die gewünschte Einheit fest.

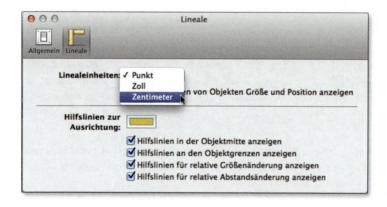

Die Linealeinheiten lassen sich umstellen.

Tabellen formatieren

Damit die Tabelle besser aussieht und leichter zu lesen ist, nehmen Sie nun ein paar einfache Formatierungen vor.

Insbesondere bei langen Buchungslisten ist es für die Augen hilfreich, wenn sich eine von der nächsten Zeile unterscheidet, die Zeilen also abwechselnd farbig formatiert sind. Keine Sorge, Sie müssen sich nicht jede Zeile einzeln vornehmen. Das realisieren Sie folgendermaßen:

4. Prüfen Sie, ob die Tabelle mit Spalten- und Zeilenköpfen zu sehen ist. Wenn nicht, klicken Sie in die Tabelle, um diese sichtbar zu machen.
5. Wählen Sie rechts unter *Tabellenstile* einen Stil aus, bei dem die Zeilen abwechselnd anders formatiert sind.

Im Beispiel zeigt die Tabelle abwechselnd eine blaue und eine weiße Zeile. Das wird sich auch fortsetzen, wenn die Tabelle (manuell oder durch neue Einträge) erweitert wird.

Numbers: Tabellen professionell erstellen

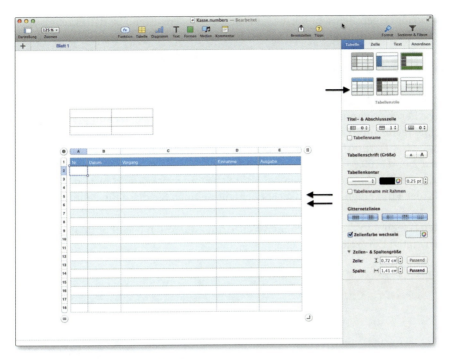

Stile formatieren Tabellen im Handumdrehen.

Eingaben in die Tabelle

Dass die Texteingabe in die Tabelle recht einfach vorgenommen werden kann, haben Sie bereits gesehen. Numbers versucht zu erkennen, um welche Informationen es sich handelt, und passt das Zellenformat entsprechend an. Versuchen Sie das jetzt einmal auch mit anderen Informationen. Geben Sie mindestens eine Ausgabe- und eine Einnahmebuchung ein, um das Verhalten von Numbers bei der Eingabe zu prüfen. Die Eingabe schließen Sie jeweils mit der ➔|-Taste ab, in der letzten Zelle (Einnahme oder Ausgabe) mit der ↵-Taste.

Die Art der Information wird zumindest von Numbers richtig erkannt.

Kapitel 17

Sie sehen, es klappt eigentlich schon ganz gut. Ganz zufriedenstellend ist das Ergebnis aber nicht. Die Art der Information (Zahl, Datum, Text etc.) wird zwar einigermaßen sicher erkannt, die richtige Darstellung aber nicht immer gewählt. Das richtige Format für die Spalten »Einnahme« und »Ausgabe« müssen Sie noch festlegen.

6. Klicken Sie mit der Maus auf den Spaltenkopf »D« und ziehen Sie mit gedrückter linker Maustaste herüber bis zum Spaltenkopf »E«. Beide Spalten sind jetzt komplett markiert.
7. Klicken Sie rechts im Infofenster *Format* auf das Register *Zelle*.
8. Wählen Sie bei *Datumsformat* Währung aus, belassen Sie die Einstellungen bei *Dezimalen* auf 2 und -100.
9. Aktivieren Sie das Kontrollkästchen bei *Tausendertrennzeichen* und prüfen Sie, ob bei *Währung* der Euro eingestellt ist. Gegebenenfalls nehmen Sie diese Einstellung vor.

Beide Spalten zeigen nun die eingegebenen Werte mit zwei festen Nachkommastellen und einem angehängten Eurozeichen.

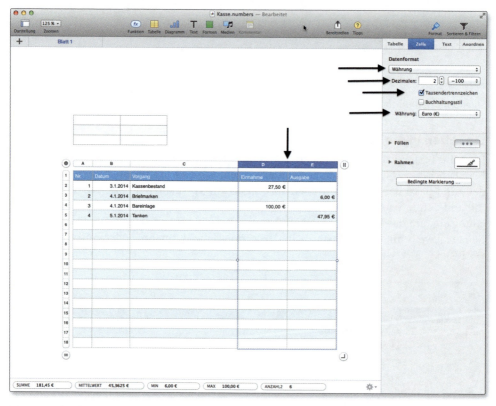

Nun ist auf Anhieb zu sehen, wo es sich um Währungseingaben handelt.

Die Anwendung fertigstellen

Sie haben zwei Tabellen in ein Blatt eingefügt, eine davon formatiert und bereits durch Eingaben ergänzt. Beide Tabellen sind so in das Blatt integriert, dass noch freier Raum vorhanden ist. Dieser Platz soll jetzt mit Objekten gefüllt und die zweite Tabelle so gestaltet werden, dass sie zusammengefasste Informationen aus der Buchungstabelle anzeigt.

Formen einfügen und bearbeiten

Layoutobjekte wie Schriftzüge, Fotos und Texte sind Ihnen sicher schon in den mitgelieferten Vorlagen aufgefallen. Sie werden nun selbst eine Form einfügen und gestalten.

Form auswählen und anpassen

Das Einfügen und Anpassen von Formen ist ein Kinderspiel:

10. Klicken Sie auf die Schaltfläche *Formen* in der Symbolleiste.
11. Wählen Sie das Rechteck mit abgerundeten Kanten durch Anklicken aus. Irgendwo im Blatt (möglicherweise mitten in die Tabelle) wird nun eine Form gesetzt.
12. Ziehen Sie die Form nun an die Stelle (oben im Blatt), an der sie positioniert werden soll. Auch hier helfen Linien zum Ausrichten wieder bei der exakten Positionierung.
13. Ziehen Sie die Form an den Anfasspunkten so in die Breite und die Höhe, bis sie die gewünschten Ausmaße erreicht hat (siehe Abbildung).

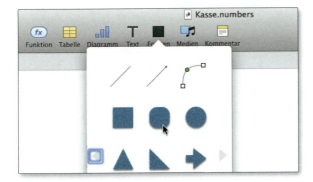

Formen in Layouts einfügen und anpassen ist keine große Sache.

Form füllen und beschriften

Wenn Ihnen die voreingestellte Farbe nicht gefällt, stellen Sie rechts unter Stil eine andere Farbe ein. Diese Formatoptionen werden allerdings nur gezeigt, wenn das Formobjekt ausgewählt ist.

14. Wählen Sie durch Anklicken der Fläche unter Füllfarbe eine zum Layout passende Farbe aus.
15. Passen Sie nach Bedarf die Füllung, den Rahmen und den Schattenwurf an.

Kapitel 17

Formen können mit Farben gefüllt werden.

16. Klicken Sie anschließend in die Form, bis in der Mitte der Schreibcursor blinkt.
17. Schreiben Sie »Kassenbuch«.
18. Markieren Sie das Wort und wählen Sie einen passenden Schrifttyp und eine ausreichend große Schriftgröße.

Nun ist unmissverständlich klar, um was für eine Tabellenanwendung es sich hier handeln soll. Es fehlt nur noch die Auswertungstabelle, der wir uns im nächsten Abschnitt widmen werden.

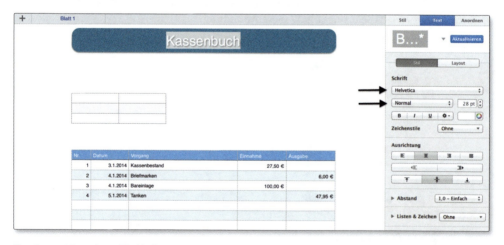

Das Layout hat einen Titel bekommen.

Die Auswertungstabelle fertigstellen

Jetzt fehlt nur noch die Auswertungstabelle, um das Kassenbuch fertigzustellen. Zuvor können Sie, wenn Sie möchten, diese Tabelle noch ansprechend formatieren. Gelernt haben Sie ja, wie das geht.

1. Setzen Sie dann den Zellencursor in die Zelle A1 der Tabelle *Auswertungen*.
2. Schreiben Sie »Einnahmen:«.
3. In die Zelle A2 kommt »Ausgaben:« und in die Zelle A3 »Saldo:«.

Numbers: Tabellen professionell erstellen

> **Tipp**
>
> Wenn Sie die Texte noch formatieren möchten, etwa durch rechtsbündige Anordnung in den Zellen, dann können Sie dies wieder im Infofenster *Format* einstellen. Wenn Sie die dazu nötigen Einstellungsoptionen nicht sehen, klicken Sie auf das Register *Text*.

Formel einfügen

Numbers muss nun die jeweiligen Spalten der Tabelle Buchungen addieren und anschließend in der Zelle B3 die Beträge subtrahieren, um jeweils den aktuellen Kassensaldo anzuzeigen. Dazu benötigen wir eine Formel, die Sie am besten mit dem Formeleditor erstellen.

4. Setzen Sie den Zellencursor in die Zelle B1.
5. Geben Sie das Gleichheitszeichen ein. Alternativ können Sie auf die Schaltfläche *Funktion* klicken und *Formel erstellen* auswählen.

Sofort öffnet sich ein kleines Fenster, in dem sich die Formel editieren lässt.

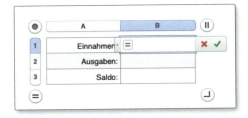

Der Formeleditor lässt die Eingabe und Bearbeitung von Formeln zu.

6. Schreiben Sie »SUMME« und geben Sie die zu öffnende Klammer »(« an.
7. Klicken Sie in der Tabelle Buchungen auf die Spalte »Einnahmen«.
8. Schließen Sie die Formeleingabe mit der ↵-Taste oder einem Klick auf das grüne Häkchen im Formeleditor ab.

Die Zusammenstellung der Formel scheint geklappt zu haben. Die Zelle neben Einnahmen weist den Betrag aus, der in der Einnahmenspalte der Tabelle Buchungen enthalten ist. Wenn Sie jetzt testweise noch eine Einnahmebuchung hinzufügen, passt sich auch der Wert in der Tabelle Auswertungen an. Die Formel ist außerdem in der Formelleiste (unterhalb der Tabelle) zu sehen, und der Bereich, auf den die Formel Bezug nimmt, ist außerdem in der Tabelle farbig markiert. So lässt sich schnell überprüfen, ob eine Formel richtig rechnet oder nicht.

Kapitel 17

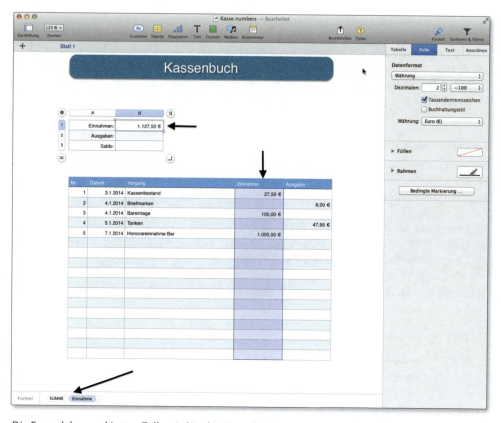

Die Formel der markierten Zelle wird in der Formelleiste angezeigt, und gleichzeitig wird in der Tabelle der Bereich farbig markiert, auf den die Formel Bezug nimmt.

Diese Vorgehensweise funktioniert allerdings nur, wenn mit Titelspalten und -zeilen gearbeitet wird. Haben Sie in einer Tabelle ohne solche einfach Überschriften eingefügt, kann sich die Formel nicht auf den Bereich beziehen, sondern erwartet genaue Bereichsangaben, etwa D2:D20 (gemeint ist der Bereich von der Zelle D2 bis zur Zelle D20). Über *Titel- & Abschlusszeile* können solche Überschriften als Titelzeile umgedeutet werden. Stellen Sie einfach die Titelzeile auf 1.

Zeilen lassen sich auch nachträglich als Titelzeile festlegen.

9. Wiederholen Sie die Formeleingabe (Schritte 5 bis 8) auch für die Zelle B2, berücksichtigen Sie dabei aber die Spalte Ausgaben.

Numbers: Tabellen professionell erstellen

Bei der dritten Auswertungszelle gehen Sie etwas anders vor:

10. Setzen Sie den Zellencursor in die Zelle B3.
11. Geben Sie ein Gleichheitszeichen »=« ein.
12. Klicken Sie in die Zelle B1.
13. Geben Sie ein Minuszeichen »-« ein.
14. Klicken Sie in die Zelle B2.
15. Schließen Sie mit der ↩-Taste oder einem Klick auf das grüne Häkchen im Formeleditor ab.

Der Saldo wird aus der Differenz von Einnahmen und Ausgaben ermittelt.

Nun ist das Kassenbuch fertig und kann genutzt werden.

Die Kassenbuch-Anwendung erweitern

Sie können die Buchungstabelle beliebig verlängern. Sie sehen in der Tabelle Auswertung immer den aktuellen Betrag, der sich noch in der Kasse befinden sollte. Allerdings liegt darin auch die Schwachstelle dieser Anwendung. Wird das Kassenbuch so über das ganze Jahr geführt, wird die zweite Tabelle vermutlich sehr lang und damit unübersichtlich. Eine Lösung besteht darin, für jeden Monat ein eigenes Kassenbuch anzulegen. Dazu gehen Sie folgendermaßen vor:

1. Klicken Sie in der Zeile unterhalb der Symbolleiste neben Tabelle 1. Es öffnet sich ein Popup-Menü.
2. Wählen Sie *Umbenennen*.
3. Geben Sie dem Blatt einen anderen Namen, zum Beispiel »Januar 2014«.

In dem Popup-Menü zum ausgewählten Blatt finden Sie sämtliche Tabellen, die im Blatt enthalten sind, und außerdem Befehle, mit denen Sie Einfluss auf das gesamte Blatt nehmen können.

Wenn Sie auf das große Kreuz ganz links in der Blattübersicht klicken, erzeugen Sie ein neues Blatt, wiederum mit einer leeren Tabelle. Den ganzen Entwicklungs- und Einrichtungs-

243

aufwand in jedem Monat neu zu machen, wäre aber denkbar ungeschickt. Das geht natürlich einfacher.

4. Wählen Sie aus dem Blattmenü den Befehl *Duplizieren*.
5. Geben Sie dem neuen Blatt über den Befehl *Umbenennen* einen eigenen Namen, zum Beispiel »Februar 2014«.

Sinnvollerweise macht man dies zu Beginn eines Jahres, wenn die erste Tabelle noch leer ist.

6. Löschen Sie in diesem Fall sämtliche Zeileninhalte außer der ersten. Markieren Sie dazu den Bereich und klicken Sie ihn mit der rechten Maustaste an.
7. Wählen Sie aus dem Kontextmenü den Befehl *Löschen*.
8. Setzen Sie den Zellencursor in die Zelle D2 und löschen Sie auch dort den Inhalt.
9. Geben Sie das Gleichheitszeichen (=) ein.
10. Schreiben Sie WENN(
11. Klicken Sie auf das erste Blatt (Januar 2014) und markieren Sie die Zelle B3 in der Tabelle Auswertung.
12. Schreiben Sie: <0;"";
13. Klicken Sie erneut in die Zelle B3 und bestätigen Sie die Formel mit einem Klick auf das grüne Häkchen.

Das sieht komplizierter aus, als es ist. Die Funktion WENN leitet eine Entscheidung ein. In diesem Fall soll die Formel untersuchen, ob der Wert des Saldos kleiner Null ist (<0). Wenn das der Fall ist, soll nichts passieren, die Formel also nichts in die Zelle schreiben (""). Ist der Wert aber nicht negativ, sondern positiv, soll die Formel den Wert des Saldos in die Zelle übernehmen. Dann steht er auch richtig unter Einnahmen. Nun müsste noch eine Formel in die Zelle unter Ausgabe, und zwar eine, die den Wert hier einträgt, wenn der Saldo negativ ist. Halt! – werden Sie sich jetzt denken. Ein Kassenbestand, der negativ ist? Das gibt es doch nicht. Richtig. Das wäre bei einer Kassenbuchführung absolut falsch. Nur um das Prinzip zu zeigen, wie etwa bei einer Einnahme-/Ausgabebuchführung nach diesem Prinzip verfahren werden könnte, nehmen wir für einen Augenblick an, dass die Formel in die Zelle E2 eingetragen werden soll. Sie müssen dann nur anstelle von <0;""; (Schritt 12) >0;""; eintragen. In diesem Fall würde Numbers den Übertrag in die Spalte E übernehmen.

Da wir das aber nun in diesem Kassenbuch wirklich nicht gebrauchen können, lassen Sie die Zelle E2 frei und ergänzen die Formel in der Zelle D2.

14. Doppelklicken Sie in die Zelle D2
15. Setzen Sie zwischen die beiden Ausrufezeichen (0;"";) das Wort »Fehler!«.
16. Schließen Sie mit einem Klick auf das grüne Häkchen ab.

Gehen Sie testweise einmal in die Januar-Tabelle und erzeugen Sie einen negativen Kassenbestand. Wenn Sie zurückgehen in die Februar-Tabelle, sehen Sie, dass Numbers Sie auf diesen Missstand hinweist. Auf diese Weise haben Sie beim Monatswechsel immer eine Kontrolle über Ihre Kassenbuchungen und können Fehler schnell beseitigen.

Numbers: Tabellen professionell erstellen

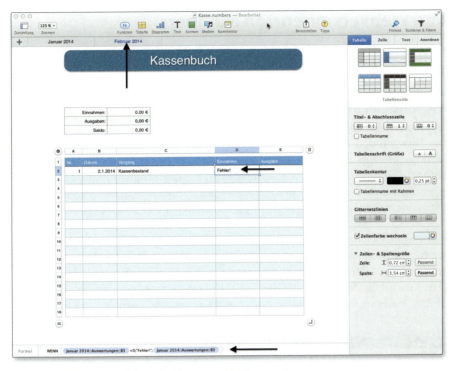

In Formeln können auch Entscheidungen getroffen werden.

Foto einfügen

Nun kann das Kassenbuch noch etwas verschönert werden, etwa indem eine Grafik oder ein Foto hinzugefügt wird. Das kann über den Mediendialog durchgeführt werden (wie das für die beiden anderen Anwendungen Pages und Keynote bereits beschrieben wurde) oder indem Sie das Bild einfach in das Numbers-Layout ziehen und dort anpassen.

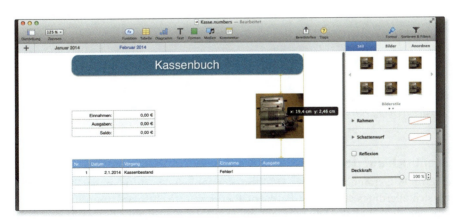

Grafikobjekte lassen sich in Numbers-Layouts hervorragend positionieren und bearbeiten.

iOS- und Webversionen von Numbers

Grundsätzlich sollen die Numbers-Anwendungen in allen Versionen funktionieren. Eine auf dem Mac erstellte Anwendung soll auch auf dem iPad oder im Webbrowser nutzbar sein. Manchmal steckt jedoch der Teufel im Detail.

Das Kassenbuch im Browser

Zum Zeitpunkt der Erstellung dieses Buches lag Numbers für den Browser nur als Betaversion vor. Formeln und Funktionen funktionierten, soweit das überprüft werden konnte, aber bei den Datenformaten gab es die eine oder andere Irritation. So wurden zwar die Tabellen mit dem Datumsformat richtig übernommen, die Darstellung konnte aber nur begrenzt angepasst werden, weil schlicht kein passendes Datumsformat vorgesehen ist. Vielleicht ist das anders, wenn Apple die endgültige Version fertig hat und freigibt.

Die Bearbeitung eines Numbers-Dokuments funktioniert weitgehend wie bei der Desktop-Version. Optisch sieht manches aber etwas anders aus. So hat die Browser-Version Register, die Formeln werden oberhalb der Tabellen angezeigt und die Funktionen sind nicht über die Symbolleiste anwählbar. Nach Eingabe des Gleichheitszeichens in der Tabelle erscheint jedoch der Editor für Formeln, sodass neue erstellt und vorhandene bearbeitet werden können.

Die Browser-Version von Numbers unterscheidet sich optisch ein wenig von der Desktop-Version.

Das Kassenbuch auf dem iPad

Numbers auf iOS-Geräten ähnelt der Desktop-Version wieder etwas mehr. Die Symbolleiste zeigt sich allerdings sehr karg, die Formatbereiche erreicht man, wenn man auf das Symbol mit dem Pinsel klickt. Die Formeln in einer Tabelle sind zunächst nicht zu sehen und werden erst sichtbar, wenn durch Doppelklick in eine Zelle mit Formel der Editor

Numbers: Tabellen professionell erstellen

erscheint. Diagramme, Medien, Formen, Textwerkzeug u. a. sind über die Schaltfläche mit dem Plus erreichbar.

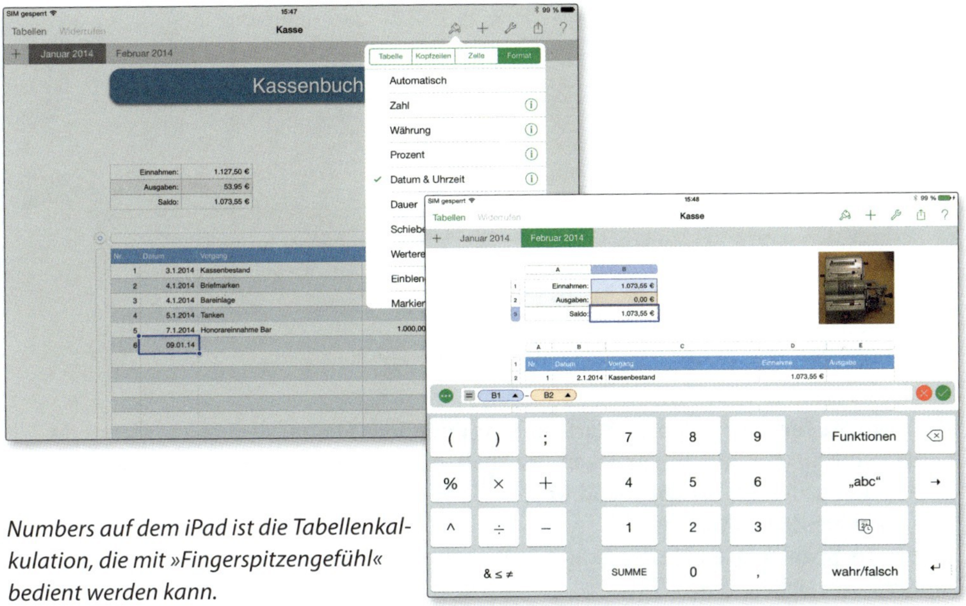

Numbers auf dem iPad ist die Tabellenkalkulation, die mit »Fingerspitzengefühl« bedient werden kann.

Der eBay-Kalkulator

Wer eBay nutzt, um Keller und Dachboden von altem Krempel zu leeren und dabei noch etwas einzunehmen, weiß, dass die Auktionen bei eBay nicht kostenfrei sind. Es gibt Angebotsgebühren, Verkaufsaktionen und kostenpflichtige Zusatzaktionen. Um den Überblick zu behalten und auch zu erfahren, was tatsächlich verdient wird, ist eine Tabellenkalkulation keine schlechte Lösung. Eine kleine Anwendung für private eBay-Auktionatoren wird im Folgenden entwickelt.

> **Aufgepasst**
>
> Die Gebühren für gewerbliche Anbieter sind bei eBay etwas komplexer. Um die folgende Anwendung auch für solche Fälle einzusetzen, muss sie etwas erweitert werden. Das sollte Sie allerdings vor keine allzu großen Herausforderungen stellen.

Die Auktionstabelle

Um alle wesentlichen Punkte einer Auktion zu erfassen und zu berechnen, benötigen wir zwölf Spalten. Erweitern Sie die Tabelle eines neuen Numbers-Dokuments entsprechend und legen Sie die Spalten samt Überschriften wie in der folgenden Abbildung an.

Die Auktionstabelle ist Ausgangspunkt für den eBay-Kalkulator.

1. Legen Sie für die Spalten C (Start) und E (Ende) das Datumsformat an. Markieren Sie dazu die Spalten durch Anklicken der Spaltenbezeichnungen und halten Sie dabei die ⌘-Taste gedrückt. Anschließend wählen Sie bei *Datenformat* Datum & Uhrzeit aus und stellen bei *Zeit:* Ohne ein.
2. Für die Spalten D, F bis L legen Sie ein Währungsformat fest (2 Dezimalstellen, Tausendertrennzeichen, Euro).
3. Spalte A bekommt das *Datenformat* Zahl und Null Dezimalstellen.
4. Setzen Sie den Zellencursor in die Zelle A2 und geben Sie ein Gleichheitszeichen ein.
5. Schreiben Sie die folgende Formel in den Editor: WENN(A1="Nr.";1;A1+1).

Diese Formel prüft die Zelle A1. Steht dort die Zeichenfolge „Nr.", so setzt sie in die Zelle B2 den Wert 1. Steht dort nicht die Zeichenfolge „Nr.", so addiert sie zu dem Wert, den sie in A1 gefunden hat, den Wert 1 und gibt das Ergebnis in der Zelle aus. Auf den ersten Blick scheint dies eine völlig unsinnige Formel zu sein, weil in Zelle A1 immer der Wert „Nr." steht. Im folgenden Schritt erkennen Sie aber, warum diese Formel trotzdem ihren Zweck erfüllt.

6. Markieren Sie alle Zellen der Spalte A, indem Sie an der rechten Ecke des Zellencursors den kleinen Kreis mit dem Mauszeiger fassen und mit gedrückter Taste nach unten ziehen.
7. Wählen Sie aus dem Menü *Tabelle | Zellen automatisch füllen | automatisch nach unten füllen*.

Sie sehen, dass automatisch alle Zellen fortlaufend nummeriert wurden. Wenn Sie in eine andere Zelle der Spalte A klicken, erkennen Sie, dass beim Ausfüllen auch der Bezug auf die Zelle A1 angepasst wurde. So ergibt die Formel bereits ab der zweiten Zelle (A3) Sinn. Zu dem Wert in Zelle A2 (=1) wird 1 hinzuaddiert und die 2 in Zelle A3 geschrieben. In Zelle A4 wird zu dem Wert in Zelle A3 (=2) wieder 1 hinzuaddiert und der Wert 3 in die Zelle geschrieben. Und so fort.

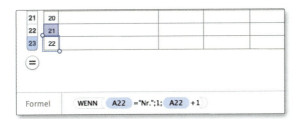

Beim Ausfüllen werden die Zellbezüge angepasst.

Die Formel für die Provision (Spalte G) ist verhältnismäßig einfach.

8. Setzen Sie den Zellencursor in Zelle G2 und geben Sie das Gleichheitszeichen ein.
9. Klicken Sie in Zelle F2.
10. Schreiben Sie: * 10 % und klicken Sie auf den grünen Haken.
11. Setzen Sie den Zellencursor in Zelle K2 und geben Sie das Gleichheitszeichen ein.
12. Klicken Sie nacheinander in die Zellen D2, G2, I2 und J2 und geben Sie dazwischen jeweils das Pluszeichen (+) ein.
13. Bestätigen Sie mit der ↵-Taste oder einem Klick auf das grüne Häkchen und füllen Sie anschließend die Zellen bis nach unten aus.
14. Setzen Sie den Zellencursor in Zelle L2 und geben Sie das Gleichheitszeichen ein.
15. Klicken Sie in Zelle F2, geben Sie das Pluszeichen (+) ein und klicken Sie in Zelle H2.
16. Geben Sie ein Minuszeichen ein und klicken Sie in K2.
17. Bestätigen Sie mit der ↵-Taste oder einem Klick auf das grüne Häkchen und füllen Sie anschließend die Zellen bis nach unten aus.

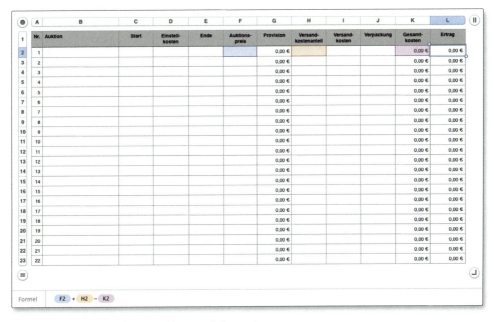

Die Auktionstabelle ist fertig und kann gefüllt werden.

Kapitel 17

Die Auswertungstabelle

Für die Auswertungstabelle fügen Sie eine Tabelle mit fünf Zeilen und zwei Spalten ein.

1. Klicken Sie auf die Schaltfläche Tabelle und korrigieren Sie die Tabelle auf die benötigten Zeilen und Spalten.
2. Ziehen Sie die neue Tabelle an eine passende Stelle über der Auktionstabelle.
3. Schreiben Sie in die erste Spalte die Zeilenbeschriftungen: »Ertrag:«, »Auktion«, »Ertrag/Auktion«, »Kosten eBay« und »Versandkosten«.
4. Setzen Sie den Zellencursor in die Zelle B1, klicken Sie auf *Funktion | Formel bearbeiten* oder geben Sie ein Gleichheitszeichen ein.
5. Schreiben Sie »SUMME« und klicken Sie in der Auktionstabelle auf den Spaltenkopf über Ertrag.

> **Hilfe**
>
> Wenn Sie in einer Tabelle eine Zelle markiert haben, sind die Spalten- und Zeilenköpfe nicht zu sehen. Wenn Sie aber mit dem Mauszeiger über eine Tabelle fahren, während der Editor für die Formeln noch geöffnet ist, werden diese eingeblendet.

6. Setzen Sie den Zellencursor in die Zelle B2 und geben Sie das Gleichheitszeichen ein.
7. Suchen Sie rechts unter Funktionen die Funktion ANZAHL2 und doppelklicken Sie darauf. Die Funktion wird in den Editor übernommen.
8. Klicken Sie nun auf den Spaltenkopf von Spalte B und bestätigen Sie die Formel durch einen Klick auf das grüne Häkchen oder die ↵-Taste.

Die Funktion ANZAHL2 zählt alle Zellen des angegebenen Bereichs (in diesem Fall Spalte B) durch. Jede Zelle, die etwas enthält – gleich ob Zahl oder numerischer Wert –, wird mitgezählt. Leere Zellen werden nicht gezählt. Aber aufgepasst! Ein Leerzeichen in einer Zelle bedeutet, dass die Zelle nicht leer ist und mitgezählt wird. Auf diese Weise erhalten Sie immer die Anzahl der durchgeführten Auktionen. Die Funktion ANZAHL zählt hingegen nur Zellen mit numerischen Werten, zählt Zellen mit alphanumerischen Werten also nicht mit.

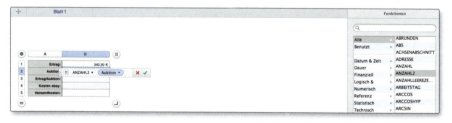

Die Funktion ANZAHL ermittelt, wie viele Auktionen schon durchgeführt wurden.

9. Setzen Sie den Zellencursor in die Zelle B3 und geben Sie das Gleichheitszeichen ein.
10. Klicken Sie in die Zelle B2.

Numbers: Tabellen professionell erstellen

11. Geben Sie das Geteilt-Zeichen ein (⇧ – 7).
12. Klicken Sie in die Zelle B2

Damit können Sie auch den Durchschnittsertrag aller Auktionen ständig ablesen. Die eBay-Kosten ergeben sich aus den Einstellkosten – das sind die tatsächlichen Einstellkosten sowie die Sonderkosten zum Beispiel für besondere Hervorhebungen der Auktion oder mehrere Bilder – und Provisionen.

13. Setzen Sie den Zellencursor in die Zelle B4 und geben Sie das Gleichheitszeichen ein.
14. Schreiben Sie SUMME(und klicken Sie auf den Spaltenkopf D.
15. Geben Sie eine schließende Klammer und das Pluszeichen (+) ein.
16. Schreiben Sie SUMME(und klicken Sie auf den Spaltenkopf G.
17. Geben Sie eine schließende Klammer ein und bestätigen Sie mit einem Klick auf das grüne Häkchen.

Die Versandkosten ergeben sich aus den Versand- und Verpackungskosten.

1. Setzen Sie den Zellencursor in die Zelle Br und geben Sie das Gleichheitszeichen ein.
2. Schreiben Sie SUMME(und klicken Sie auf den Spaltenkopf I.
3. Geben Sie eine schließende Klammer und das Pluszeichen (+) ein.
4. Schreiben Sie SUMME(und klicken Sie auf den Spaltenkopf J.
5. Geben Sie eine schließende Klammer ein und bestätigen Sie mit einem Klick auf das grüne Häkchen.

Nun ist Ihr eBay-Kalkulator fertig. Sie behalten auch bei vielen Auktionen immer den Überblick über Ihre Erträge.

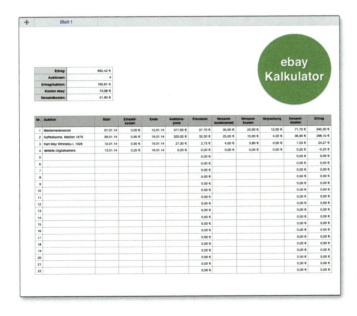

Der eBay-Kalkulator gibt nun immer Auskunft darüber, was nach Abzug aller Kosten tatsächlich an Ertrag übrig bleibt.

Kapitel 17

Dieser Ebay-Kalkulator funktioniert selbstverständlich auch in der Browser- und der iOS-Version. In beiden kann er auch erstellt bzw. bearbeitet werden. Bei den kleinen Geräten (iPhone) bestehen allerdings Probleme, den Überblick zu behalten, weil das kleine Display zu wenig Anzeigefläche für große Tabellen bietet.

Browser- und iOS-Versionen kommen mit solchen Anwendungen gut zurecht.

Numbers
Tipps und Tricks zur Arbeit mit Tabellen

Kapitel
18

Im vorangegangenen Kapitel haben Sie gelernt, Tabellen zu erstellen, diese zu bearbeiten und zu formatieren, Formeln einzugeben und andere Objekte wie Texte und Bilder in ein Numbers-Dokument zu integrieren. Die Grundlagen des Umgangs mit Numbers beherrschen Sie nun. In den folgenden Abschnitten dieses Kapitels lernen Sie noch weitere Details für den Umgang mit Numbers-Tabellen kennen.

Kapitel 18

Tabellen als Ganzes bearbeiten

Ein Blatt kann mehrere Tabellen enthalten. Jede Tabelle besteht aus Zeilen und Spalten, deren Schnittpunkte die Zellen ergeben, in die die Informationen und Berechnungen eingegeben werden. Bei der Bearbeitung von Tabellen als Ganzes spielen diese Zellen zunächst nur eine nachgelagerte Rolle.

Tabellen formatieren und einrichten

Ist eine Tabelle ausgewählt, zeigen sich Spalten- und Zeilenköpfe sowie die runden Anfasspunkte an den Ecken, mit denen die Tabelle beeinflusst werden kann:

- ⊙ Verschieben der Tabelle
- ⫽ Vergrößern der Tabelle nach rechts (mehr Spalten)
- ⊟ Vergrößern der Tabelle nach unten (mehr Zeilen)
- ⌥ Zoomen der Tabelle

Rechts im Infofenster wird bei einer ausgewählten Tabelle das Register *Tabelle* aktiviert, mit dem die Tabelle beeinflusst werden kann. Mit den Stilen kann ein vorgefertigtes Layout über die gesamte Tabelle gelegt werden. Mit den Optionen darunter lassen sich Titel- und Abschlusszeilen festlegen sowie die Schriftgröße und die Gitternetzlinien, die die Zellen voneinander abgrenzen, anpassen.

Diese Formatieroptionen wirken sich immer auf die gesamte Tabelle aus.

> **Tipp**
>
> Man muss übrigens nicht unbedingt ziehen, wenn man die Tabelle erweitern will. Es genügt, einmal auf den Anfasspunkt für Zeilen- oder Spaltenerweiterung zu klicken, um eine neue Zeile oder Spalte anzufügen.

Tabellen gemeinsam bearbeiten

Halten Sie die ⇧-Taste gedrückt, wenn Sie die Tabellen in einem Layout nacheinander anklicken, so werden alle markiert. Sie können nun Formatierungsoptionen – z. B. Stile – auf die Tabellen anwenden und dabei alle markierten Tabellen gleichzeitig formatieren.

Ziehen Sie eine Tabelle ganz dicht an eine andere, so dockt diese dort an. Beide Tabellen zusammen sehen wie eine Tabelle aus, was aber nur optisch so ist. Nach wie vor sind zwei Tabellen im Layout vorhanden, was sehr gut links im Bereich Blätter zu sehen ist.

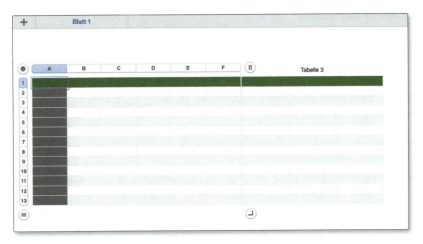

Aus zwei Tabellen eine machen – zumindest können Sie es so aussehen lassen.

Arbeiten in den Tabellen

Was mit den Zellen in den Tabellen gemacht werden kann, wurde im vorangegangenen Kapitel an zwei Beispielen gezeigt. Damit ist aber noch längst nicht alles ausgereizt, was möglich ist.

Arbeiten mit der Tastatur

Eine bereits ausgefüllte Zelle in Numbers wird meistens durch einen Klick mit der Maus in die entsprechende Zelle angewählt. Sie kann dann bearbeitet werden. Doch das ist in der Praxis meist umständlich und bremst den Arbeitsfluss. Besser geht es bei der Arbeit an einer Tabelle, wenn Sie die Zelle mit den Pfeiltasten ansteuern und anschließend mit der Tastenkombination alt – ↵ in den Bearbeiten-Modus wechseln. Beendet wird dieser Modus mit der Esc-Taste.

> **Tipp**
> Im Klappumschlag dieses Buches finden Sie Übersichten der wichtigsten Tastenkombinationen (nicht nur) für Numbers.

Eine markierte Zelle kann mit Alt – ←⎘ in den Bearbeitungsmodus überführt werden.

Werte mit der Maus anpassen

Angenommen, Sie haben Zellen, in denen nur bestimmte Werte eingegeben werden dürfen, sagen wir mal von 0 bis 300 in 5er-Schritten. Um Fehleingaben zu vermeiden, können Sie entsprechende Vorgaben machen:

1. Markieren Sie die Zellen, die die eingeschränkten Werte aufnehmen sollen.
2. Aktivieren Sie das Register *Zelle*.
3. Stellen Sie bei *Datenformat* den Listeneintrag *Werteregler* ein.
4. Tragen Sie bei *Minimum, Maximum* und *Intervall* die benötigten Werte ein (0, 300, 5).

Neben der Zelle erscheint ein Schalter mit zwei Pfeilen (nach unten und nach oben). Damit können jetzt die Eingaben in die Zellen gemacht werden. Direkteingaben sind zwar noch möglich, aber wenn Sie einen Wert eingeben, der nicht erlaubt ist, rundet Numbers ab. Aus 97 wird 100, aus 310 wird 300, steht bei Intervall 5, wird aus der Direkteingabe 116 eine 115 usw.

Jetzt wird die richtige Eingabe zurechtgeklickt …

Numbers: Tipps und Tricks zur Arbeit mit Tabellen

Wählen Sie statt Werteregler den Eintrag Schieberegler, erscheint neben der Zelle ein Regler, den Sie mit der Maus nach links und rechts ziehen und so den Zelleintrag festlegen können.

… oder zurechtgeschoben.

Listen und Reihen erzeugen

Sie müssen sich nicht die Finger wundtippen, um lange Reihen zu erzeugen. Geübte Excel-Anwender wissen, was ich meine: Sie geben beispielsweise in eine Zelle „Januar" ein, fassen mit dem Mauszeiger in die Mitte des unteren Zellenrandes und ziehen über die nächsten elf Zellen nach unten. Schon präsentiert Ihnen Numbers alle zwölf Monatsnamen. Das funktioniert auch mit Wochentagen, mit Zahlen, Datumswerten usw. Geben Sie zwei Werte ein und markieren diese, so erkennt Numbers das Intervall und setzt die Reihe mit diesem Intervall fort.

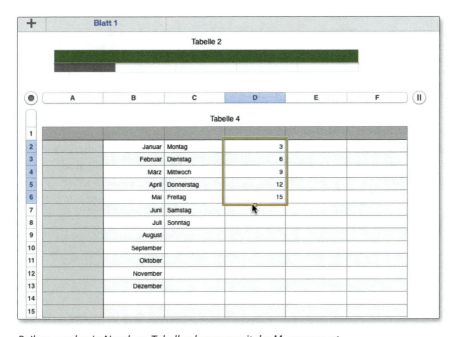

Reihen werden in Numbers-Tabellen bequem mit der Maus erzeugt.

Kapitel 18

> **Grundlagen**
>
> Statt nach unten können Sie auch nach oben, rechts und links erweitern. Fassen Sie in jedem Fall mit dem Mauscursor auf die Mitte des Zellenrandes.

Bei Zelleninhalten, die sich nicht verändern lassen, ergänzt Numbers natürlich die Reihe nur mit immer den gleichen Inhalten. Hierzu ein Beispiel:

1. Setzen Sie den Zellencursor in die gewünschte Zelle.
2. Öffnen Sie bei *Datenformat* die Liste.
3. Wählen Sie aus der Liste *Markierungsfeld* aus.
4. Fassen Sie nun den Zellencursor in der Mitte am unteren Rand der Zelle und ziehen Sie mit der Maus über den Zellenbereich, der gefüllt werden soll.
5. Die Zellen enthalten nun Markierungsfelder, die »an-« oder »ausgeklickt« werden sollen.

Markierungsfelder eignen sich hervorragend für die selektive Auswahl von Informationen.

Bereiche verschieben und Bezüge erhalten

Bezüge (in Formeln) zu anderen Zellen werden beim Verschieben von Zellenbereichen von Numbers automatisch angepasst, wenn die Bezüge nicht absolut gestellt sind. Folgendes Beispiel demonstriert dies: Es existieren zwei Zellbereiche, in denen in einer Zelle jeweils auf den anderen Bereich verwiesen wird: in Zelle C3 auf die Zelle F8 und in Zelle G9 auf die Zelle B2.

Numbers: Tipps und Tricks zur Arbeit mit Tabellen

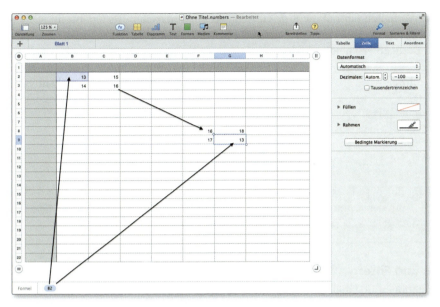

Zwei Zellenbereiche, die mit einer Formel jeweils auf den anderen Bereich verweisen

Um einen Zellenbereich zu verschieben, muss dieser zunächst markiert werden (mit gedrückter linker Maustaste). Der Bereich wird mit dem Mauszeiger gefasst und an eine andere Stelle gezogen. Nach dem Loslassen der Maustaste wird der Bereich an der neuen Stelle eingefügt …

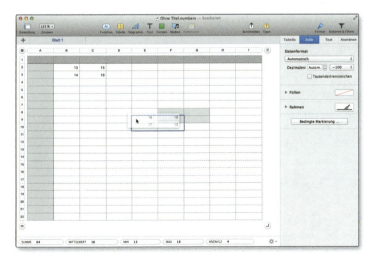

Markierte Zellenbereiche lassen sich mit der Maus von einem Ort an einen anderen ziehen.

… und die Zellenbezüge werden angepasst, und zwar sowohl in dem verschobenen Bereich als auch in allen anderen Bereichen, die auf diesen Bereich an der Ursprungsposition Bezug hatten.

Wird dieses Verhalten einmal nicht gewünscht, so muss man den Bezug absolut stellen. Dazu klickt man in der Zelle mit der Formel doppelt. Dadurch öffnet sich der Formeleditor. Neben den Bezügen erscheint ein kleines, nach unten weisendes Dreieck. Klickt man darauf, öffnet sich ein Dialog, in dem man Zeile und Spalte (einzeln) absolut stellen kann bzw. einen absoluten Bezug durch Entfernen der Häkchen wieder relativ setzen kann.

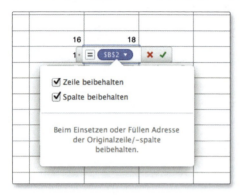

Zellenbezüge lassen sich auch absolut stellen. Sie werden dann beim Verschieben der Bereiche nicht angepasst.

Sortieren und Filtern

Sind Informationen in Tabellen in Listenform abgelegt, so lassen sich diese hervorragend sortieren und filtern. Nichts muss so bleiben wie einmal eingegeben, und doch können Sie jeden Zustand wiederherstellen, wenn nötig.

Ausgangssituation für die folgenden Beispiele ist eine einfache Tabelle mit Datum, Namen und Werteliste. Wenn Sie das Beispiel an Ihrem eigenen Computer nachvollziehen wollen, ist die kleine Tabelle schnell abgetippt oder leicht eine ähnliche erzeugt.

Beachten Sie, dass Sie eine Titelzeile benötigen, wenn alles so klappen soll wie beschrieben. Der Zellencursor sollte irgendwo in der Liste (nicht daneben) stehen.

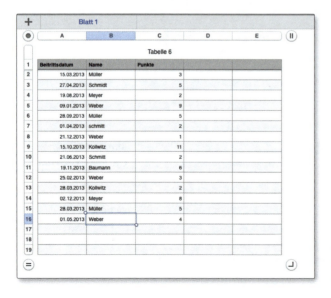

Eine unsortierte Liste ist die Ausgangssituation für die folgenden Übungen.

Numbers: Tipps und Tricks zur Arbeit mit Tabellen

Um die Liste zu sortieren, gehen Sie folgendermaßen vor:

1. Klicken Sie in der Symbolleiste auf die Schaltfläche *Sortieren & Filtern*.
2. Stellen Sie über *Hinzufügen …* aus der Liste *Name* ein.
3. Legen Sie Aufsteigend *(1,2,3…)* fest, damit von A nach Z sortiert wird.
4. Klicken Sie erneut auf *Hinzufügen …* Es erscheint eine neue zusätzliche Auswahl.
5. Stellen Sie *Beitrittsdatum* ein, damit innerhalb der Namen auch noch nach dem Datum sortiert wird.
6. Auch hier legen Sie *Aufsteigend (1,2,3 …)* als Sortierkriterium fest.
7. Klicken Sie auf die Schaltfläche *Jetzt sortieren*.

Sofort erscheint die soeben noch ungeordnete Liste in sortierter Form. Numbers vollzieht die eingestellten Regeln direkt in der Tabelle. Sie können übrigens live verfolgen, welche Auswirkungen Ihre Einstellungen haben. Ändern Sie etwas an den Sortierkriterien, so wird dies gleich in der Tabelle umgesetzt, ohne dass sie nochmals auf *Jetzt sortieren* klicken müssen.

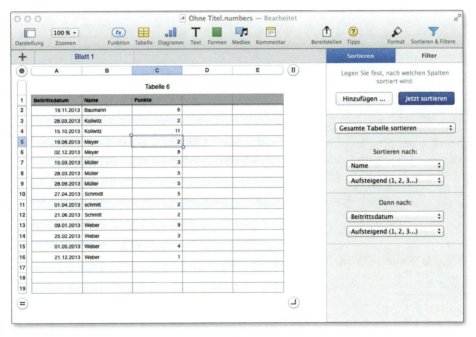

Sortiert werden kann auch nach mehreren Kriterien.

Sie können auch gezielt Werte ausblenden bzw. ausgewählte Werte anzeigen lassen.

1. Aktivieren Sie das Register *Filtern*.
2. Klicken Sie auf *Filter hinzufügen …*
3. Wählen Sie die Filterregeln für Text und die Regel ist …
4. Geben Sie einen Namen ein (im Beispiel »Schmitt«).

Kapitel 18

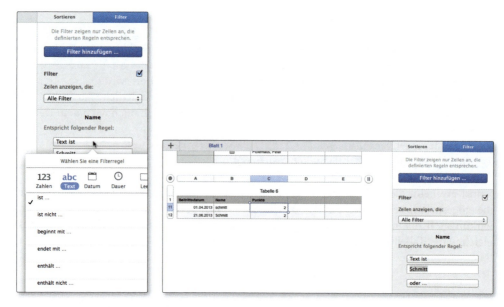

Eine Auswahl ist schnell herausgefiltert.

Sie sehen die Tabelle sofort reduziert auf zwei Einträge. Beachten Sie, dass Numbers sowohl »schmitt« als auch »Schmitt« herausgefiltert hat. Die falsche Kleinschreibung interessiert Numbers nicht. Den Namen »Schmidt« hat es allerdings unterschlagen, weil der nicht zum Suchbegriff passt. Sind Sie sich über Schreibweisen nicht sicher, können Sie auf die Schaltfläche *oder …* klicken und weitere Vergleichsnamen angeben, etwa »Schmidt«.

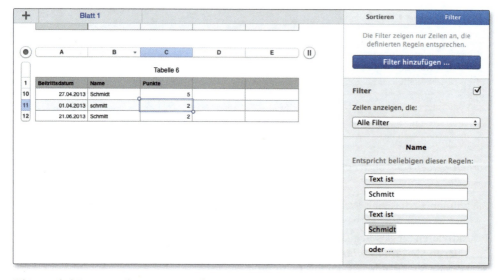

Filterregeln können auch erweitert werden.

Numbers: Tipps und Tricks zur Arbeit mit Tabellen

> **Grundlagen**
>
> Keinesfalls sind die Zeilen, die plötzlich verschwunden sind, unwiederbringlich verloren. Nehmen Sie das Häkchen bei Filter wieder weg – und schon ist die komplette Liste wieder da.

Wird der Filter ausgeschaltet, sind die verschwundenen Listeneinträge wieder sichtbar.

Der Filter bleibt erhalten. Erneutes Setzen des Häkchens wendet den Filter wieder auf die Liste an. Möchten Sie den Filter löschen, so zeigen Sie mit dem Mauszeiger neben die Filterregel. Es erscheint ein Papierkorb. Ein Klick darauf löscht die Regel. Möchten Sie einen Filter, der aus mehreren Regeln besteht, löschen, so fahren Sie mit dem Mauszeiger neben den Filterkopf. Klicken Sie dort auf den Papierkorb, ist quasi der ganze Filter mit allen Regeln »im Eimer«.

Filter lassen sich regelweise oder komplett löschen.

Zellenbereiche auswerten

Wie man mit Funktionen Zellenbereiche auswerten kann, wurde schon ganz zu Anfang erläutert. Es geht aber noch viel bequemer und ohne dass man eine Formel erstellen muss.

1. Markieren Sie einen Zellenbereich, der numerische Werte enthält.
2. Sie können sofort unterhalb der Zelle die Werte für Summe, Mittelwert, Min(imum) und Max(imum) ablesen. Vielleicht auch noch den Wert, den eine zuletzt noch genutzte Funktion angibt.
3. Wenn Sie noch andere Informationen benötigen, klicken Sie auf das kleine Dreieck neben dem Zahnrädchen.
4. Wählen Sie die passende Funktion aus der Liste aus.

Kapitel 18

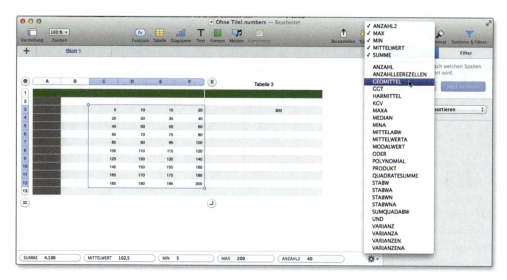

Berechnungen können auch außerhalb einer Tabelle angezeigt werden.

Wenn Sie bestimmte Berechnungen nicht benötigen, entfernen Sie sie durch Anklicken das Häkchen aus der Liste. Sofort verschwindet die Anzeige der Berechnung in der Fußzeile.

Rahmen in Tabellen

Eine Tabelle besteht aus vielen Zellen, von der jede einen dünnen grauen Rahmen trägt. Oft ist es gewünscht, einzelne Zellen oder Zellbereiche deutlich zu rahmen. Das ist an sich ganz einfach, für ungeübte Numbers-Anwender aber nicht ohne Überraschungseffekt. Der erste Versuch, einen Rahmen zu setzen, könnte nämlich ohne Ergebnis bleiben.

> **Grundlagen**
>
> Die Werkzeuge für Rahmen finden sich im Formatierungsfenster auf dem Register *Zelle*. Die Optionen für die Gitternetzlinien finden Sie allerdings im Register *Tabelle*.

Die Werkzeuge für Rahmen in Tabellen

264

Numbers: Tipps und Tricks zur Arbeit mit Tabellen

Um einen Rahmen zu setzen, muss eine Zelle oder ein Bereich mehrerer zusammenhängender Zellen markiert sein. Dann kann mit der Schaltfläche für Rahmenstile ein Rahmen ausgewählt werden. So kann ein Bereich außen einen Rahmen bekommen, aber auch innen die Zellen einen Rahmen erhalten. Auch das Hinzufügen bestimmter Linien (z. B. nur am unteren Zellenrand) ist möglich. Mit weiteren Schaltflächen können Sie die Linienstärke und Linienfarbe anpassen.

Um Rahmen zu verschachteln, gehen Sie am Besten von außen nach innen vor. Sie legen also zunächst den Rahmen um den größeren Zellenbereich und anschließend innerhalb dieses Rahmens um den (oder die) kleineren. Füllungen lassen sich auf diese Weise auch kombinieren. Die Rahmenstärke passen Sie nicht über die Auswahlliste an. Dort wählen Sie nur den Stil. Darunter stellen Sie die Punktzahl für den Rahmen ein. Beachten Sie, dass die Einstellung nur auf die aktuelle Markierung wirkt.

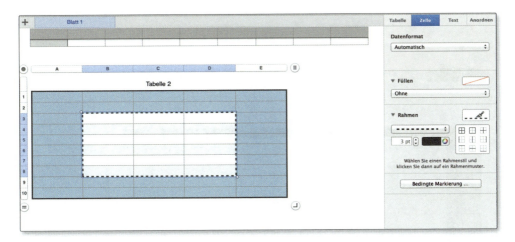

Rahmen und Füllungen lassen sich beliebig kombinieren

Die beschriebenen Vorgehensweisen funktionieren weitgehend auch mit der Browser- und iOS-Version. Unterschiede in der Bedienung insbesondere unter iOS sollten Ihnen aus den vorangegangenen Kapiteln bekannt sein.

Kapitel 18

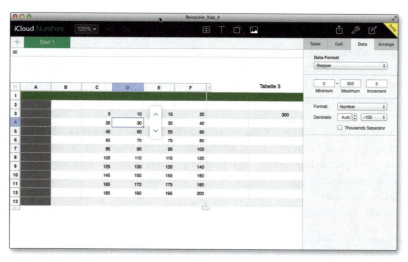

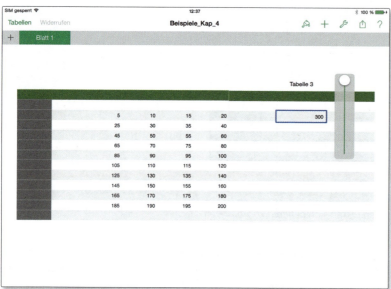

Keine Einschränkungen in der Browser- und iOS-Version.

Numbers
Mit Numbers Diagramme erstellen

Kapitel
19

Es ist heute fast schon selbstverständlich, dass eine Tabellenkalkulation aus Zahlen auch Diagramme erzeugen kann. Numbers steht dabei natürlich nicht zurück. Dieses Kapitel zeigt ausführlich, mit welchen Optionen Diagramme erweitert und verbessert werden können.

Kapitel 19

Diagramme erzeugen

Basis für ein Diagramm sind vorhandene Werte. Damit die folgenden Beispiele ausprobiert und nachvollzogen werden können, sollten Sie eine einfache Tabelle aufbauen oder die den folgenden Beispielen zugrunde liegende Tabelle abtippen. Wollen Sie eine eigene Tabelle entwerfen, sollte diese im Interesse der Vergleichbarkeit vom Aufbau her ähnlich sein. Die Werte können Sie nach Belieben eintragen.

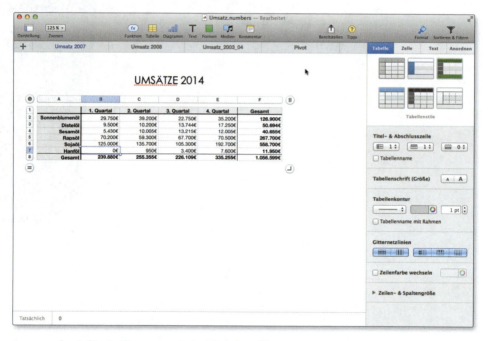

Ausgangsbasis für ein Diagramm sind vorhandene Werte.

Ein Diagramm schnell erzeugen

Ein Diagramm ist schnell und mit wenigen Mausklicks erstellt:

1. Doppelklicken Sie mit der Maus links oben in den Kreis (zwischen Spalten und Zeilentitel), um die Tabelle komplett auszuwählen. Ist die Tabelle bereits ausgewählt oder der Zellenbereich, der für das Diagramm genutzt werden soll, markiert, können Sie auf diesen Schritt verzichten.
2. Öffnen Sie in der Symbolleiste den Katalog der Diagrammtypen mit der Schaltfläche *Diagramme*.
3. Wählen Sie durch Anklicken den zweiten Diagrammtyp (*Balkendiagramm*) aus.
4. Ehe Sie sich's versehen, hat Numbers ein Diagramm in das Blatt integriert. Aber ob Sie damit zufrieden sind?

Mit Numbers Diagramme erstellen

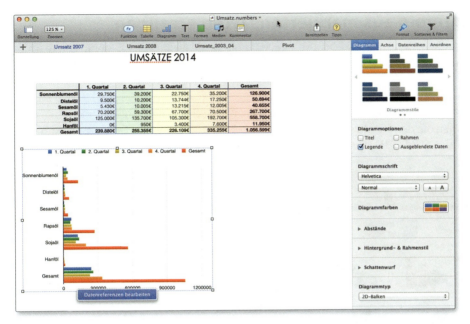

Ein Diagramm ist zwar schnell erstellt – das Ergebnis dann aber selten optimal.

Numbers hat das Diagramm aus allen Werten erstellt (auch aus den Gesamtspalten und -zeilen). Außerdem überlagert das Diagramm bei Ihnen möglicherweise die Tabelle. Zudem sieht die Tabelle plötzlich sehr bunt aus. Kann das richtig sein?

Wenn Sie Numbers keine genauen Angaben machen, welche Informationen in einem Diagramm umgesetzt werden sollen, wird eben alles umgesetzt.

Dass das Diagramm so ungünstig positioniert ist, mag nicht schön sein, aber es ist leicht zu beheben. Mit der Maus können Sie es sowohl an eine andere Stelle ziehen als auch an den Anfasspunkten vergrößern oder verkleinern.

Die Farben in der Tabelle sind nur Hinweise auf die gleichfarbigen Balken im Diagramm. Wenn Sie die Tabellenmarkierung aufheben, sind auch die Farben in der Tabelle verschwunden (im Diagramm nicht!).

Verschieben Sie das Diagramm, verschiebt sich auch der Diagrammtitel mit. Außerdem kann er komplett ausgeblendet werden.

Sie sehen, es ist alles halb so schlimm. Ehe wir aber nun an diesem Diagramm herumdoktern, gehen Sie einfach noch einmal zurück in die Ausgangssituation.

5. Wählen Sie *Bearbeiten | Diagramm* einfügen widerrufen oder drücken Sie die Tastenkombination ⌘ – Z.

Kapitel 19

Diagramm aus markierten Daten erzeugen

Angenommen, es soll nur aus den Werten der Gesamtspalte ein Diagramm erstellt werden, dann gehen Sie folgendermaßen vor:

1. Klicken Sie in die Zelle F2.
2. Markieren Sie mit der Maus den Bereich bis F7 mit der Maus oder über ⇧ – 6.
3. Öffnen Sie den Katalog der Diagrammtypen bei Diagramme (in der Symbolleiste).
4. Wählen Sie das 3D-Tortendiagramm aus.

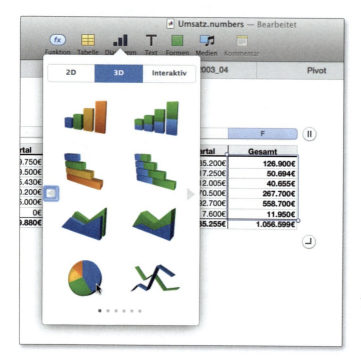

Auch Teilbereiche einer Tabelle können für ein Diagramm genutzt werden.

Wieder knallt uns Numbers das Diagramm halbfertig in das Blatt und überlagert möglicherweise auch die Tabelle. Aber diesmal nehmen wir das Ergebnis an und bearbeiten es, bis wir mit dem Ergebnis zufrieden sind.

Diagramm bearbeiten

Die Ausgangssituation ist noch nicht so optimal, aber da Numbers ja in Sachen Layout für Sie kein »unbeschriebenes Blatt« mehr ist, wissen Sie auch damit umzugehen. Als Erstes ziehen Sie also das Diagramm etwas von der Tabelle weg.

Mit Numbers Diagramme erstellen

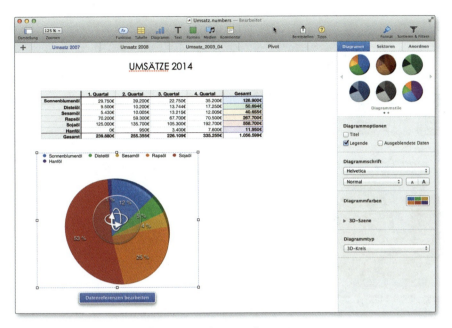

Die Ausgangssituation ist alles andere als optimal.

Die Legende wurde beispielsweise oben angeordnet und sieht an dieser Stelle nicht sonderlich gut aus. Sie können diese auch ausblenden, indem Sie im Informationendialog das Häkchen im Kontrollkästchen vor *Legende zeigen* entfernen. Das sollten Sie in diesem Fall aber nicht machen. Stattdessen klicken Sie die Legende an und ziehen sie unter das Diagramm. Dort stauchen Sie die Legende etwas zusammen, indem Sie am rechten Anfasspunkt des markierten Legendenobjekts mit dem Mauszeiger anfassen und bei gedrückter rechter Maustaste nach links schieben, so weit, bis jeweils zwei Legendenpunkte untereinander stehen. Dann kann die Legende endgültig platziert werden. Numbers hilft mit, indem es die Ausrichtlinien einblendet.

Nun markieren Sie den Diagrammtitel und überschreiben ihn mit »Gesamtumsätze nach Produkten«. Ist kein Titel vorhanden, müssen Sie diesen bei Diagrammoptionen aktivieren.

Mit der runden Schaltfläche inmitten des Diagramms können Sie die Ausrichtung des 3D-Diagrammobjekts verändern. Kleine Korrekturen bringen hier mehr als große Veränderungen. Daneben können Sie noch die Beleuchtungsart der Objekte verändern. Damit Sie an die Einstellungen kommen, müssen Sie im Formatbereich auf das kleine Dreieck neben *3D-Szene* klicken. Der Schalter *Diagrammtiefe* regelt die »Dicke« des Objekts.

Auf dem Register *Sektoren* regeln Sie, wo und wie die *Beschriftungen* (im Beispiel »%«) auf den Tortenstücken erscheinen. Probieren Sie einfach aus, was wie wirkt. Ziehen Sie den Regler bei Position nach rechts, so gehen die einzelnen Stücke der Torte nach allen Richtungen auseinander.

Kapitel 19

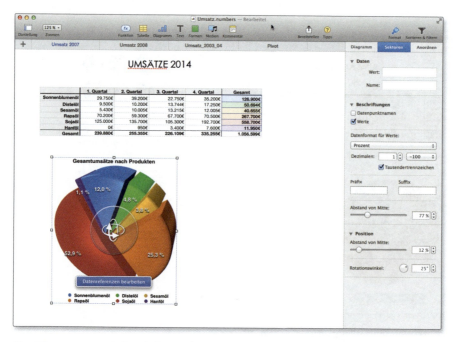

Das Diagramm wurde bearbeitet und ins Layout eingepasst.

Über den *Rotationswinkel* können Sie die Torte so drehen, dass die einzelnen Elemente gut zur Geltung kommen.

Sie haben gesehen, dass Sie nur die Werte markieren müssen, die Numbers in Zahlen umsetzen soll. Die passenden Spalten- und Zeilenüberschriften holt Numbers sich schon selbst.

Einzelne Diagrammelemente bearbeiten

Das Kreissegment für das Produkt Hanföl verschwindet fast und wird von den anderen Bereichen im Diagramm fast verdeckt.

1. Um es etwas hervorzuheben (ohne den Gesamtanteil zu verfälschen), klicken Sie dieses Element einmal an, um es zu markieren.

> **Aufgepasst**
>
> Nicht auf den Wert (in diesem Fall die Prozentzahl) klicken, sonst wird diese markiert und nicht das Kreissegment. Dieses muss an der Spitze und an den Schnittpunkten zu den daneben liegenden Segmenten Punkte zeigen.

2. Fassen Sie das Segment und ziehen es etwas nach außen.

Mit Numbers Diagramme erstellen

Es wird sich dabei von den anderen Segmenten lösen und ist plötzlich, ohne dass am anteiligen Wert etwas verändert wurde, besser wahrzunehmen. Um es noch genauer anzupassen, greifen Sie wieder auf das Informationsfenster zurück.

1. Klicken Sie auf das Register *Keil*.
2. Mit dem Schieberegler bei *Position* können Sie das Segment aus dem Diagramm heraus- oder in das Diagramm hereinbewegen.
3. Klicken Sie nun neben das Diagramm, um die Auswahl des einzelnen Segments aufzuheben.
4. Wählen Sie das Register *Sektoren* aus.
5. Mit dem Kreis bei *Rotationswinkel* können Sie das Diagramm drehen (mit der Maus fassen und den Kreis drehen). So bekommen Sie das herausgeschobene Segment z. B. nach rechts oben.

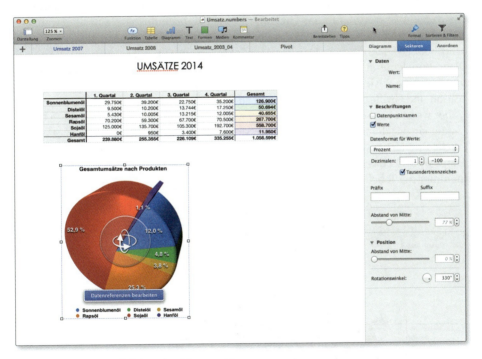

Torten kann man in »Stücke schneiden«.

An diesem einfachen Beispiel haben Sie schon gesehen, wie man mit Diagrammen in Numbers arbeitet. Im folgenden Kapitelabschnitt erfahren Sie noch einige Details mehr, um in Kürze zum Numbers-Diagrammexperten zu avancieren.

Diagrammbearbeitung im Detail

Numbers stellt einiges an Werkzeugen zur Verfügung, um Diagramme ansprechend zu bearbeiten und zu aussagekräftiger Gestalt zu führen. Manches ist auf den ersten Blick aber nicht ersichtlich.

Werkzeuge im Formatbereich

Im Formatierungsbereich finden Sie alle Werkzeuge zur Diagrammbearbeitung. Welche Werkzeuge und Optionen zur Verfügung stehen, hängt aber immer davon ab, was markiert ist.

Formateinstellungen für das ganze Diagramm

Sie sind über die drei Register *Diagramm*, *Sektoren* und *Anordnen* verteilt. Unter **Diagramm** finden sich alle Werkzeuge, um das Diagramm direkt zu beeinflussen. Je nach gewähltem Diagrammtyp finden sich aber unterschiedliche Werkzeuge. 3D-Optionen gibt es beispielsweise nur bei 3D-Diagrammen. Das Register **Sektoren** enthält Werkzeuge, um die einzelnen Diagrammelemente zu bearbeiten. Sie können die Beschriftungen der Elemente anpassen und auch eine Positionierung vornehmen. Unter **Anordnen** finden Sie Optionen, um die Position und Größe des Diagramms exakt zu fixieren. Das geht zwar auch direkt mit der Maus, aber wenn es auf den letzten Millimeter ankommt, können Sie das über diese Optionen exakter einzustellen. Auch Ebenen lassen sich verändern. Soll das Diagramm etwa von der Tabelle überlagert werden, so nützt es nichts, das Diagramm über die Tabelle zu ziehen. Dann verdeckt das Diagramm die Tabelle selbst. Klicken Sie auf *Zurück*, wird das Diagramm hinter die Tabelle gelegt.

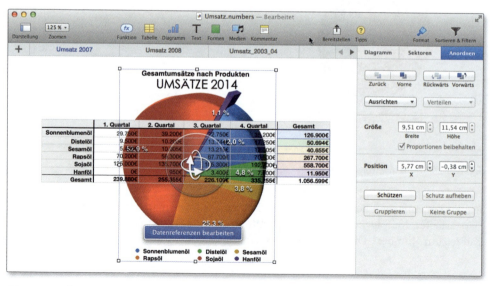

Diagramme können in andere »Ebenen« verschoben werden.

Mit Numbers Diagramme erstellen

Werkzeuge für Diagrammelemente

Markieren Sie ein einzelnes Diagrammelement, verändern sich die Register. Das Register *Diagramm* ist weiterhin vorhanden. Neu sind die Register *Keil* und *Stil*.

Unter dem Register **Keil** finden Sie Werkzeuge zur Beschriftung und Positionierung des Elements. Im Falle des Tortendiagramms können Sie über den Schieberegler bei Position das Tortenelement weiter aus dem Diagramm herausziehen oder wieder hineinschieben. **Stil** ermöglicht die Anpassung der Farbe, aber auch das Füllen des Elements mit einem Bild. Die Darstellung kann dann noch über fünf Optionen anpasst werden, etwa durch gekachelte Darstellung.

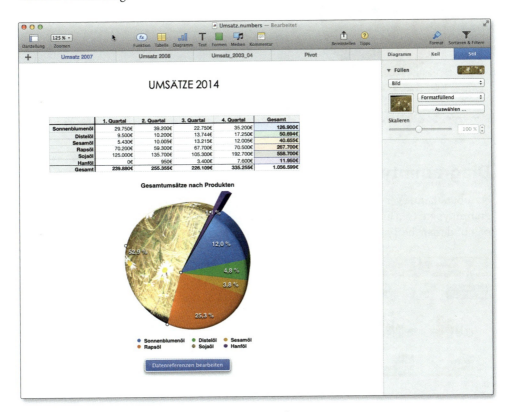

Jedes einzelne Diagrammelement kann angepasst werden.

Kapitel 19

Diagrammreferenzen anpassen

Sollen die Datenbereiche, auf die das Diagramm sich bezieht, angepasst werden, so geht das über die Schaltfläche *Datenreferenzen bearbeiten*, die im Diagramm erscheint, wenn es markiert ist. Klicken Sie diese Schaltfläche an, so wird die Tabelle ausgewählt. Sie können darin nun andere Datenbereiche markieren und den vorhandenen Bereich erweitern oder einschränken.

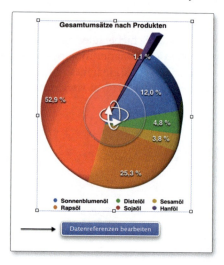

Datenbereiche können auch im Nachhinein noch angepasst werden.

Diagrammtypen

Numbers kennt verschiedene Diagrammtypen, darunter 2D-, 3D- und interaktive Diagrammtypen. Genau besehen wiederholen sich verschiedene Typen in den einzelnen Gruppen und manche Typen kommen auch gemischt vor:

- Säulendiagrammtypen
- Balkendiagrammtypen
- Flächendiagrammtypen
- Liniendiagrammtypen
- einen Tortendiagrammtyp
- gemischte Diagrammtypen (Linie mit Säulen)
- einen Streudiagrammtyp
- einen Blasendiagrammtyp.

Numbers kennt zahlreiche Diagrammtypen.

Mit Numbers Diagramme erstellen

Alle, außer den Streu- und Blasendiagrammtypen, gibt es in einer 2D- und einer 3D-Variante. Verglichen mit anderen Tabellenkalkulationen ist das nicht viel, aber es ist ausreichend für die meisten Fälle.

Bei den Typen, die zweimal vorhanden sind (Säule, Balken, Fläche), handelt es sich bei der zweiten um eine gestapelte Variante, d. h., die Elemente werden aneinandergehängt. Das ist oft dann sinnvoll, wenn zu viele einzelne Elemente in einem Diagramm vorkommen. Schauen Sie sich das Beispiel mit diesem Diagrammtyp an. Da hat die einzelne Säule kaum noch eine Aussagekraft. In vielen Fällen, wenn zwei Merkmale dargestellt werden sollen (im Beispiel Gebiet und Quartal), hilft die gestapelte Form.

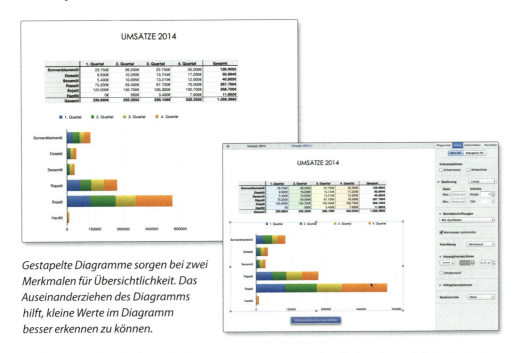

Gestapelte Diagramme sorgen bei zwei Merkmalen für Übersichtlichkeit. Das Auseinanderziehen des Diagramms hilft, kleine Werte im Diagramm besser erkennen zu können.

Ein Blick auf das Register der Formatoptionen zeigt schnell, dass je nach Diagrammtyp andere Bearbeitungsregister auftauchen können. Das Register *Achse* ist beim Säulendiagramm nicht zu gebrauchen, bei den anderen Diagrammen sehr wohl.

Bei Säulen oder Balken lassen sich Elemente nicht von den anderen ablösen wie beim Tortendiagramm. Es lassen sich aber die Elemente einzeln (oder in Gruppen, bei den Stapeln) bearbeiten und z. B. Werte hinzufügen. Dazu wählen Sie das Register *Datenreihen* und stellen bei der Beschriftung *Wertebeschriftungen* ein.

Außerdem können die Abstände der Säulen und Balken voneinander (und indirekt dadurch auch deren Breite/Dicke) verändert werden, indem Sie auf dem Register *Diagramm* bei *Abstände* den Prozentwert verändern. Beachten Sie, dass dadurch nicht das Diagramm auseinandergezogen, sondern die Balken dicker oder dünner werden.

Trendlinie und Fehlerbalken

Trendlinien und Fehlerbalken sind Auswertungen, die in ein bestehendes Diagramm integriert werden können. Damit sind wissenschaftliche und statistische Auswertungen mit Numbers (zumindest innerhalb eines begrenzten Rahmens) möglich geworden. Um das einmal auszuprobieren, gehen Sie folgendermaßen vor:

1. Erstellen Sie ein Säulendiagramm aus den Umsätzen »Rapsöl«.
2. Ziehen Sie das Diagramm ausreichend breit und passen Sie die Abstände zwischen den Säulen an (im Beispiel wurde 100 % gewählt.
3. Wechseln Sie in das Register Datenreihen.
4. Aktivieren Sie das Register *Erweitert*.
5. Wählen Sie aus der Liste bei Trendlinie die Variante *Ganzrational* aus. Probieren Sie aber ruhig auch die anderen Trendlinien einmal aus.
6. Aktivieren Sie das Kontrollkästchen vor *Gleichung einblenden*.

Numbers hat über das Säulendiagramm eine Linie gezogen, die den Trend – nach einer vorgegebenen Methode errechnet – anzeigt. Die Gleichung zeigt, wie der Trend berechnet wurde. In der Regel stört solch eine Gleichung im Diagramm und wird besser wieder ausgeblendet.

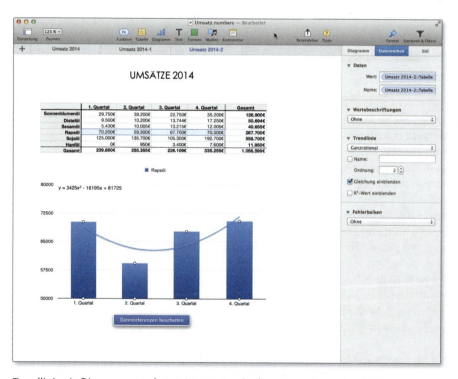

Trendlinien in Diagramme zu legen, ist nur eine Sache von wenigen Mausklicks.

Aktivieren Sie das Register *Fehlerbalken*, so können Sie der Trendlinie und/oder dem Diagramm noch grafische *Fehlerwerte* (z. B. *Standardabweichung* oder *Standardfehler*) hinzufügen. In der vorangegangenen Version von Numbers war die Anpassung nicht weiter möglich. Apple hat nun die Festlegung des Bereichs hinzugefügt, sodass nun die Abweichung angepasst werden kann.

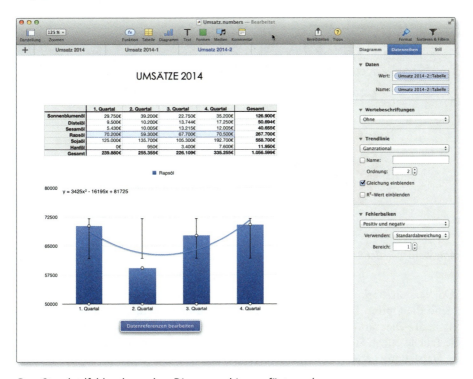

Der »Standardfehler« kann dem Diagramm hinzugefügt werden.

Diagrammfarben und die Füllung der Diagrammelemente sowie *Linieneffekte* und *Schattenwurf* lassen sich über das Register *Stil* weiter anpassen.

Numbers ist inzwischen in der Lage, aussagekräftige und ansehnliche Diagramme zu erstellen. Man muss sich nicht mehr mit dem Ergebnis nach dem ersten Klick zufrieden geben. Die Anpassung der Standardergebnisse ist sehr flexibel möglich und dabei sehr einfach durchzuführen.

Browser und iOS-Version

Wie schon im ersten Numbers-Kapitel vermerkt, kann die Browser-Version zum Redaktionsschluss dieses Buchs zwar Diagramme anzeigen, Sie können aber keine damit erstellen oder bearbeiten. Vorhandene Diagramme werden nur als Grafik wiedergegeben.

Kapitel 19

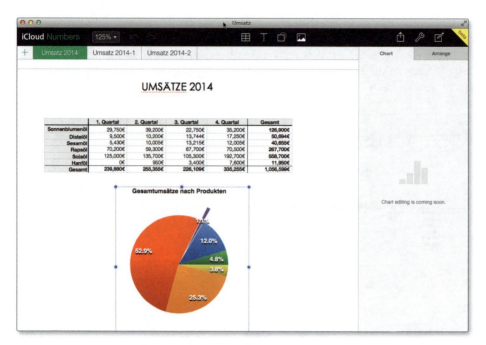

Diagramme werden in der Browser-Version als Grafik angezeigt.

In der iOS-Version markieren Sie die Zellen und wählen anschließend aus dem eingeblendeten Menü die Option Diagramm erstellen. Sie auf unterschiedliche Farbvarianten zurückgreifen, 3D-Diagramme und die interaktiven Varianten wählen. Das Diagramm wird unter die Tabelle gelegt. Sie können es aber auch in die Tabelle ziehen, wenn Sie Daten und grafische Darstellung nahe beieinander haben möchten.

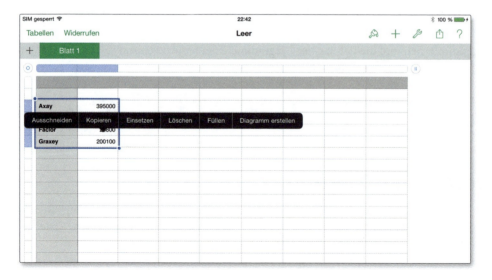

Mit Numbers Diagramme erstellen

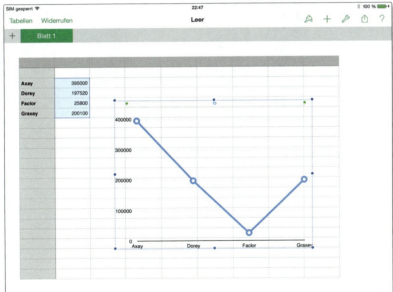

Diagrammerstellung ist auch in der iOS-Version einfach zu realisieren.

Die Bearbeitungsfunktionen erreichen Sie, wenn Sie bei markiertem Diagramm auf das Pinselsymbol klicken. Sie können dann den Stil des Diagramms anpassen – auch zu 3D-Diagrammen der ausgewählten Variante wechseln – die X- und Y-Achse bearbeiten, und über *Diagrammoptionen* Titel, Legende, Rahmen, Schrift u. a. anpassen.

Kapitel 19

> **Hilfe**
>
> Wählen Sie die letzte Option *Diagrammtyp*, können Sie auch im Nachhinein auf dem iPad oder iPhone noch den Diagrammtyp wechseln.

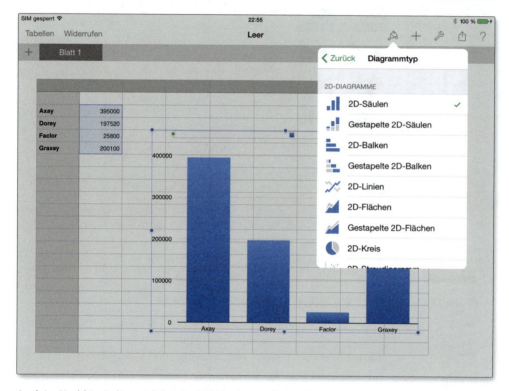

Auch im Nachhinein lässt sich bei der iOS-Version noch der Diagrammtyp wechseln.

Numbers
Formeln und Funktionen

Kapitel 20

Einen Überblick über die eingebauten Funktionen von Numbers erhält man zunächst nicht, weil diese sozusagen im Hintergrund vorhanden sind. Erst wenn Sie den Funktionseditor öffnen, haben Sie einen Blick auf alle Funktionen. Es sind in Numbers mehr als 250. Was sie bedeuten und wie sie eingesetzt werden, zeigt das folgende Kapitel.

Formeln in Numbers

Bereits im ersten Kapitel haben Sie die Formeln und Funktionen kennengelernt. In einfachster Form – über die Symbolleiste und am rechten Rand des Numbers-Fensters, wenn Zellen markiert sind, die Zahlen enthalten. Damit wurde aber nicht ansatzweise ausgelotet, was Numbers alles kann. Deswegen beschäftigt sich dieses Kapitel intensiver mit diesem Thema.

Formeln erstellen

Wenn in einer Zelle gerechnet werden soll, muss eine Formel her. Von den einfachen Grundrechenarten bis hin zu komplexen Berechnungen ist alles in einer Numbers-Zelle möglich.

Arbeiten mit dem Formeleditor

Haben Sie sich früher in der Schule mit Formeln geplagt? Das ist jetzt mit Numbers ganz einfach: Ein Gleichheitszeichen (=) eingeben, und schon öffnet sich der Formeleditor. Alternativ können Sie auch auf die Schaltfläche für Funktionen *fx* in der Symbolleiste klicken und *Formel erstellen* auswählen.

Klein, aber fein: der Formeleditor von Numbers in der Desktop- und Browserversion.

Nun kann auf zweierlei Art mit diesem Formeleditor gearbeitet werden:

- durch Direkteingaben
- durch Markierungen in der Tabelle mit der Maus

Es genügt, ein Mal in eine Zelle zu klicken, und schon wird diese Zelle als Bezug in den Formeleditor übernommen. Oder Sie markieren einen Zellbereich – z. B. B3 bis B5. Im Editor finden Sie an der Cursorposition den Eintrag: B3:B5 (der Doppelpunkt hat die Bedeutung von »bis«).

Ein Klick auf die Schaltfläche mit dem roten »x« – und schon sind alle Eingaben im Editor gelöscht und der Editor ist geschlossen. Ein Klick auf die Schaltfläche mit dem grünen Häkchen – die Formel aus dem Editor wird in die Zelle übernommen.

Bei der iOS-Version genügt es, mit dem Finger doppelt in die Zelle zu klicken. Der Editor sieht ein wenig anders aus als in der Desktop- und Browserversion. Er erscheint nicht in der Zelle, sondern unterhalb. Darunter ist das Eingabefeld, da ein Tablet oder Smartphone ja keine Tastatur besitzt.

Numbers: Formeln und Funktionen

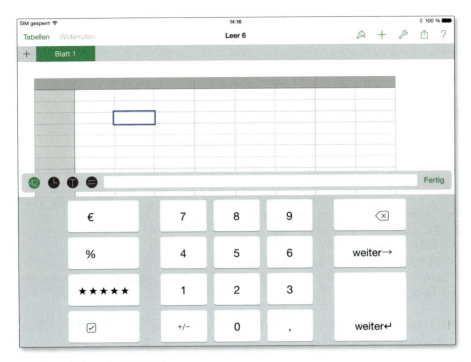

Der Formeleditor der iOS-Version

Links neben dem Eingabefeld finden sich vier Symbole:

- ⓸ Eingabe numerischer Werte
- 🕘 Eingabe von Datum & Uhrzeit
- 🅣 Eingabe von Text
- ⊖ Eingabe von Formeln

Mit einem Klick auf *Fertig* wird die Eingabe abgeschlossen.

Absolute und relative Bezüge

Ein Bezug ist eines der flexibelsten Instrumente in der Tabellenkalkulation. Er verweist auf eine bestimmte Zelle (oder einen bestimmten Bereich) und nicht auf einen fixen Wert. Ändert sich der Wert in der Zelle, auf die Bezug genommen wird, so ändert sich auch das Ergebnis, das die Formel (die diesen Bezug enthält) zurückgibt.

Ein **absoluter Bezug** verweist immer auf die gleiche Zelle. Ein **relativer Bezug** verweist auf eine Zellenposition, die sich ändern kann, wenn die Formel bewegt wird. Das hört sich etwas mysteriös an, ist aber eigentlich ganz einfach.

Mit relativen Bezügen arbeiten

Bei Eingabe eines Bezuges ist zunächst immer ein relativer Bezug von Numbers vorgesehen. Sie erkennen das daran, dass der Bezug nur mit Buchstabe und Zahl (z. B. C4) dargestellt wird.

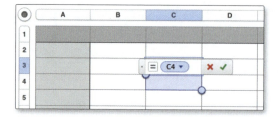

Bezüge sind zunächst immer relativ.

1. Geben Sie in Zelle C4 einen beliebigen Wert ein.
2. Setzen Sie den Zellencursor in die Zelle C3.
3. Tippen Sie ein Gleichheitszeichen; der Formeleditor erscheint.
4. Klicken Sie mit der Maus in die Zelle C4.
5. Bestätigen Sie mit einem Klick auf die Schaltfläche mit dem grünen Häkchen oder mit der ↵-Taste.

Die Zelle C3 zeigt nun auch den Wert der Zelle C4 an. Ändern Sie den Wert in Zelle C4, ändert sich dieser (über die Formel mit dem Bezug) auch in Zelle C3.

> **Aufgepasst**
>
> Schreiben Sie einen Wert in eine Zelle, die eine Formel enthält, so wird diese überschrieben. Die Formel ist anschließend verschwunden. Sie können das noch kurz über *Bearbeiten | Rückgängig* korrigieren. Vergessen Sie das, wird nach dem nächsten Start die Formel unwiederbringlich verloren sein und muss neu eingegeben werden.

6. Fassen Sie in der Mitte des rechten Randes der Zelle, die die Formel enthält (im Beispiel C3), und ziehen Sie bis zur Zelle G3.

Alles ist relativ – auch eine Formel.

Wie Sie sehen, hat sich die Formel angepasst. Aus dem Bezug C4 wurde in Zelle D3 der Bezug D4, in Zelle E3 zu E4, in Zelle F3 zu G4 und in Zelle G3 zu G4. Der Bezug ist relativ, weil er sich relativ zu seiner Position anpasst. Numbers merkt sich nämlich gar nicht C4. Das Programm merkt sich »eine Zelle darunter«. Das ist oft ganz praktisch, wenn man Tabellenanwendungen erstellt. Man erspart sich viel Tipperei, und bei den Formeln »denkt Numbers mit«.

Mit absoluten Bezügen arbeiten

Absolute Bezüge merken sich tatsächlich eine bestimmte Stelle und vergessen die auch nicht, wenn sie woandershin kopiert werden. Damit Numbers erkennt, dass es sich um einen absoluten Bezug handelt, werden Dollarzeichen ($) vor die Zeilen- und Spaltenbeschriftungen gesetzt. Um solch einen absoluten Bezug zu erzeugen, klicken Sie auf das kleine Dreieck neben dem Bezug im Formeleditor. Sie können anschließend den absoluten Bezug auf die Zeile, auf die Spalte oder auf beides festlegen.

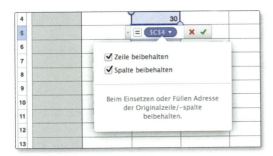

Ein absoluter Bezug ist an den Dollarzeichen zu erkennen.

Um das im Beispiel einmal auszuprobieren, gehen Sie folgendermaßen vor:

1. Setzen Sie den Zellencursor in Zelle C5.
2. Geben Sie in die Zelle ein Gleichheitszeichen ein.
3. Klicken Sie in die Zelle C4.
4. Öffnen Sie das Häkchen neben dem Bezug und legen Sie sowohl Zeile als auch Spalte als absolut fest.
5. Bestätigen Sie mit einem Klick auf das grüne Häkchen.
6. Ziehen Sie die Formel bis zur Zelle G5.

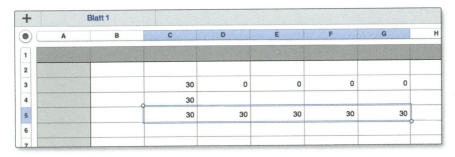

Numbers versteht es auch, wenn man absolut eine bestimmte Zelle will.

Sie sehen, dass diesmal der Bezug in der Formel nicht geändert wurde. Es wird immer auf die Zelle C4 Bezug genommen, egal wohin Sie die Formel auch kopieren.

Es sind drei Formen des absoluten Bezugs möglich:

- $C4: Die Spalte »C« bleibt absolut, der Zeilenverweis ist relativ und kann sich beim Kopieren ändern.
- C$4: Die Zeile »4« bleibt absolut, der Spaltenverweis ist relativ und kann sich beim Kopieren ändern.
- C4: Sowohl Zeile »4« als auch die Spalte »C« sind absolut und verändern sich auch beim Kopieren nicht.

In der vorherigen Version von Numbers konnte man sich in einer Formelliste alle Formeln der jeweiligen Numbers-Anwendung – von allen Blättern und Tabellen – in einer Übersicht anzeigen lassen. Diese Funktion hat Apple in der aktuellen Numbers-Version leider gestrichen.

Arbeiten mit Funktionen

Formeln können sehr komplex werden. Schon die Zinseszinsformel ist ziemlich lang. In vielen Fällen können Sie sich aber die Eingabe langer Formeln sparen, wenn Sie auf die eingebauten Funktionen zurückgreifen. Mehr als 250 Funktionen, aufgeteilt auf verschiedene Kategorien, bringt Numbers mit. Eine vollständige Auflistung an dieser Stelle ist nicht sinnvoll, weil das Buch nicht als Referenz gedacht und auch nicht nötig ist. Solch eine Liste ist bereits in Numbers zu sehen und enthält sogar kurze Erklärungen und Beispiele. Stattdessen zeige ich in den folgenden Abschnitten aus jeder Kategorie einige Anwendungsmöglichkeiten.

Numbers bietet die Funktionen nicht nur übersichtlich in einer Auswahl an, sondern liefert auch gleich noch eine ausführliche Hilfe mit.

Numbers: Formeln und Funktionen

In der iOS-Version von Numbers müssen Sie einen kleinen Umweg gehen, um die Funktionen zu erreichen. Haben Sie das Gleichheitszeichen in einer Zelle eingegeben, klicken Sie auf die Schaltfläche *Funktionen*. Es wird eine Übersicht eingeblendet, die zunächst die bislang benutzten Funktionen (*Benutzt*) anzeigt. Vermutlich gibt es einen Vorrat an Funktionen, den Sie häufiger einsetzen. Diese Funktionen erreichen Sie auf diese Weise sehr schnell. Um aber auch die anderen Funktionen zu finden, müssen Sie auf *Kategorien* klicken. Dann öffnet sich eine Liste mit den Funktionskategorien. Wählen Sie eine Kategorie aus, erreichen Sie die Liste der zugehörigen Funktionen.

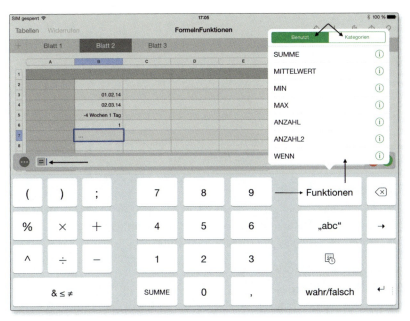

In der iOS-Version von Numbers braucht es ein paar Fingertipps mehr, bis man die gesuchte Funktion gefunden hat.

Funktionen für Datum & Zeit

Dass man mit dem Datum rechnen kann, ist eigentlich eine Selbstverständlichkeit. Natürlich kann das eine Tabellenkalkulation wie Numbers auch und stellt dazu einige Funktionen bereit.

Funktionen einfügen

1. Geben Sie in Zelle B3 das Datum des ersten Tages des aktuellen Monats ein (im Beispiel 1.2.2014).
2. Wenn Sie mit der ↵-Taste abgeschlossen haben, steht der Zellencursor jetzt in der Zelle B4. Wenn nicht, setzen Sie ihn dorthin.
3. Geben Sie das Gleichheitszeichen ein. Rechts erscheint nun der Katalog mit den Funktionen.

Kapitel 20

4. Markieren Sie links die Kategorie *Datum & Zeit* und …
5. … rechts die Funktion *HEUTE*.
6. Bestätigen Sie mit einem Klick auf die Schaltflächen *Funktion einfügen* …
7. … und im Formeleditor auf die Schaltfläche mit dem grünen Häkchen.

Es gibt in Numbers sogar eine Funktion für das »Hier und Jetzt«.

Mit Datumsfunktionen rechnen

Die Funktion *HEUTE* gibt das aktuelle Tagesdatum aus. Morgen wird es nicht mehr das Datum von heute, sondern das Datum von morgen sein, das dann allerdings das Datum von heute ist. Das Datum wechselt also mit dieser Funktion täglich.

1. Setzen Sie den Zellencursor in die Zelle B5.
2. Geben Sie das Gleichheitszeichen ein.
3. Klicken Sie in die Zelle B3 und drücken Sie ein Mal die Taste mit dem Minus-Zeichen.
4. Klicken Sie in die Zelle B2 und beenden Sie die Formeleingabe.

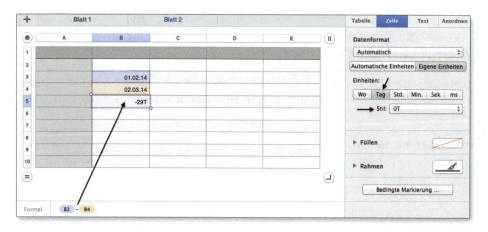

Numbers errechnet die Differenz zwischen zwei Datumswerten.

Numbers: Formeln und Funktionen

Das Ergebnis wird in Tagen ausgegeben. Klicken Sie rechts bei Einheiten auf *Wo* (für Wochen), so rechnet Numbers die Ausgabe des Ergebnisses um. Die Kurzschreibweise mit W und T können Sie ebenfalls anpassen. Wählen Sie bei Stil: *0 Wochen 0 Tage* aus. Das Ergebnis in der Zelle kann sich lesen lassen.

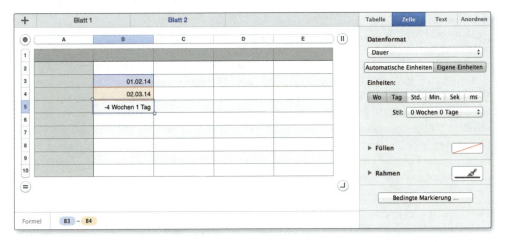

Das Ergebnis lässt sich lesbar formatieren.

> **Tipp**
>
> Die Differenz zwischen zwei Terminen lässt sich auch mit der Funktion *DATUMDIF* errechnen. Um sich die Funktion genau erklären zu lassen, müssen Sie nur im Funktionenkatalog die zugehörige Hilfe lesen.

Vereinfachte Formelerstellung

Wählen Sie eine Funktion aus der Liste der Funktionen und fügen Sie diese in eine Zelle ein, so werden im Formeleditor alle nötigen Variablen und Parameter angezeigt. Sie können nun durch Mausklick in die jeweiligen Zellen die Bezüge direkt zuweisen. Im Falle der *DATUMIF*-Funktion gehen Sie folgendermaßen vor:

1. Markieren Sie die Zelle B6 durch Anklicken.
2. Suchen Sie im Katalog der Funktionen in der Kategorie *Datum & Zeit* die Funktion *DATUMDIF* und übertragen Sie diese mit *Funktion einfügen* in die Zelle.
3. Klicken Sie zuerst auf *Startdatum* und dann in die Zelle B3.
4. Klicken Sie auf *Enddatum* und anschließend in die Zelle B4.
5. Öffnen Sie die Liste bei *Zeiteinheiten* und wählen Sie »MT« (für Monat und Tag).
6. Schließen Sie den Formeleditor.

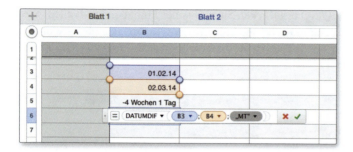

Parameter können Sie einfach aus einer Liste auswählen.

Weitere Datumsfunktionen

Die Funktionen *JAHR*, *MONAT* und *TAG* extrahieren aus einem Datum den Wert, der sich aus dem Funktionsnamen selbst erklärt. Die Funktion *WOCHENTAG* ermittelt aus einem Datum den Wochentag (als Zahl). Damit sind nicht alle, aber doch die wesentlichen Funktionen dieser Gruppe erklärt. Aus der folgenden Abbildung können Sie die Wirkungsweise der Datumsfunktionen exemplarisch entnehmen.

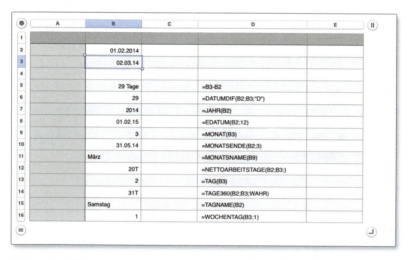

Datumsfunktionen werten Datumswerte aus oder berechnen diese.

Zeitfunktionen

Neben Datumsfunktionen enthält Numbers eine Reihe von Zeitfunktionen. Zunächst kann mit Zeitwerten gerechnet werden wie mit Datumswerten. Zieht man von einem größeren Zeitwert einen kleineren ab, so erhält man die Differenz. Auf einige Besonderheiten gehe ich noch separat ein.

JETZT ist die korrespondierende Funktion zu *HEUTE*. Ausgegeben wird die augenblickliche Uhrzeit. *STUNDE*, *MINUTE* und *SEKUNDE* werten einen Zeitwert entsprechend aus, indem sie den Wert zurückgeben, der ihrem Namen entspricht. Die Auswirkungen einiger Zeitfunktionen können Sie wieder der folgenden Abbildung entnehmen.

Numbers: Formeln und Funktionen

Die Funktionen *JETZT* und *HEUTE* behalten nicht ihren Wert, sondern passen sich den Systemeinstellungen an. Wird *HEUTE* am 24.2.2014 eingefügt, so gibt die Funktion einen Tag später den 25.2.2014 aus. Ähnlich verhält sich *JETZT*. Benötigen Sie einen fixen Wert, so müssen Sie den Zelleninhalt kopieren (*Bearbeiten | Kopieren*) und anschließend wieder einfügen (*Bearbeiten | Werte einfügen*).

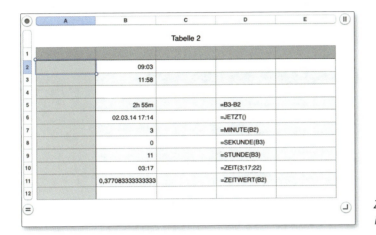

Zeitfunktionen in Numbers

Mit Zeitfunktionen rechnen

In manchen Tabellenkalkulationen – auch in der ersten Version von Numbers – ist das Rechnen mit Zeitwerten über 24 Stunden problematisch. Ohne Umwege und Tricks geht da nichts. Numbers hat inzwischen damit keine Probleme mehr, sodass auch Berechnungen über einen Tag hinaus einwandfrei funktionieren. Es wird auch automatisch eine passende Formatierung angezeigt, die allerdings über die Einstellungen bei *Datenformat* im Register Zellen angepasst werden kann.

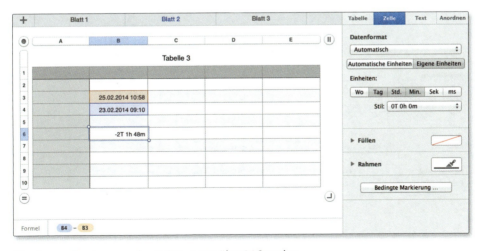

Numbers rechnet nun auch mit Zeitwerten über 24 Stunden.

Funktionen zur Dauer

Seit der Version Numbers 2 gibt es die Funktionen der Gruppe *DAUER*. Auf den ersten Blick erschließt sich nicht, wozu diese Funktionen gut sein sollen, zumal die Hilfetexte nicht wirklich deutlich zum Ausdruck bringen, was man damit machen kann. Aber ein wenig Probieren zeigt schon, dass man damit recht flexibel arbeiten kann.

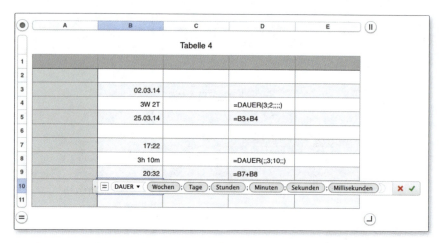

Die Dauer eines Zeitraums lässt sich bis auf die Millisekunde genau angeben.

Insbesondere wenn man Planungsaufgaben zu erledigen hat, lassen sich diese Funktionen gut nutzen. Angenommen, Sie haben Aussagen über Fertigstellungstermine zu machen und müssen Arbeitsstunden und Tage kalkulieren, dann kann mit Numbers eine kleine Tabelle erstellt werden, die schnell Aussagen über Endtermine zulässt.

Die Dauer wird einfach aus der Projektkalkulation übernommen.

Numbers: Formeln und Funktionen

Allerdings sind einige Umstände zu berücksichtigen. Die Funktion *DAUER* ignoriert z. B. Wochenenden und Feiertage. Wenn die nicht durchgearbeitet werden sollen, müssen sie berücksichtigt werden. Dabei hilft dann die Funktion *NETTOARBEITSTAGE*. Aus der Differenz zwischen Start- und Endtermin lassen sich die gut herausrechnen. Dann kann man die Differenz der Nettoarbeitstage zu der Dauer ermitteln. Aus Letzteren holt man über die Funktion *DAUERINTAGEN* den Dezimalwert dieser Differenz, die dann über die Funktion *ABRUNDEN* noch um die Stunden und Minuten reduziert wird. Die so ermittelten Fehltage addiert man zum Endtermin und hat dann den korrigierten Endtermin als Ergebnis. Das mag jetzt etwas umständlich aussehen, aber man muss diese Berechnung ja nur ein Mal erstellen. Später funktioniert diese mit jeder neuen Terminplanung ohne zusätzlichen Aufwand.

	A	B	C	D	E
		Tage	Stunden	Minuten	
2	Analyse		1	4	
3	Projektplanung			6	30
4	Projektdurchführung		7	4	
5	Abschlussbericht			2	20
6			8	16	50
7					
8	Starttermin	18.05.2014			
9	Dauer	8T 16h 50m		=DAUER(;B6;C6;D6;;)	
10	Endtermin	26.05.2014		=Tage Starttermin+Tage Dauer	
11	Netto Arbeitstage	6T		=NETTOARBEITSTAGE(Tage Starttermin;Tage Endtermin;)	
12	Fehltage	2		=ABRUNDEN(DAUERINTAGEN(Tage Dauer);0)-Tage Netto Arbeitstage	
13	Korrigierter Endtermin	28.05.2014		=(Tage Endtermin+Tage Fehltage)	

Es ist zwar etwas umständlich einzurichten – aber anschließend lassen sich Terminzusagen ziemlich exakt machen.

Unter den Funktionen der Kategorie Dauer befindet sich eine, die auf den ersten Blick etwas eigenartig wirkt: KONVERTDAUER. Tatsächlich hat Apple diese Funktion aus Kompatibilitätsgründen eingefügt. Wenn Kalkulationen anderer Tabellenkalkulationen oder aus älteren Numbers-Versionen importiert werden und es werden Funktionen und Formeln gefunden, die mit Numbers nicht kompatibel sind, dann wird automatisch diese Funktion eingefügt. Sie zeigt dann die Werte der Zellen an, auf die sie sich beziehen, oder errechnet die Differenz, falls es sich tatsächlich um einen Wert handelt, der sich aus einer Zeitdifferenz – eben eine Dauer – ergibt.

> **Tipp**
>
> Haben Sie eine Tabelle importiert, suchen Sie nach der Funktion KONVERTDAUER. In der Regel ist dann etwas anzupassen und mit Funktionen, die Numbers kennt, zu korrigieren.

Kapitel 20

Die Funktion KONVERTDAUER dient der Kompatibilität.

Finanzmathematische Funktionen

Diejenigen, die eine Tabellenkalkulation für Finanzberechnungen benötigen, machen sicherlich keine kleine Gruppe aus. Entsprechend enthält Numbers (wie die meisten Tabellenkalkulationen) eine ordentliche Anzahl von finanzmathematischen Funktionen, gesammelt in der Gruppe *Finanziell*. Deren Einsatz sehen wir uns hier an einem Beispiel einmal an.

Die Funktion *BW* berechnet den Barwert einer Investition. Interessant ist diese Funktion vor allem dann, wenn berechnet werden soll, ob eine Anlage eines bestimmten Betrags mit Blick auf die Zukunft rentabel ist. Diese Funktion lässt sich für verschiedene Fragestellungen einsetzen. Als Beispiel wählen wir folgende Fragestellungen:

In 5 Jahren sollen 10.000 Euro zurückgezahlt werden. Welcher Betrag muss zu 5 Prozent Zinsen heute dafür angelegt werden?

In den nächsten 5 Jahren sollen jährlich 2.000 Euro aus einer Anlage zurückgezahlt werden. Der Zinssatz ist für diesen Zeitraum 5 Prozent fest. Was muss heute für den Betrag angelegt werden?

Die Funktion samt Parameter, wie sie Numbers vorgibt, lautet:

=BW(Zinssatz; Perioden; [Einzahlung]; [zukünftiger Wert]; [Fälligkeit])

Numbers: Formeln und Funktionen

Die Platzhalter der Funktion werden durch Bezüge ersetzt. Nicht benötigte Platzhalter müssen entfernt werden.

Alle Parameter in eckigen Klammern sind optional und müssen nicht gesetzt werden. Um die Funktion einsetzen zu können, bauen Sie die Anwendung aus der Abbildung nach. Die Funktion selbst setzen Sie folgendermaßen ein:

1. Zunächst tragen Sie Testwerte in die Zellen ein. Orientieren Sie sich am Beispiel in der Abbildung, um das Ergebnis vergleichen zu können. Die Zelle neben *Regelmäßige Zahlungen* bleibt frei.
2. Setzen Sie den Zellencursor in die Zelle neben *Ergebnis* und geben Sie das Gleichheitszeichen ein.
3. Wählen Sie die Kategorie *Finanzielles* und die Funktion *BW*.
4. Klicken Sie auf die Schaltfläche *Funktion einfügen*.

Jetzt können Sie die Platzhalter (Parameter) der Funktion durch direkte Eingaben oder Bezüge ersetzen. In diesem Beispiel arbeiten Sie ausschließlich mit Bezügen. Markieren Sie den jeweiligen Platzhalter in der Klammer und klicken Sie anschließend in die Zelle, auf die Sie in der Formel Bezug nehmen wollen.

> **Aufgepasst**
>
> Numbers reagiert empfindlich auf Ungenauigkeiten. Jeder Platzhalter ist vom nächsten durch ein Semikolon getrennt. Dort, wo ein Platzhalter optional ist und nicht durch Eingabe oder Bezug ersetzt wird, wird die Vorgabe lediglich gelöscht – aber nicht das Semikolon!

Kapitel 20

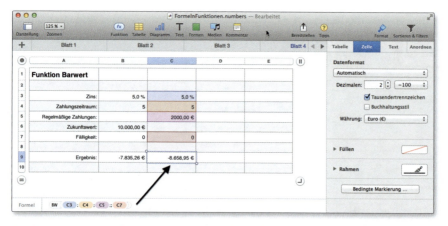

Welche Vorleistung ist heute nötig für ein künftiges Ziel?

Lassen Sie sich durch die negativen Zahlen nicht irritieren. Tatsächlich handelt es sich ja auch um eine Zahlungsverpflichtung, die Sie heute leisten müssen, damit die beschriebenen Zahlungen an Sie in der Zukunft realisiert werden können.

Numbers stellt 37 verschiedene finanzmathematische Funktionen bereit, darunter *DIA* (berechnet die degressive Abschreibung), *KAPZ* (ermittelt die Kapitalrückzahlung), *KURS* (berechnet den Kurs eines Wertpapiers), *LIA* (ermittelt die lineare Abschreibung), *NBW* (ermittelt den Nettobarwert einer Investition), *RMZ* (berechnet die konstanten periodischen Zahlungen bei konstantem Zinssatz), *ZINS* (berechnet den Zinswert) und *ZINSZ* (berechnet die Zinseszinsen eines Betrages).

Informationsfunktionen

Gerade einmal vier Funktionen sind in dieser Gruppe zu finden. Alle beginnen mit IST und liefern einen Wahrheitswert über einen Bezug. Richtig sinnvoll werden diese Funktionen in der Zusammenarbeit mit den Logikfunktionen, die diese Information auswerten können.

Informationsfunktionen geben als Information über eine Zelle nur WAHR und FALSCH zurück.

Damit Sie nicht lange überlegen müssen, was man mit den Informationsfunktionen anfangen kann, ein kleines Beispiel: Kombinieren Sie die Funktion ISTLEER mit der Funktion WENN, um zu prüfen, ob in einem Feld eine Eingabe gemacht wurde. Falls nicht, soll eine Meldung auf die nötige Eingabe hinweisen.

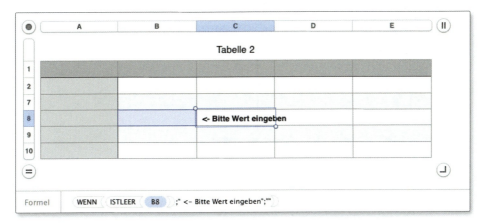

Die Ergebnisse von Abfragen – WAHR und FALSCH – können von anderen Funktionen weiterverwendet werden.

Logikfunktionen

Die »logischen Funktionen« werten eine Information aus. Die bekannteste und häufigste ist die WENN-Funktion, mit der, abhängig vom auszuwertenden Material, Ergebnisse beeinflusst werden können. Der Aufbau der WENN-Funktion ist folgender:

=WENN(Bedingung; [wenn wahr]; [wenn falsch])

Der erste Parameter nimmt eine Bedingung auf. Das Ergebnis dieser Bedingung ist entweder »wahr« oder »falsch». Je nach dem Rückgabewert wird der zweite oder der dritte Parameter ausgeführt.

Als Beispiel nehmen wir eine Liste, in der ausgehend vom Geburtsdatum ermittelt wird, ob es sich um eine »Mitgliedschaft« oder um eine »Jugendmitgliedschaft« (bis 18 Jahre) handelt. Dabei werden insgesamt drei Funktionen benutzt:

- die HEUTE-Funktion, um das aktuelle Datum zu ermitteln
- die DATUMDIF-Funktion, in der das Geburtsdatum vom aktuellen Datum abgezogen wird und über den Parameter »Y« als Differenz das Jahr zurückgegeben wird
- die WENN-Funktion, die abhängig vom Ergebnis das DATUMDIF liefert und den Mitgliedsstatus ausgibt (wenn das Ergebnis kleiner als 19 ist – also 18 Jahre – führe den zweiten Parameter aus)

Kapitel 20

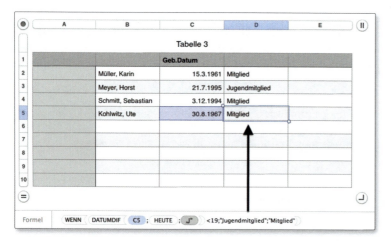

Der Mitgliederstatus wird vom Geburtsdatum aus errechnet und kann sich täglich ändern.

Die anderen logischen Funktionen, in erster Linie UND und ODER, sind besonders in der Zusammenarbeit mit der WENN-Funktion sehr hilfreich. Die Funktionen FALSCH und WAHR gibt es lediglich aus Kompatibilitätsgründen zu anderen Tabellenkalkulationen (siehe dazu auch das folgende Kapitel »Import und Export«).

Ein Beispiel für die Anwendung von WENNFEHLER finden Sie in der folgenden Abbildung. Es wird geprüft, ob eine Division durch Null vorliegt. Wenn ja, wird eine Meldung ausgegeben, da dies einen Fehler erzeugt. Wenn nein, wird die Division durchgeführt. Zwar zeigt Numbers selber an, dass diese Operation nicht erlaubt ist, aber nur, wenn man mit dem Mauszeiger auf das Ausrufezeichen im roten Dreieck fährt. In einer Tabelle mit vielen Berechnungen ist das also nicht sofort ersichtlich.

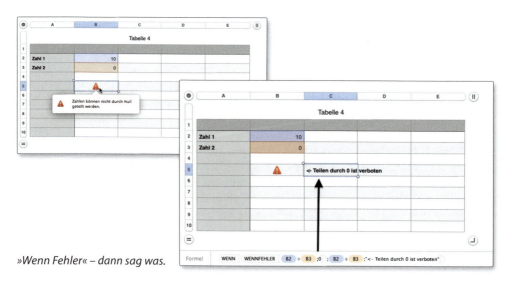

»Wenn Fehler« – dann sag was.

Numerische Funktionen

Nicht nur für Mathematiker stehen 40 numerische (mathematische) Funktionen zur Verfügung. Manche sind selbsterklärend – zumindest bei ausreichendem mathematischen Vorwissen – etwa *WURZEL* oder *EXP*.

Interessanter sind weit häufiger Funktionen zum Beeinflussen der Dezimalstellen. In der folgenden Abbildung sehen Sie die Auswirkungen einiger Funktionen auf eine Zahl mit drei Nachkommastellen. Sämtliche Funktionen nehmen auf andere Weise ein Runden der Zahl vor. *GANZZAHL* schneidet einfach Nachkommastellen ab. *REST* ermittelt den Rest nach einer Division, die in der Funktion im zweiten Parameter vorgegeben wird. *KÜRZEN* reduziert die Nachkommastellen auf die angegebene Anzahl, ohne zu runden. *ABRUNDEN*, *AUFRUNDEN*, *VRUNDEN* runden nach unterschiedlichen Regeln.

Was man mit einer Zahl alles anfangen kann, zeigen diese fünf Funktionen.

Die Funktion *SUMME* dürfte inzwischen hinreichend bekannt sein. Eine interessante Variante ist die Funktion *SUMMEWENN*. Abhängig von einer Bedingung wird aus einem Bereich summiert – oder eben nicht. Im folgenden Beispiel wird aus einer Liste nur dann die Menge addiert, wenn das zugehörige Datum zum Jahr 2013 („>31.12.2012") gehört.

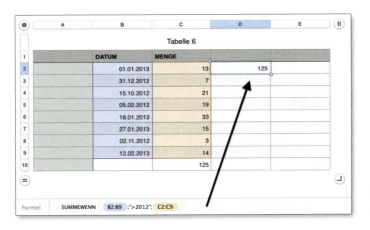

Summiert wird nur, wenn die Bedingung erfüllt ist.

Referenzfunktionen

Referenzfunktionen helfen bei der Auswertung von Listen und Bereichen. Numbers bringt überraschend viele dieser Funktionen mit, insgesamt 16. Damit lässt sich manche Tabelle sehr flexibel auswerten. Wie man die *SVERWEIS*-Funktion zur Auswertung einer Telefonliste heranziehen kann, sehen Sie im folgenden Beispiel.

Der Aufbau der *SVERWEIS*-Funktion lautet:

=SVERWEIS(Suchwert; Zellbereich; Spalte; [exakte Übereinstimmung])

Der letzte Parameter ist optional und kann in vielen Fällen entfallen. Eine »0« bedeutet hier, es wird nach exakter Übereinstimmung gefragt und notfalls eine Fehlermeldung ausgegeben; eine »1« legt keinen Wert auf hundertprozentige Übereinstimmung.

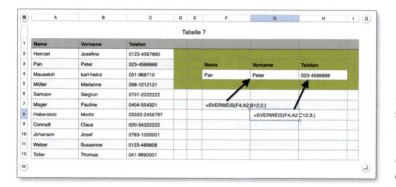

Es reicht die Eingabe des Namens, um die anderen Informationen aus der Tabelle herauszusuchen.

Die *SVERWEIS*-Funktion wird zweimal eingesetzt. Einmal, um den Vornamen herauszusuchen (als Referenzspalte wird beim dritten Parameter 2 für die zweite Spalte angegeben), und einmal, um die zugehörige Telefonnummer zu ermitteln (Referenzspalte im dritten Parameter ist 3). Auf diese Weise holen Sie aus langen Listen immer die gerade benötigte Information, ohne lange blättern zu müssen.

Mit der *WVERWEIS*-Funktion suchen Sie statt in Spalten in Zeilen. Mit der Funktion *HYPERLINK* erstellen Sie einen Link, der auf eine Webseite verzweigt. Die Funktion *VERGLEICH* ermittelt die exakte Position eines gesuchten Werts innerhalb eines definierten Bereichs. Dies nur als kleine Auswahl aus den verschiedenen Referenzfunktionen.

Statistische Funktionen

Statistiker werden sich über die 70 Funktionen zu diesem Thema freuen. Mittelwerte, Standardabweichung, Varianzen, Trendanalyse u. a. sind möglich und damit einfach zu berechnen. Numbers wertet iWork dadurch nicht unerheblich auf, denn wissenschaftliche Arbeiten lassen sich nun in einem bestimmten Rahmen ohne Umwege erstellen. Seminar- oder Abschlussarbeiten lassen sich nun entsprechende Auswertungen direkt hinzufügen. Wie Mittelwerte und Streuungsmaße mit Numbers berechnet werden können, soll im Folgenden gezeigt werden.

Mittelwerte berechnen

Numbers kennt einige Funktionen zur Berechnung der wichtigsten statistischen Mittelwerte. Ein sehr einfach zu bestimmender Mittelwert ist der häufigste Wert, auch »Modus« oder »Modalwert« genannt. Eine gleichnamige Funktion (MODALWERT) steht zur Verfügung. Der häufigste Wert innerhalb einer Datenmenge verändert sich nicht, auch wenn die Reihenfolge der Daten verändert wird.

Ein weiterer merkmalsspezifischer Mittelwert ist der »Zentralwert« oder »Median«. Dieser trennt eine Häufigkeitsverteilung in zwei gleich große Teile. Man nennt den Median auch das »50. Quantil« (Hundertstel) und meint damit, dass links vom Median 50 Prozent der Fälle aus der Häufigkeitsverteilung liegen. Die Funktion heißt *MEDIAN*.

Der Mittelwert, der umgangssprachlich mit diesem Namen bezeichnet wird, ist der »arithmetische Mittelwert«. Er wird ermittelt, indem man die Summe aller Werte durch die Anzahl dieser Werte dividiert. Auch hier ist der Name der Funktion mit seiner Bedeutung identisch: *MITTELWERT*. Neu hinzugekommen sind *GEOMITTEL*, mit dem der geometrische Mittelwert und *HARMITTEL*, mit dem der harmonische Mittelwert errechnet wird.

Es ist noch eine Variante enthalten: *MITTELWERTA* berechnet ebenfalls den Mittelwert, bezieht aber Zellen mit logischen Inhalten und Texten in die Berechnung mit ein.

Mittelwerte aus einer Grundgesamtheit oder Stichprobe sind leicht zu realisieren.

Streuungsmaße

Ein Mittelwert sagt nichts darüber aus, wie weit die Merkmalswerte vom Mittelwert abweichen. Zur Beurteilung von Häufigkeitsverteilungen ist die Verteilung der Häufigkeiten, die Streuung, mit hinzuzuziehen. Sind die Merkmale stark um den Mittelwert konzentriert, liegt eine kleine Streuung vor, und der Mittelwert kann als repräsentativ angesehen werden. Auch für den Vergleich von Häufigkeitsverteilungen ist die Angabe der Streuung wichtig. Zwei gleiche Mittelwerte sagen noch nichts über die Verteilungsbreite der Merkmale aus.

Das einfachste Maß der Streuung ist die Spannweite. Sie gibt die Differenz zwischen dem größten und dem kleinsten Merkmalswert wieder. Eine direkte Funktion gibt es dafür nicht, allerdings lässt sich die Spannweite leicht mit den Funktionen *MIN* und *MAX* ermitteln.

MIN gibt den kleinsten, *MAX* den größten Wert zurück. Beide Funktionen kombiniert in der Form

```
=MAX(A2:A30)-MIN(A2:A30)
```

ermitteln die Spannweite der auszuwertenden Grundgesamtheit oder Stichprobe.

Ein weiteres Streuungsmaß ist der »Quartilsabstand«. Damit ist der Abstand zwischen dem 25. und dem 75. Quantil (Quartil = Viertel; Quantil = Hundertstel) gemeint. Numbers kennt die Funktion *QUARTILE*, mit der nicht nur die beiden angegebenen Quantile ermittelt werden können. Quartile können z. B. bei Verkaufs- oder Umfragedaten verwendet werden, um die Grundgesamtheiten in Gruppen einzuteilen. Beispielsweise kann mit *QUARTILE* für eine Stichprobe erhobener Einkommen derjenige Wert ermittelt werden, ab dessen Höhe ein Einkommen zu den oberen 25 Prozent der Einkommen gehört.

Für die Funktion *QUARTILE* werden zwei Parameter benötigt:

- **Zahlengruppe:** Es muss ein Zellenbereich festgelegt sein, der die numerischen Werte enthält, deren Quartile bestimmt werden sollen.
- **Quartilzahl** Diese Zahl gibt an, welcher Wert ausgegeben werden soll. Dabei bedeutet:
  0 = der kleinste Wert
  1 = das untere Quartil (0,25 – Quantil, 25. Quantil)
  2 = der Median (0,5 – Quantil, 50tes Quantil)
  3 = das obere Quartil (0,75 – Quantil, 75. Quantil)
  4 = der größte Wert

Die Formel für den Quartilsabstand lautet im Beispiel (siehe Abbildung):

```
=QUARTILE(A2:A30;3)-QUARTILE(A2:A30;1)
```

Weitere Streuungsmaße sind die durchschnittliche Abweichung und Standardabweichung – und in diesem Zusammenhang auch die Varianz. Die durchschnittliche Abweichung ist nichts anderes als der arithmetische Mittelwert aus den einzelnen unterschiedlichen Abweichungen. Die Numbers-Funktion für die durchschnittliche Abweichung heißt

MITTELABW. Sie errechnet die mittlere Abweichung vom Durchschnitt (arithmetisches Mittel) einer Gruppe von Werten.

Die Summe der Abweichungsquadrate dividiert durch die Zahl der Messwerte ergibt die sogenannte Varianz. Die Varianz als Streuungsmaßzahl ist in der Statistik nicht direkt brauchbar. Als Brücke zur Standardabweichung – oder auch »mittlere quadratische Abweichung« genannt – besitzt sie trotzdem eine nicht unerhebliche Bedeutung.

> **Grundlagen**
>
> Numbers kennt mehrere Funktionen zur Berechnung der Varianz: *VARIANZ* und *VARIANZA* werden benutzt, um die Varianz aus einer Stichprobe zu berechnen. *VARIANZEN* und *VARIANZENA* beziehen sich auf eine Grundgesamtheit. *VARIANZA* und *VARIANZENA* werden immer dann eingesetzt, wenn auf Texte und leere Zellen Rücksicht genommen werden muss.

Wie schon gesagt, bildet die Varianz die Ausgangssituation zur Berechnung der Standardabweichung. Sie lässt sich zwar auch ohne vorherige Berechnung der Varianz ermitteln, doch ist diese nur ein nötiger Zwischenschritt. In Numbers muss aber im Grunde kein Zwischenschritt gemacht werden. Für die Standardabweichung gibt es – ähnlich wie bei der Varianz – vier Funktionen: *STABW* und *STABWA* für die Standardabweichung aus einer Stichprobe und *STABWN* und *STABWNA* für die Standardabweichung aus einer Grundgesamtheit.

Weitere Auswertungsfunktionen aus der Gruppe Statistisch sind: *ANZAHL* liefert die Anzahl der Werte, die in dem markierten Bereich liegen. Mit *ZÄHLENWENN* können Zellen abhängig von einer Bedingung gezählt werden. Im Beispiel (siehe Abbildung) werden alle Zellen gezählt, deren Inhalt kleiner als 100 ist.

Streuungsmaße sind nun für Numbers auch kein Problem mehr.

Technische Funktionen

Die Gruppe der Funktionen Technisch enthält vor allem Funktionen zum Umrechnen.

Die Funktion *BININDEZ* wandelt eine binäre Zeichenfolge in Dezimalzahlen um, die Funktion *BININHEX* in Hexadezimalzahlen. Die Funktion *DEZINBIN* wandelt eine Dezimalzahl in eine binäre Zahlenfolge um, die Funktion *DEZINHEX* in eine hexadezimale. Die Funktion *HEXINBIN* wandelt eine Hexadezimalzahl in eine binäre Zahlenfolge um, die Funktion *HEXINDEZ* in eine dezimale. Die Funktion *UMWANDELN* ist ganz besonders praktisch. Mit ihr kann man verschiedene Maßsysteme umrechnen. Im Beispiel ist das Umrechnen von Meilen in Kilometer demonstriert.

	A	B	C	D	E
1					
2			1011	11	=BININDEZ(B2;2)
3				0B	=BININHEX(B2;2)
4			43	00101011	=DEZINBIN(B4;8)
5				02B	=DEZINHEX(B4;3)
6			03C	00111100	=HEXINBIN(B6;8)
7				060	
8					
9		Meilen:	64,5		
10		Kilometer:	103,802688	=UMWANDELN(C9;"mi";"km")	
11					

Die Umwandlungsfunktionen sind nicht nur für Techniker interessant.

Textfunktionen

Numbers liefert auch eine Reihe von Textfunktionen – insgesamt 22. Auf den ersten Blick klingt es unlogisch: Mit Text soll gerechnet werden? Das ist tatsächlich möglich, aber anders als vielleicht vordergründig gedacht. Nehmen wir einmal unsere Telefonliste (siehe Referenzfunktionen) wieder vor. Da wurden Name und Vorname getrennt in Felder eingegeben. Wenn nun für einen bestimmten Zweck aber der komplette Name in einer Zelle benötigt wird, dann kann dies beispielsweise über die Funktion *VERKETTEN* realisiert werden. Diese Funktion hängt mehrere Textelemente aneinander. Da dies in diesem Fall nicht übergangslos erwünscht ist, wird ein weiteres Textelement, ein Leerzeichen (» «), dazwischen gesetzt.

Zwei Textelemente werden zu einem verkettet.

Umgekehrt geht es übrigens auch. Soll eine Zeichenkette getrennt werden, gibt es dafür verschiedene Funktionen, z. B. *LINKS* und *RECHTS*. Am Beispiel des zusammengefügten Namens probieren wir das mit den Funktionen *LINKS* und *FINDEN* einmal aus. Soll der Vorname herausgelöst werden, so muss von links an die Zeichenkette gezählt werden. Da die Namen unterschiedlich lang sind, kann nicht einfach eine Zahl vorgegeben werden, sonst gibt die Funktion *LINKS* (z. B. bei Vorgabe einer 3) einmal »Max« und einmal »Mor« (statt »Moritz«) zurück. Hier hilft die *FINDEN*-Funktion weiter. Sie kann nach einem Merkmal suchen und die Position zurückgeben. Das Merkmal, das Vor- und Nachname trennt, ist das Leerzeichen. Beide Funktionen in Zusammenarbeit lösen sauber jeden Vornamen ungeachtet seiner Länge (oder Kürze) aus dem Namen heraus.

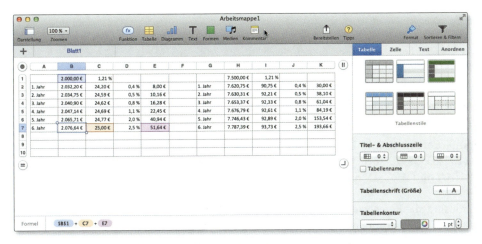

Was einmal zusammengefügt wurde, kann auch wieder getrennt werden.

Mit der Funktion *ERSETZEN* können Sie eine Zeichenkette komplett oder teilweise tauschen. Mit *FEST* wandeln Sie eine Zahl in einen Text um. *GLÄTTEN* entfernt Leerzeichen aus einem Text. Mit der Funktion *IDENTISCH* können Sie zwei Zeichenketten vergleichen, mit *LÄNGE* ermitteln Sie die Zeichenzahl einer Zeichenkette. *SÄUBERN* entfernt nichtdruckbare Zeichen aus einem Text, und *SUCHEN* findet die Startposition einer Zeichenkette innerhalb einer anderen. Dies ist eine kleine Auswahl derjenigen Textfunktionen, die häufiger genutzt werden (können).

Trigonometrische Funktionen

Ebenso wie bei den numerischen (mathematischen) Funktionen kommen bei einigen sicher ungute Erinnerungen an den Mathematikunterricht hoch, wenn von Trigonometrie gesprochen wird. Diese Funktionen spielen in der Geometrie (nicht zu vergessen auch in der Physik und auf anderen technischen Gebieten) keine untergeordnete Rolle. 15 dieser Funktionen bietet Numbers Ihnen an, und wenn Sie entsprechende Berechnungen vornehmen müssen (oder wollen), dann sind sie eine große Hilfe. Auch bei den Schulaufgaben können sie nützlich sein.

Als Beispiel nehmen wir die Funktionen *ARCTAN*, *ARCSIN* und *ARCCOS*. In einem rechtwinkligen Dreieck ist die Länge der Katheten 3 und 4 m, die Länge der Hypotenuse 5 m. Der Winkel zwischen der kürzeren Kathete und der Hypotenuse wird mit *ARCTAN* (3/4) berechnet.

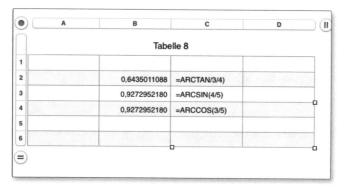

So leicht waren trigonometrische Berechnungen noch nie zu realisieren.

Multipliziert man nun die Ergebnisse mit 180/PI() (PI ist eine Funktion, die den Wert 3,14159265358979 zurückgibt), so erhält man die Gradzahl. Die errechnete Gradzahl von *ARCTAN* und *ARCSIN* oder *ARCCOS* addiert, ergibt in der Summe 90 Grad.

Damit sind alle Kategorien der Funktion vorgestellt worden und zu jeder Kategorie exemplarisch einige Funktionen in der Anwendung. Es sollte Ihnen nun nicht mehr schwerfallen, die Fähigkeiten auch der anderen Funktionen für Ihre Zwecke zu nutzen.

Numbers
Import und Export

Kapitel **21**

Das Nutzen vorhandener Informationen ist immer dann sinnvoll, wenn es sich um mehr als ein paar »Tastenanschläge« handelt. Vorhandenes neu einzutippen ist etwas, das durch den Computer vermieden oder doch weitgehend reduziert werden sollte. Was in dieser Hinsicht mit Numbers möglich ist, zeigt das folgende Kapitel.

Import und Export

Das Übernehmen vorhandener Daten in Numbers-Tabellen und das Weitergeben von Daten aus den Numbers an andere Anwendungen sollte möglich sein – und ist es auch. Leider ist Numbers noch nicht so flexibel in dieser Hinsicht, wie es wünschenswert wäre. Was möglich ist, zeigt dieses Kapitel.

Import

Import bedeutet, Daten aus anderen Programmen und/oder Dateien in eine Numbers-Tabelle zu holen. Wer schon länger mit dem Computer arbeitet, hat sicher schon einige Daten gesammelt im Laufe der Jahre. Die sollen ja nicht verloren sein, nur weil sich Hard- und Software ändern.

Datenimport aus Apple-Anwendungen

Leider lassen sich Kontakte nicht mehr in Tabellen ziehen. Möglich, dass Apple dies bei den kommenden Updates nachbessert, zum Zeitpunkt der Arbeit an diesem Buch war das aber noch nicht der Fall – auch nicht nach den ersten beiden größeren Updates, die einige Mängel beseitigt haben. Mit der Kalender-App bzw. iCal geht es aber nach wie vor. Sie ziehen einfach einen Termin in eine Tabelle, und Numbers übernimmt diese ordentlich in eine Zelle. Es wird dort ein Objekt angelegt.

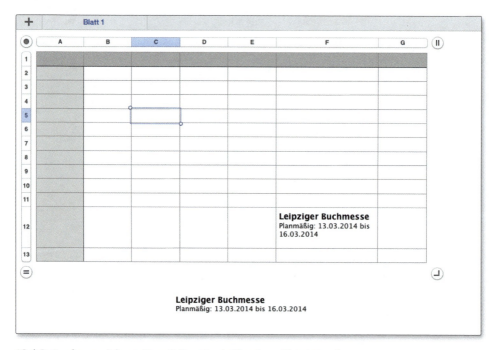

iCal-Daten lassen sich per Drag & Drop in ein Numbers-Blatt integrieren.

Numbers: Import und Export

Auch das AppleWorks-Dateiformat wird von Numbers 3 nicht mehr unterstützt. Die damit erstellten Tabellen lassen sich in Numbers nicht mehr öffnen und weiterbearbeiten. Sind Sie darauf angewiesen, müssen Sie das mit einer älteren Numbers-Version tun. Dort funktioniert es über den Öffnen-Dialog oder indem Sie die AppleWorks-Tabelle direkt auf das Numbers-Programmsymbol im Dock ziehen.

Numbers kann allerdings Dateien im CSV-Format (mit Kommas als Trennzeichen), Textdateien mit Tabulatoren als Trennzeichen (Tab-Delimited) sowie OFX-Dateien (OFX steht für Open Financial Exchange, das hier in Deutschland aber bisher kaum verbreitet ist) importieren – nicht aber, wie schon erwähnt, Dateien mit Semikolon als Trennzeichen. Allerdings können so nur Werte übertragen werden. Formatierungen und Formeln gehen dabei verloren.

	A	B	C	D	E	F	G	H	I	J	K
1		€ 2.000	1,2100 %					€ 7.500	1,2100 %		
2	1. Jahr	€ 2.032,2	€ 24,2	0,400 %	€ 8		1. Jahr	€ 7.620,75	€ 90,75	0,400 %	€ 30
3	2. Jahr	€ 2.034,75	€ 24,59	0,500 %	€ 10,16		2. Jahr	€ 7.630,31	€ 92,21	0,500 %	€ 38,1
4	3. Jahr	€ 2.040,9	€ 24,62	0,800 %	€ 16,28		3. Jahr	€ 7.653,37	€ 92,33	0,800 %	€ 61,04
5	4. Jahr	€ 2.047,14	€ 24,69	1,100 %	€ 22,45		4. Jahr	€ 7.676,79	€ 92,61	1,100 %	€ 84,19
6	5. Jahr	€ 2.065,71	€ 24,77	2,00 %	€ 40,94		5. Jahr	€ 7.746,43	€ 92,89	2,00 %	€ 153,54
7	6. Jahr	€ 2.076,64	€ 25	2,500 %	€ 51,64		6. Jahr	€ 7.787,39	€ 93,73	2,500 %	€ 193,66

Tatsächlich 2040,9

Mit csv-Dateien lassen sich nur Werte übertragen.

Die Flexibilität von Numbers hinsichtlich der Übernahme externer Daten ist mit der neuen Version deutlich eingeschränkt worden.

Datenimport aus Dateien

Eine spezielle Importfunktion gibt es in Numbers nicht. Es existiert nur der Befehl *Ablage | Öffnen …*, mit dem Sie nicht nur Numbers-Dateien, sondern auch andere (z. B. txt-Dateien, xls-Dateien) auswählen und öffnen können. Bei Textdateien ist ein Gelingen nicht unbedingt garantiert. Liegen die Daten darin z. B. mit Semikola getrennt vor, wird alles in eine Zelle geschrieben. Excel-Dateien werden in der Regel erkannt und konvertiert, es gibt aber nicht unerhebliche Einschränkungen.

Einfacher als über den *Öffnen …*-Befehl geht es, wenn Sie eine Excel-Datei direkt auf das Numbers-Symbol im Dock oder in ein Numbers-Blatt ziehen. Numbers erkennt das Excel-Format und konvertiert zunächst fleißig vor sich hin. Dann finden Sie die Excel-Arbeitsmappe plötzlich in einem Numbers-Layout wieder, von einem kleinen grauen Fenster überlagert.

Kapitel 21

Numbers kennt Excel – aber nicht alles davon!

Darin finden Sie entsprechende Hinweise. Warnung beim Importieren hört sich meist schlimmer an, als es ist. Oft sind nur bestimmte Formate von Numbers nicht erkannt worden. Alles andere ist enthalten. Schauen Sie lieber auf die Beschreibung. Wenn dort steht, dass etwas entfernt wurde – etwa Funktionen –, dann ist es schon kritischer. Sortierungskriterien sind noch verschmerzbar, weil die unter Numbers neu angelegt werden können. Wenn aber ganze Datenbereiche fehlen, dann ist die Excel-Tabelle in Numbers nicht mehr vollständig und funktioniert nicht so, wie sie sollte.

Importiert wird die gesamte Arbeitsmappe. Für jedes Excel-Arbeitsblatt wird auch eines in Numbers angelegt. Sind Diagrammobjekte enthalten, so überträgt Numbers die ins eigene Diagrammformat, es sei denn, in Excel gab es ein Format, das Numbers nicht kennt (z. B. das Ringdiagramm). Sind Makros in der Excel-Arbeitsmappe enthalten, dann werden die auch nicht übernommen. Numbers versteht VBA (=Visual Basic for Application) nicht, allerdings ist VBA nicht in allen Versionen von Microsoft Office enthalten. Die Version 2008 kommt ohne aus.

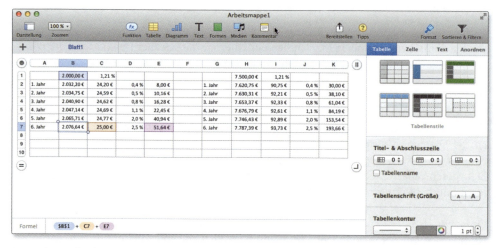

Formeln werden konvertiert, wenn sie nicht Funktionen enthalten, für die es in Numbers keine Entsprechung gibt.

Numbers: Import und Export

Numbers ist in der Lage, einfache Excel-Anwendungen und Tabellen zu übernehmen und zu konvertieren. Für komplexe Excel-Anwendungen ist Numbers ungeeignet. Die Funktionen von Numbers sind weitgehend Excel-kompatibel. Gemessen am Funktionsumfang von Excel sind die Numbers-Funktionen aber immer noch nur eine kleine Teilmenge. Wer vorher mit Excel gearbeitet hat, wird nicht mit seinen ganzen Anwendungen umsteigen können. Wer Excel nur gelegentlich genutzt und dabei überschaubare Tabellen erstellt hat, bekommt jetzt eine gute Gelegenheit, diese zu übertragen und in Numbers bequemer zu gestalten.

Datenexport

Der umgekehrte Weg mag interessanter erscheinen. Eine Numbers-Tabellenanwendung soll exportiert werden, damit sie in anderen Anwendungen (u. a. auch auf Windows PCs, auf denen Numbers nicht verfügbar ist) geöffnet werden kann.

Excel und Numbers 09

Um eine Numbers-Datei als Excel-Arbeitsmappe abzuspeichern, gehen Sie folgendermaßen vor:

1. Wählen Sie *Ablage | Exportieren zu ...*
2. Wählen Sie *Excel*.
3. Unter *Erweiterte Optionen* können Sie das Excel-Format festlegen (xlsx oder xls).

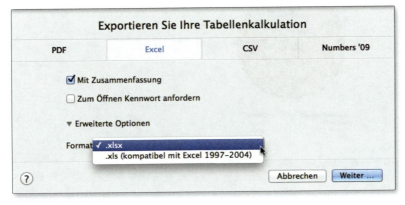

Numbers stellt zwei Formate für den Export zur Verfügung.

4. Klicken sie auf *Weiter*.
5. Wählen Sie einen Namen für die Datei aus und legen Sie den Speicherort fest.
6. Bestätigen Sie mit *Exportieren*.

Die Konvertierung in eine Excel-Arbeitsmappe ist dann angeraten, wenn die Tabellenanwendung weiterbearbeitet werden soll. Die solcherart konvertierten Dateien können mit Microsoft Excel auf einem Mac OS X-Computer oder einem Windows-Computer geöffnet und bearbeitet werden. Jede Tabelle wird dabei in ein Excel-Arbeitsblatt konvertiert. Die Diagramme bleiben auf dem Tabellenarbeitsblatt, aus dessen Tabelle sie erstellt wurden. Einige der Formelberechnungen können in Excel anders funktionieren. Sie sollten deshalb nach dem Export die Funktion aller Formeln überprüfen. Numbers hilft dabei, indem es nach dem Export einen Bericht ausgibt.

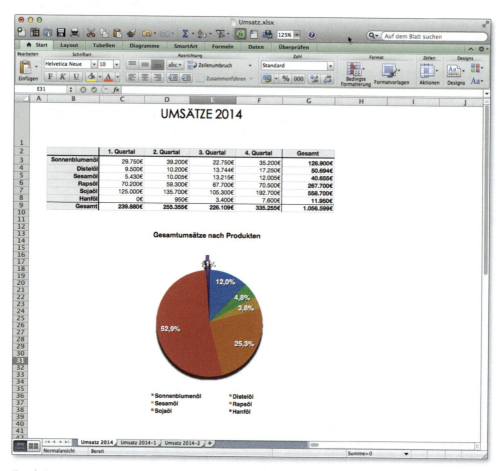

Excel nimmt eine exportierte Numbers-Datei meist ohne Probleme an.

Die meisten Probleme, die noch auf diesem Weg entstehen, sind solche, die grafische Effekte oder Layoutoptionen betreffen. Sonst machen sich Numbers-Tabellen und -Diagramme in Excel eigentlich nicht schlecht.

Das ältere Numbers 09-Format ist nur dann interessant, wenn Dateien an jemand weitergegeben werden sollen, der noch mit einer älteren Version arbeitet. Zu beachten ist, dass dabei die Funktionalität leiden kann, nämlich dann, wenn in der Tabelle Funktionen benutzt werden, die Numbers in der ersten Version noch nicht kannte.

Das CSV-Format

Das CSV-Format ist ein Standardformat, das die meisten Tabellenkalkulationen und Textverarbeitungen verstehen. Gehen Sie folgendermaßen vor:

1. Wählen Sie *Ablage | Exportieren zu …*
2. Wählen Sie *CSV* aus.
3. Stellen Sie eine Textcodierung ein …
4. … bestätigen Sie mit *Weiter* …
5. Geben Sie der Tabelle einen Namen (oder akzeptieren Sie die Vorgabe).
6. Schließen Sie den Vorgang mit einem Klick auf Exportieren ab.

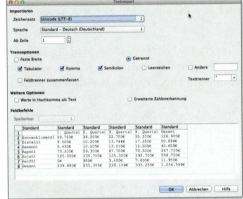

Das CSV-Format ist ein Austauschformat zwischen unterschiedlichen Tabellenkalkulationen, überträgt aber keine Formate und Formeln.

Die meisten Tabellenkalkulationsprogramme (und auch einige Datenbankanwendungen) können Dateien im CSV-Format öffnen. In einer CSV-Datei werden die Zellenwerte in jeder Zeile durch ein Komma getrennt. Die einzelnen Zeilen werden mit einem Zeichen für das Zeilenende getrennt. Jede Tabelle wird in eine eigene CSV-Datei geschrieben und alle Dateien werden zusammen in einem Ordner abgelegt. Grafiken werden nicht exportiert. Formeln gehen verloren, aber die zuletzt berechneten Werte werden exportiert. Das ist die ungünstigste Lösung. Sie erfordert viel Nacharbeit und lohnt sich nur, wenn viel Datenmaterial vorhanden ist, das sonst mühevoll neu eingegeben werden müsste.

PDF-Dokumente erstellen

PDF-Dokumente eignen sich dann für die Weitergabe, wenn sie systemunabhängig von vielen gelesen werden sollen und Bearbeitung und Veränderung der Daten nicht gewünscht ist. Für PDF-Dateien kann im folgenden Dialog (*über Ablage | Exportieren zu … | PDF*) eine gute, bessere oder optimale Bildqualität ausgewählt werden.

Die Darstellungsqualität der PDF-Ausgabe kann festgelegt werden.

Die gesamte Numbers-Datei wird als ein ganzes PDF-Dokument ausgegeben. Bis Numbers 09 konnte man sich noch entscheiden, ob je Blatt in Numbers ein eigenes PDF-Dokument erstellt wird. Diese Option besteht nun nicht mehr.

Öffnen Sie über Sicherheitsoptionen den Bereich für erweiterte Einstellungen. Sie können dann festlegen, ob für das Öffnen oder Inhalt Kopieren Ihres PDF-Dokuments ein Kennwort nötig ist.

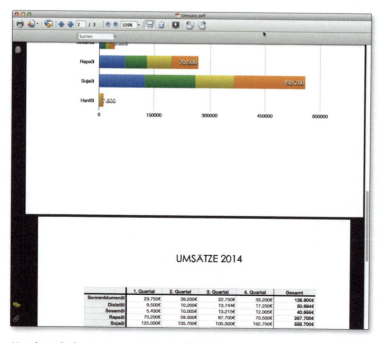

Numbers-Dokumente werden in ein PDF-Dokument geschrieben.

> **Tipp**
>
> Nach wie vor können Sie auch über den üblichen Weg – über das Drucken-Menü – ein PDF-Dokument erzeugen. Allerdings stehen Ihnen dann nicht die Optionen zur Qualitätseinstellung und zu den Sicherheitsoptionen zur Verfügung.

Bereitstellen

Numbers-Blätter können über *Bereitstellen | Kopie senden | E-Mail* sowohl im Originalformat wie auch als Excel-Arbeitsmappe, PDF-Dokument oder als CSV-Datei verschickt werden. Nach der Auswahl dieser Option wird das E-Mail-Programm geöffnet und das Dokument im jeweiligen Format angehängt. Sie müssen nur noch den Empfänger eintragen und einen Betreff, und schon kann es auf die digitale Reise gehen.

Vor dem E-Mail-Versand wird gegebenenfalls noch konvertiert.

Auch der Versand über Chat (*Bereitstellen | Kopie senden | Nachrichten*) und über Airdrop ist möglich.

Index

Index

Symbole

3D-Diagramme 175, 274
.doc 43
.docx 43
.pages 41
.txt 43

A

Ablaufdiagramme 74
ABRUNDEN 295, 301
Absatzendezeichen 65
Absatzstile 48, 54, 56, 58, 87, 101
Abschnitt 68, 95
Abschnittsendnoten 103
Abschnittsumbruch 93, 95
AES 32
Airdrop 317
Aktivpunkt 170
Alles ersetzen 63
Als Vorlage sichern 43, 60
Anführungszeichen 62, 63, 65
Anführungszeichen, intelligente 62
Animation
    Abbau 189
    Abfolge 193
    Aktion 190
    Aufbau 189
    Zeichen- und Worteffekte 190
Ansicht Navigator 113
Anzahl 227
ANZAHL 250, 305
ANZAHL2 250
Apple-ID 17, 35
AppleScript 213
AppleWorks 14, 311
App Store 15
Arbeitsmappe 215
    importieren 312
ARCCOS 308
ARCSIN 308
ARCTAN 308

Audiodatei einbinden 160
Auflösung 108
AUFRUNDEN 301
Aufzählungszeichen 131

B

Balkendiagramm 268
Beamer 201
Beleuchtungsart 271
Berechnungen 212
Bereich verschieben 259
Bereitstellen 26, 317
Bézierkurve 152
Bezug 285
    absoluter 260, 285, 287
    relativer 260, 285
Bildausschnitt 148
Bildeinstellungen 144
Bilder 76
    bearbeiten 144
    Dateiformate 142
    exportieren 208
    freistellen 145
    maskieren 143
    spiegeln 145
    Winkel 144
Bilderrahmen 147
Bildstile 146
Bildunterschrift 148
Bindestriche 62
Bindestriche, intelligente 64
BININDEZ 306
BININHEX 306
Blatt 215
Blindtext 39
Blocksatz 65, 68
BW 296

C

Calibre 87
Cloud 32
Coaching Tipps 28
CSV-Format 311, 315

D

Darstellung
   Gliederung 196
   Leuchttisch 197
Darstellungen 24
Darstellungsgröße 113, 234
Dateigröße reduzieren 162
Datenbereiche markieren 276
Dateneditor 177
Datenformat 258
Datenreferenzen 276
DATUMDIF 291, 299
Datumsformat 246
Datumsfunktionen 289, 292
Datum und Uhrzeit 71
DAUER 295
DAUERINTAGEN 295
Deckkraft 154
Dezimalzahlen 306
DEZINBIN 306
DEZINHEX 306
Diagramm 72, 175, 219, 228
   erstellen 176, 268
   gestapelt 277
   interaktiv 177
   Legende 271
   Minimalwert 178
   Stil definieren 179
Diagrammbearbeitung 274
Diagrammdaten 72, 176
Diagramme
   Numbers 267
Diagrammoptionen 73
Diagrammtiefe 271
Diagrammtitel 177, 271
Diagrammtyp 72, 268, 277
Direktformatierungen 48
Dokumenteinstellungen 67
Dokumentendnoten 103
Dokument exportieren 85
Dokumentkonfiguration 67
Dokumentlayout 67
Dokument speichern 40
Druckeinstellungen 83
Drucken 82
Druckoptionen 208

E

eBay 247
E-Book 86
E-Book-Reader 86
Einfügerand 125
Einzüge 52
E-Mail 317
Endlosschleife 202
EndNote 104
Endnoten 102
Endpunkte 153
ePub 43, 86
ERSETZEN 307
Ersetzungen 62, 64
Ersetzungen einblenden 63
Erstzeileneinzug 52
Excel 169, 215
Excel-Arbeitsmappe 313
Excel-Datei 311
Export 84, 313, 314
Exportieren 44

F

FALSCH 300
Fehlerbalken 278
Fernbedienung 203
FEST 307
Filme einbinden 162
Filter 263
Filtern 260
Filterregel 263
FINDEN 307
Folie überspringen 197
Folie an Vorlage anpassen 120
Folien
   drucken 208
   reduzieren 197
Folienlayout 118
Foliennummer 133
Folienübergänge 184
Folienwechsler 200
Form Schatten 154
Format Zellinhalte 171
Formatierungen 48
Formatierungspalette 48, 50
Formatpalette 67

Formel 241
Formeleditor 98, 170, 230, 241, 243, 284
Formel erstellen 241
Formeln 218, 223, 284, 288, 314
Formen 74, 239
   bearbeiten 154
   verbinden 152
Freigabe 26, 27, 34
Funktion 241
   einfügen 226
   Summe 212, 226
Funktionen 212, 284, 288
   Datum & Zeit 289
   Dauer 294
   Finanzen 296
   Information 298
   Logik 299
   Numbers 218
   numerisch 301
   Referenz 302
   Statistisch 302
   Technisch 306
   Text 306
   trigonometrische 307
Fußnoten 102

G

GANZZAHL 301
GEOMITTEL 303
Geschützt 41
Geviertstrich 64
Gitternetzlinien 254
GLÄTTEN 307
Gliederungsüberschriften 100
Grafiken zeichnen 151
Grammatik prüfen 92
Groß-/Kleinschreibung 50
Grundrechenarten 212
Gruppieren 157

H

Halbgeviertstrich 64
HARMITTEL 303
Häufigkeitsverteilungen 304
HEUTE 290, 292, 299
Hexadezimalzahlen 306
HEXINBIN 306
HEXINDEZ 306
Hierarchie-Ebenen 197
Hilfe 28
Hilfslinien 156
Hintergrundbild 80
HYPERLINK 302

I

iBooks 84
iCal 310
iCloud 14, 26, 32, 38, 44, 114, 215, 216
iCloud-Schlüsselbund 32
IDENTISCH 307
Import 43, 311
Import von Präsentationen 110
In Auswahl ersetzen 63
Infofenster 112
Inhaltsverzeichnis 87, 99
   erstellen 100
   löschen 102
Intelligente Links 64
iOS Numbers 215
iPhoto 215
ISTLEER 299
iTunes 16, 32, 75
iWork.com 14

J

JAHR 292
JETZT 292

K

Kalender 310
Kapitälchen 51
Kassenbuch 231, 240, 243
Kennwortschutz 207
Keynote
   Formen 149
   für iCloud Beta 115
   Remote 203
   starten 108
Kommentar 49, 198
Kommentare gesprochen 134
Konfigurationseinstellungen 25

Kontakte 310
Kontur 50
Kontureffekt 132
KONVERTDAUER 295
Kopf- und Fußzeilen 67, 68, 70, 72
Koppelungsstriche 64
Kreditvergleich 222
Kreissegment 272
Kurzbefehl 59, 206
KÜRZEN 301

L

LÄNGE 307
Layout 62, 213
Leerzeichen 65
Leuchttisch 197
Lexikon 92
Ligaturen 50, 51
Lineal 69, 114
Linealeinheiten 236
Link erstellen 158
LINKS 307
Liste sortieren 261
Listen 54
Lotus 1-2-3 213

M

Markierung 49
Markierungsfeld 258
Maske bearbeiten 76
Maskieren 143
Maskieren geometrische Form 148
Maßsysteme 306
Master 110
MAX 304
Maximum 227
MEDIAN 303
Medienpalette 75
Meine Vorlagen 41
Menüleiste 225
MIN 304
Minimum 227
MINUTE 292
MITTELABW 305
Mittelwert 227, 304
MITTELWERT 303

MITTELWERTA 303
MODALWERT 303
Moderatormonitor 201
Moderatornotizen 197
MONAT 292
Musik 161

N

Navigator 25, 113
NETTOARBEITSTAGE 295
Neues Dokument 38
Numbers 09-Format 314

O

Objekt schützen 158
Objekte
   freistellen 145
   gruppieren 157
Objekteffekte 188
ODER 300
OFX-Dateien 311

P

Pages '09 85
Paginierung & Umbrüche 95
Papierformate 68
Papierhandhabung 83
Parameter 297, 302
Passwörter 32
PDF-Dokument 44, 83, 207, 315
PI 308
Platzhalter 38, 121
   duplizieren 123
   Numbers 297
Polygon 150
PostScript 84
PowerPoint 110, 207
Präsentation
   bereitstellen 115
   exportieren 206
   Hyperlink 202
   selbstablaufend 202
   steuern 206
Präsentation testen 199
Produkt 227

323

Q

Quantil 303, 304
QUARTILE 304
Quartilsabstand 304
Quartilzahl 304
QuickTime 208

R

Rahmen 264
Randeinstellungen 70
Rechtschreibprüfung 90
Rechtschreibung und Grammatik 90
Reihen 257
Reiner Text 85
Remotes aktivieren 203
REST 301

S

SÄUBERN 307
Säulendiagramm 278
Schatten 50
Schieberegler 257
Schrift Deckkraft 133
Schriftenauswahl 133
Schriftlinie 50, 51
Schriftlinienversatz 50
Schutz aufheben 41
Seitenanzahl 71
Seitenausrichtung 68
Seitennummerierung 68
Seitenumbruch 93, 96
Seitenzahlen 67
SEKUNDE 292
Selfpublishing 86
Serienbrief 21
Sichern 40, 45
Silbentrennung 68
Sortieren & Filtern 260, 261
Spalten 212
   Breite anpassen 235
Spaltenbeschriftungen 232
Spaltenbreite 236
Spaltensatz 123
Spaltenumbruch 93, 94
Spannweite 304

STABW 305
STABWA 305
STABWN 305
STABWNA 305
Standardabweichung 304, 305
Stern 150
Steuerzeichen 65
Stichprobe 304
Stiländerungen 109
Stile 56
   Numbers 255
Stil einsetzen 49, 130
   einsetzen und anpassen 123
   kopieren 49, 130
Stilvorlagen 19, 21
   Numbers 215
Streuung 304
Streuungsmaß 304
STUNDE 292
SUCHEN 307
Suchen & Ersetzen 21, 24
SUMME 226, 241, 250, 251
SUMMEWENN 301
SVERWEIS 302
Symbolleiste 19, 112, 225
   anpassen 112
Synchronisation 16
Systemeinstellung Monitor 201

T

Tabelle 96, 167, 168, 212, 215, 231
   Berechnungen 170
   erstellen 216
   importieren 169
   Inhalt eingeben 98
   Regeln definieren 173
   Zeilenfarbe 172
Tabellenanwendung 240
Tabellenkalkulation 225
Tabellenstile 233
Tabellenzelle automatisch füllen 170
Tabulator 52
Tabulatoren 311
TAG 292
Tags 41
Tastenkombinationen 256
Tausendertrennzeichen 238

Text Grafikelemente 151
Textcodierung 315
TextEdit 45
Texteffekte 187
Texteingabe 121
Texteinstellungen… 64
Text ersetzen 64
Textfeld 124
    Rahmen 125
Textformatierung 52
Textrahmen 20
Textumbruch in der Zelle 53
Thema 108, 133
    ändern 109
    sichern 138
Themenauswahl 108
Themenkatalog ausschalten 108
Titelfolie 120
Titel- und Abschlusszeile 254
Titelzeile 260
Tortendiagramm 270
Transparenz 76, 80, 145, 154
    entfernen 146
Trendlinien 278
Trennstriche 64
Trennzeichen 311
Trigonometrie 307
Trimmen 161

U

Überschriften 242
Überschriftenstil 100
Umbruch Abschnitt 95
UMWANDELN 306
UND 300
Update 15

V

Varianz 304
VARIANZ 305
VARIANZA 305
VARIANZEN 305
VARIANZENA 305
VBA 213
Verbindungslinie 152
VERGLEICH 302
VERKETTEN 306
Verlauf
    erweitert 155
    radial 155
Verschlüsselung 32
Versionen 45
Vorlage 16, 38, 41, 109 118
    Numbers 214, 222
Vorschau 83
VRUNDEN 301

W

WAHR 300
WENN 244, 248, 299
Werteregler 256
Wiedergabearten 200
Word 85
WVERWEIS 302

Z

Zahlen 212
Zauberei 185
Zeichen 62
    Hochgestellt 129
    Tiefgestellt 129
Zeichenabstand 50
Zeilen 212
Zeilenumbruch 65
Zeitfunktionen 292
Zellbezüge 218
Zelle 212
Zellencursor 226, 235
Zoomen 25, 113

Stephan Lamprecht

Mein Business, mein Büro, mein Mac

Mac für Unternehmer und Freiberufler

2013, 198 Seiten, Klappenbroschur
Euro 24,90, ISBN 978-3-944165-01-1

Angestellte, Selbstständige und Existenzgründer erfahren in diesem Buch, wie sie ihren Mac effizient im Beruf einsetzen. Dabei werden alle wesentlichen Arbeiten, wie sie täglich in jedem Büro anfallen, berücksichtigt: von der Organisation von Dokumenten über die eigene Arbeitsplanung bis hin zur Erledigung der Finanzen. Der Autor lädt mit vielen Workshops und Anleitungen zum Mitmachen und Nachahmen ein. Apple-Einsteiger lernen Wichtiges für den Start mit dem Mac, Profis optimieren mit dem Buch ihre IT-Abläufe.

SmartBooks
Ein Imprint der dpunkt.verlag GmbH
Wieblinger Weg 17 | 69123 Heidelberg
fon 06221.1483-0 | fax 06221.1483-99
info@smartbooks.de | www.smartbooks.de